GROTESK!

Eine Genre-Anthologie

Herausgegeben von Jan-Eike Hornauer

CANDELA VERLAG

GROTESK!
Eine Genre-Anthologie

Erschienen im Candela Verlag
Postfach 1145 | 71398 Korb
www.candelaverlag.de

1. Auflage, 2011
ISBN 978-3-942635-22-6

Umschlaggestaltung: Werbeatelier Bad Homburg
Layout und Satz: Werbeatelier Bad Homburg
Lektorat: Jan-Eike Hornauer

Printed in Germany
Gedruckt auf umweltfreundlichem, chlor- und
säurefrei gebleichtem Papier

Copyright 2011 Candela Verlag
Dieses Werk ist urheberrechtlich geschützt und darf
– auch auszugsweise – nur mit ausdrücklicher
Genehmigung der Autoren vervielfältigt oder
kommerziell genutzt werden. Ausgenommen sind Zitate
mit Quellenangabe.

Inhaltsverzeichnis

|||| Michael Kramer ||||
Der Gast und sein Mörder 7

|||| Stefanie Kißling ||||
Liebe an der Wand 33

|||| Dirk Röse ||||
Night-Flight to the Stars 39

|||| Peter R. Bolech ||||
Der letzte Spalt 47

|||| Julia Werner ||||
Jenseits der Mauern 69

|||| Arnd Moritz ||||
Seinsgrau 77

|||| Karin Jacob ||||
Menschenhaar 87

|||| Jan-Eike Hornauer ||||
Die Auferstehung 91

|||| Raphaela Edelbauer ||||
Eine frühe Angstvorstellung 113

|||| Matthias Kröner ||||
Alle haben einen Knall 119

|||| Steve Kußin ||||
Aufzeichnungen eines
wohlanständigen Bürgers 123

||||| Beja C. Garduhn |||||
Die Kür des Siegers 145

||||| Harald Darer |||||
Ein Hundeleben 157

||||| Ulf Großmann |||||
Imperium in imperio 163

||||| Karsten Beuchert |||||
Das Ei 193

||||| Matthias Kröner |||||
Die Riesenratte 199

||||| Gabriele Behrend |||||
Vulcaniella Pomposella 201

||||| Mimi Awono |||||
Unsicherheit 221

||||| Margarete Karetta |||||
Irritationen 223

||||| Arnd Moritz |||||
Rahmensprung 227

||||| Jan-Eike Hornauer |||||
Sechs aus Neunundvierzig 243

||||| Werner Vogel |||||
Taubstummengasse 245

Nachwort 265
Viten 269

Michael Kramer

Der Gast und sein Mörder

Gerade als der Gast mit dem Essen beginnen wollte und den Löffel in die Suppe tauchte, trat der Kellner, ein hagerer, mit Schlips und Schürze bekleideter älterer Mann, an den Tisch, räusperte sich und sagte, er störe den Gast nur ungern, aber ein düsterer Geselle stehe vor der Wirtshaustür, mit einer Pistole bewaffnet, und verlange den Gast zu sprechen. Um jede Unannehmlichkeit und jeden Ärger zu vermeiden und um die anderen Gäste nicht zu stören, bitte er ihn, den Gast, höflichst, die Mahlzeit zu unterbrechen und vor die Tür zu treten. Allerdings weise er als Angestellter dieses Hauses jede Verantwortung für diese Handlung von sich, da er nicht wisse, inwieweit das Leben des Gastes durch den Mann vor der Tür bedroht sei.

Die wurstigen Finger des Gastes öffneten sich und der Löffel, den er gerade zum Mund hatte führen wollen, planschte in die Suppe. Der Gast lehnte sich zurück und öffnete den Mund, brachte aber keinen Ton heraus. Hatte er richtig gehört? Seltsam schien ihm das Gebaren des Kellners, der sich in all den Jahren, in denen er hier gespeist, immer korrekt benommen hatte und dem nie ein Wort zu viel über die Lippen gerutscht war. Warum sollte er hinausgehen, wenn von dort Gefahr drohte? Und von welchen Gästen sprach der andere? Es war doch niemand außer ihnen beiden im Raum!

»Danke. Ich werde beizeiten sehen, was zu tun ist«, sagte er, als er sich vom ersten Schreck erholt hatte und drückte seinen mächtigen Bauch womöglich noch fester gegen den Tisch, um sich erneut der Suppe zuzuwenden, die langsam zu erkalten drohte. »Sie machen sich einen Spaß mit mir«, fügte er dann noch an und schmunzelte, um dem anderen zu zeigen, dass er durchaus Humor besitze. »Das ist nett, trotzdem möchte ich jetzt gerne in Ruhe essen.«

Der Kellner schien von den Worten des Gastes wenig beeindruckt, denn er blieb neben dem Tisch stehen und blickte ihn weiter unverwandt an. Tiefe Falten durchzogen das Gesicht des Angestellten, die wenigen grauen Haare verloren sich auf einem alten, knöchernen Kopf. Aber wie lebendig die Augen! Graugrün stachen sie unter den weißen Brauen hervor. Der Gast spürte einen stechenden Schmerz in seiner Brust, so als bohrten sich die Blicke des anderen in ihn, auch wenn er sich einredete, dass dies gar nicht möglich war und er sich alles nur einbildete.

»Können Sie mich bitte in Ruhe speisen lassen!«, sagte er nun energischer und wehrte sich auch sonst: Er legte den Löffel beiseite, verschränkte die Arme vor seinem dicken Bauch und blickte dem anderen ins Gesicht. Doch hielt er dies nicht lange aus. Die Augen flüchteten bald zur Tischplatte, auf die sie dann starrten. ›Es wird nichts besonderes sein‹, dachte er bei sich. ›Sicher ein Irrtum. Alles ist gut.‹

Entschlossen wandte sich der Gast wieder seiner Suppe zu. Von diesem Menschen ließ er sich doch nicht das Essen verderben! Der Kellner irrte, anders konnte es nicht sein. Sicher kam der Alte langsam in die Jahre, in denen das Gedächtnis lückenhaft und die Wahrnehmung verwirrt ist, ja, er fragte sich, ob der Alte Dinge sah, die es gar nicht gab. Um den anderen loszuwerden, bat der Gast um den Hauptgang, denn das Servieren, seine ureigenste Aufgabe, konnte der Kellner ja nun schwerlich ablehnen. Und wirklich entschuldigte dieser sich und verschwand in Richtung Küche. Der Gast atmete auf.

Er versuchte sich auf die Suppe zu konzentrieren. Doch immer wieder blitzten die Worte des anderen in seinen Gedanken auf. Er überlegte und überlegte, gelangte aber zu keinem Ergebnis: Er konnte sich nicht vorstellen, wer etwas gegen ihn im Schilde führen könnte. Genoss er nicht hohes Ansehen bei den Entscheidungsträgern der Stadt? Hatte er sich nicht eingesetzt für den Neubau der Kirche und für zahlreiche Kredite gebürgt? Hatte er nicht regelmäßig für die Fürsorge gespendet und sich so um das Gemeinwohl verdient gemacht? Alle Menschen müssten ihm wohlgesonnen sein! Und, wenn wirklich ein bewaffneter Mann draußen wartete, was hielt diesen davon ab, das Gasthaus zu betreten?

Wie er so nachdachte, näherte sich der Kellner mit einer Schüssel gemischtem Salat, die er schließlich vor ihn auf den Tisch stellte. Der Angestellte deutete auf die Eingangstür und starrte abermals den Gast an, dem der Schmerz erneut durch die Brust fuhr.

»Ich habe verstanden«, fauchte er zunehmend verärgert und nach Atem ringend. »Bringen Sie mir sofort den Hauptgang!«

Ganz nah trat der Kellner an ihn heran. Der Gast schob sich immer mehr zurück, der Stuhl knarrte, drohte umzukippen, der Gast fasste sich ans Herz und atmete stoßweise. Der andere fixierte ihn unvermindert weiter. Doch gerade als der Gast das Gefühl hatte, gar keine Luft mehr zu bekommen, drehte sich der Angestellte plötzlich um und verschwand erneut in Richtung Küche. Noch einen Augenblick war der Gast wie benommen. Aber dann war der Moment der Schwäche vorbei, der Gast straffte seine Schultern und atmete tief durch.

Seine Mahlzeit ruhig fortzusetzen aber wollte ihm nicht gelingen, zu groß war der Ärger über das Verhalten des Kellners. Die Gedanken wucherten, und wenn er auch versuchte, sie zur Seite zu drängen und mit Genuss den Salat zu essen, so hatten sie doch längst Geist und Gemüt völlig erobert. Er schob den Teller von sich. Seine Zähne knabberten nun an der Unterlippe, die Hände kneteten sich gegenseitig, endlich schlug er mit der rechten Hand flach auf den Tisch, stand auf und hastete zur Tür. Die Gelegenheit war günstig. Noch war der Kellner nicht zurückgekehrt. Einen Augenblick hatte er, um festzustellen, ob die Unruhe, die immer stärker aus seinem Bauch erwuchs und die er vor dem Kellner niemals zugeben wollte, berechtigt war.

Vorsichtig beugte er sich vor und spähte durch den Spion nach draußen. Der Platz vor der Gaststätte lag dunkel in dichtem Regen. Im Licht der einzigen Laterne sah der Gast eine Gestalt. Den Hut tief ins Gesicht gezogen, lehnte sie an einer Steinmauer. Das Wetter war zu schlecht und die Gestalt viel zu weit entfernt, als dass der Gast sie richtig hätte erkennen können. Die Person konnte irgendwer sein. Eine Waffe, von der der Kellner ja gesprochen hatte, konnte der Gast nicht erkennen. Aber möglicherweise war diese im Mantel der Gestalt verborgen.

Der Gast versuchte sich einzureden, dass die Gefahr, die sich ihm hier zeigte, weit weniger groß war als vom Tisch aus betrachtet. Aber das unangenehme Gefühl im Bauch blieb. Sollte er die Tür öffnen und die Gestalt ansprechen? Was hatte er schon zu befürchten? Aber dann dachte er an den Kellner und an dessen ärgerliche Nörgelei und ein Widerstand erwachte, der nichts mit dem Mann draußen, wohl aber mit dem Überbringer der Botschaft zu tun hatte, und er beschloss, dass die Sache warten konnte.

Also wandte er sich um, um zum Tisch zurückzugehen. Kaum aber hatte er ein paar Schritte gemacht, erschrak er. Der Kellner hatte serviert und stand wartend am Tisch. Nun verbeugte er sich tief und sagte: »Bitte sehr, mein Herr, der Hauptgang.«

Dabei hatte er wieder diesen stechenden Blick, der ihn, den Gast, wohl mahnen und beunruhigen sollte, der in seltsamem Widerspruch zu dem ansonsten kriecherischen Getue des Kellners sich befand und der an den Nerven des Gastes rüttelte. Am liebsten hätte er den Kerl am Kragen gepackt und ihm ordentlich die Meinung gesagt!

Stattdessen setzte er sich, seufzte und legte sich die Serviette auf dem Schoß zurecht, nahm Messer und Gabel und schnitt ein Stück von dem fetten Schweinebraten ab. Gerade als er im Begriff war, es zum Mund zu führen, räusperte sich der Kellner erneut. »Der Herr draußen lässt fragen, wie lange Sie noch mit dem Essen beschäftigt sind. Er möchte seine Aufgabe zu Ende führen.«

Die Gabel in der Hand, versuchte sich der Gast auf den Schweinebraten zu konzentrieren und den Kellner zu ignorieren. So saß er eine kurze Weile unbewegt am Tisch. Doch dann ließ er den Bissen sinken und schaute den anderen mit offenem Munde an. Dabei fragte er sich: Warum konnte der

Kellner keine Ruhe geben? Was nur lag in dessen Interesse? Steckte er mit der Gestalt da draußen unter einer Decke? Oder ging gar die wirkliche und einzige Gefahr von dem Kellner aus? Hatte er die Bedrohung von außen nur erfunden, um ihn, den Gast, einzuschüchtern? Aber warum hätte er das tun sollen? Und immerhin stand draußen ja auch wirklich jemand. Doch wer? Und wieso verhielt sich der Kellner so überaus merkwürdig? Auf die Schnelle konnte der Gast zu keinem Ergebnis kommen, also antwortete er – und versuchte dabei seiner Stimme jene Ruhe zu geben, die er in schwierigen Verhandlungen anzuwenden pflegte –: »Ich weiß, sagen Sie ihm, er möge sich einen Moment gedulden.«

Während er das Fleisch erneut zum Mund führte, es kaute und hinunterschluckte, dachte er darüber nach, was er noch tun konnte, um den Kellner abermals loszuwerden. Der Alte trommelte nun mit den Fingern seiner linken Hand im Takt einer lautlosen Musik auf die Lehne des Stuhls, auf dem der Gast saß. Dieser hätte den Kellner am liebsten zu Boden geworfen und ihn an der Gurgel gepackt. Welche Unverfrorenheit! Hatte der Kellner nicht Sorge zu tragen, dass alles den Wünschen des Gastes entsprach? Und statt seinem Auftrag zu folgen, ärgerte er ihn nun auf infame Weise!

Doch statt sich zu wehren und den Kellner zur Rede zu stellen, schluckte er seinen Ärger und auch weitere Bratenstücke so gut es ging hinunter. Dabei wünschte er sich, das Essen möge nun endlich bald beendet sein. Er bereute, die Gestalt draußen nicht angesprochen zu haben, sich keine Gewissheit verschafft zu haben, wer sie war und was sie eigentlich wollte. So hatte er immer noch nur des Kellners Äußerungen, was ihm als ein unerträglicher Zustand erschien; gar nicht unbedingt das Nichtwissen als solches, sondern diese Abhängigkeit von dem Kellner, dem wohl kaum zu trauen war. Sollte er nicht zumindest jetzt doch endlich zur Sicherheit hinaus in den Regen gehen und die Person ansprechen? Der Gast schob den erst zur Hälfte geleerten Teller zur Seite. »Bitte entschuldigen Sie mich«, sagte er und ärgerte sich im selben Augenblick, weil er doch zu keiner Entschuldigung gegenüber einem Angestellten verpflichtet war. Dann legte er Messer und Gabel zur Seite, stand auf, zuckte die Achseln, sagte: »Es dauert nicht lang«, lief rot an, ärgerte sich wieder, drehte sich um und ging, aber nicht zum Ausgang, sondern hinüber zu den Treppen, die zu den Toiletten führten. Froh, Kellner und Tisch hinter sich zu lassen, lief er schneller, als er wollte. Er zögerte, als er dies bemerkte, und versuchte die Schritte zu hemmen, denn keinesfalls sollte der Anschein einer Flucht erweckt werden. Allein es gelang nicht. Schon war er am Geländer und stolperte hastig die Treppen zu den Toiletten hinunter.

Vor den beiden Türen saß ein Mann, den er zuvor noch nie gesehen hatte. Auf einem Tischchen neben ihm stand ein Teller mit Münzen. Langsam erhob sich der Mann, der sich bis eben noch seine Fingernägel gefeilt hatte, und verbeugte sich. Er war auffallend elegant gekleidet, trug ein schwarzes Jacket nebst schwarzem Hemd und schwarzer Hose. Nur die Socken, die in schwarz lackierten Schuhen steckten, und die Krawatte leuchteten rosa. Das volle Gesicht des Mannes war glattrasiert. Seine lockigen Haare schimmerten feucht und waren gewiss mit irgendeiner fettigen Pomade oder einem Gel behandelt worden. Neben ihm stand ein Eimer mit einer grauen Flüssigkeit, in dem ein dunkelroter Schrubber steckte.

»Wer sind denn Sie?«, fragte der Gast atemlos.

»Guten Abend«, sagte der andere, betont langsam, so als wolle er seiner Anwesenheit auf diese Weise Nachdruck verleihen. »Ich bin der Toilettenmann.«

»Guten Abend«, sagte nun auch der Gast, und betrachtete sein Gegenüber genau. »Was kostet die Benutzung?«

»Für die Gäste des Hauses ist die Benutzung frei, aber über eine kleine Aufmerksamkeit würde sich die Hausverwaltung sicher freuen«, erklärte der Toilettenmann und rieb dabei seine Hände aneinander, so wie jemand, der erwartet, ein gutes Geschäft abzuschließen. Der Gast zog ein Zwanzig-Cent-Stück aus der Tasche und legte es auf den Teller.

»Danke«, sagte der Toilettenmann.

»Bitte«, sagte der Gast und wollte sich beeilen zur Tür zu gelangen. Aber der Toilettenmann fasste ihn an der Schulter und hielt ihn auf. »Nicht dass Sie falsch von mir denken. Ich erfülle hier eine wichtige Aufgabe.«

Der Gast drehte sich zu ihm um. Ganz nah war er dem anderen. Der Geruch nach Schnaps mischte sich mit dem nach getrocknetem Schweiß. Es ekelte ihn. Er fasste die Hand des Toilettenmannes und entfernte sie von seiner Schulter. Doch damit war er den Toilettenmann entgegen aller Erwartung noch nicht los: Dieser klammerte und drückte die Hand, die seine eigene gefasst hatte, wie jemand, der Angst hat, der andere könne gehen, bevor er ihm eine wichtige Mitteilung gemacht, ja, ihn gar von etwas wahrhaft Bedeutendem überzeugt hat. Dazu sagte er: »Ich will nicht unbescheiden sein. Aber ich kann mit Stolz behaupten: Ich bringe die Dinge zum Glänzen. Ich bin ein Künstler.«

»Schön für Sie«, sagte der Gast, löste seine Hand mit einem Ruck aus dem Griff des ekelerregenden Mannes, öffnete die Tür zur Herren-Toilette und trat ein.

»Bitte hinterlassen Sie alles ordentlich«, tönte es noch hinter ihm. »Ich habe eben erst geputzt.«

Die Tür fiel ins Schloss. Endlich allein! Wenigstens an diesem Ort musste er sich nicht erklären. Der Gast verspürte eine große Erleichterung – die allerdings nicht lange anhielt, denn ein ekelhafter Geruch schlug ihm entgegen. Er blickte sich um. Auf dem Boden stand der Urin in Pfützen. Fußabdrücke verschiedener Personen zeichneten den Weg, den jede einzelne von ihnen genommen hatte. Schon nach den ersten Schritten durch den Vorraum klebten die Schuhe des Gastes und gaben beim Weiterlaufen leise quiekende Geräusche von sich. Und im angrenzenden Toilettenraum war es noch schlimmer! Die Pissoirs auf der linken Seite hatten dicke gelblichbraune Ränder und die Kabinen gegenüber erstarrten so vor Schmutz, dass sie das Schlimmste, ihr Inneres betreffend, vermuten ließen.

Und so etwas in solch einem Haus! Der Gast konnte sich nicht erinnern, die Toiletten je so verschmutzt vorgefunden zu haben.

Er trat an eines der Toilettenbecken und versuchte dabei sämtliche Pfützen zu meiden. Durch das über dem Urinal befindliche, mit Gitterstäben gesicherte Fenster drang frische Luft von draußen. Gleich fühlte er sich ein wenig wohler. Er öffnete seine Hose und erleichterte sich. Als er fertig war, begab er sich, den Pfützen ausweichend, ans Waschbecken im Vorraum. Er schaute in den mit kleinen angetrockneten Spritzern übersäten Spiegel und erschrak.

Dunkle Ringe zogen sich unter den Augen entlang. Die Mundwinkel hingen herab. Von der kahlen Stirn über die ergrauten Schläfen und die fetten Wangen bis hin zum doppelt gefalteten Kinn: Überall klebte feiner Schweiß auf der Haut, der, zumindest im Licht der kalten Lampen, wirkte, als sei er nicht frisch, nicht gerade eben entstanden, sondern klebe schon seit Wochen dort. Er sah aus wie ein Patient, der sein Krankenbett zu früh verlassen hat, oder wie ein Säufer, der morgens vor dem Spiegel überlegt, wie viel er tatsächlich am Vorabend getrunken hat. Er drehte und wand sich, wechselte so die Perspektive, aber das Bild blieb.

Er fragte sich, ob er nach außen tatsächlich immer noch so dynamisch und siegessicher wirkte, wie die Reaktionen seiner Geschäftspartner vermuten ließen. Waren sie vielleicht nur gespielt, aus Höflichkeit und Kalkül? Nahmen seine Geschäftspartner ihn wirklich noch ernst oder spotteten sie bereits hinter seinem Rücken? Schnell beugte er sich zum Becken hinunter, öffnete den Wasserhahn und spritzte sich Wasser ins Gesicht, um diesem wenigstens ein Stück weit den Anschein von Frische zu geben.

Anschließend suchte er nach einem Behälter für Papierhandtücher. Vergeblich. Er wischte sich das Wasser mit einem Hemdsärmel aus dem Gesicht. Plötzlich stutzte er und hielt inne. Im Hintergrund des Spiegelbildes bemerkte er ein kleines, in einer Vertiefung sich befindliches Schild. Er drehte sich um und trat an es heran. Er las: ›Betreten verboten – Zutritt nur für Gäste‹. Kurz wunderte er sich, dann entdeckte er eine kaum sichtbare Tür, die in die Wand eingelassen war. Sie war, wie die gesamte Umgebung, weiß gefliest und voller Dreckschlieren. Er drückte gegen sie, und mit einem leisen Knirschen gab die Tür nach.

Der Gang dahinter war so eng, dass wohl ein Kind bequem hindurchpassen konnte, jeder Erwachsene sich aber quälen musste. Dazu so niedrig, dass er kaum ganz aufrecht würde gehen können. Sollte er wirklich in ihn hinein? Nun, draußen wartete der Toilettenmann, am Tisch der giftige Alte und vor dem Haus ein Fremder, von dem er nicht wusste, ob er eine Gefahr darstellte. Auf eine Begegnung mit jenen konnte er gut und gerne verzichten. Vielleicht führte ihn der Tunnelgang ja an allen vorbei? Noch einmal blickte er sich um, dann zwängte er sich hinein und zog die Tür hinter sich zu.

Die ersten Schritte waren nicht leicht, doch bald verbreiterte sich der Gang. Geduckt zwar, doch ansonsten im Gehen unbehindert, folgte er ihm wohl zwanzig Meter weit. Dann endete der Gang und der Gast stand am Fuß einer Treppe. Stimmen und der Klang von scheppernden Porzellan schallten herunter.

Vorsichtig stieg er die Treppe nach oben und öffnete eine Tür. Er fand sich vor Stapeln von ungespültem Geschirr und Besteck wieder, die sich langsam von links nach rechts bewegten. Eine dicke Frau mit breiten Armen nahm die Messer, Gabeln, Löffel, Teller, Tassen und Suppenterrinen vom Förderband und sortierte sie in Körbe, die von einem zweiten Band hinter ihr bewegt wurden. Dieses kroch langsam auf eine Maschine zu, die unablässig dampfte, zischte und keuchte und deren Schlund die Körbe gierig verschlang.

Er grüßte die Frau, die in ihrer Bewegung erstarrte und ihn ungläubig anblickte. Er betrachtete sie genauer. Die Arbeiterin trug eine viel zu enge Kittelschürze, die ihre Brust betonte und den Speck an Bauch und Hüfte unvorteilhaft zur Geltung brachte. Das Haar war fast ganz unter einem weißen Netz verborgen, nur ein paar einzelne Locken kräuselten sich am Nacken ungeschützt hervor. Gerade wollte er sie fragen, wo er hier gelandet sei, da fielen die ersten Stapel, die auf dem vorderen Band immer weiter gewandert waren, hinunter. Es krachte, klirrte und schepperte. Der Boden war sofort übersät mit hunderten Porzellanteilen und -splittern. Dazwischen blitzte Besteck. Die Frau erwachte aus ihrer Erstarrung, griff sich mit beiden Händen an den Kopf und rief: »Um Himmels Willen, um Himmels Willen!« Sie sah sich hilfesuchend um, bückte sich hastig, wohl in dem Wunsch, die Scherben schnell zu beseitigen, das Besteck aufzuräumen. Musste aber gleich einsehen, dass ihr dafür keine Zeit blieb: Das Band mit den Stapeln an schmutzigem Geschirr und Besteck schob sich unaufhörlich weiter vorwärts. Schon drohte der nächste Stapel zu kippen. Der Frau blieb nichts anderes übrig, als die Scherben liegen zu lassen und sich ihrer eigentlichen Arbeit zu widmen, um noch größeres Unheil zu verhindern. Und während sie wieder schuftete und schnaufte, murmelte sie fortwährend: »Um Himmels Willen!«

Dem Gast tat es leid, dass er die Frau in so eine missliche Lage gebracht hatte. »Kann ich Ihnen helfen?«, fragte er sie.

Aber sie reagierte nicht, hatte ihn wahrscheinlich nicht einmal gehört. Viel zu sehr war sie damit beschäftigt, das schmutzige Geschirr vom einen Band auf das andere zu hieven. Wasserdampf und Schweiß perlten auf ihrer Stirn.

»Gibt es hier irgendwo Schaufel und Besen?« Diese Frage war mehr an ihn selbst als an die Frau gerichtet, von der er keine Antwort mehr erwartete. Sorgfältig schloss er die Tür zum Geheimgang und begann nach den Gerätschaften zu suchen. Nachdem er etliche Schränke und Regale durchforstet hatte, fand er sie in einem der hintersten Schränke endlich. Er nahm Schaufel und Besen, fasste noch einen danebenstehenden Eimer, ging wieder zur Frau zurück, kletterte unter das vordere Band und begann die Scherben aufzukehren und das Besteck auf einen Stapel zu sortieren. Als er die hintersten Scherben erreichen wollte, waren ihm die stämmigen Füße der Frau immer wieder im Weg. Sie tappelten unentwegt hin und her, so dass er aufpassen musste, nicht getreten zu werden. Doch schließlich hatte er auch diese Scherben beseitigt. Gerade als er unter dem Band hervorkriechen wollte, ertönte hinter ihm laut eine männliche Stimme: »Was ist denn hier los?«

Der Gast rührte sich nicht.

»Was machen Sie denn da unten? Sie stören die Frau bei ihrer Arbeit!«

Der Gast erstarrte. Seine gegenwärtige Stellung musste seltsam, ja vielleicht sogar anstößig erscheinen. Nach einer Schrecksekunde dann kroch er, dem Fremden den Hintern entgegenwackelnd, unter dem Tisch hervor. Anschließend richtete er sich auf und drehte sich um.

Gar nicht weit von ihm stand, an einen Türrahmen gelehnt, ein Männlein und blickte ihn herausfordernd an. Es war so klein und dürr, dass die eben gehörte Stimme gar nicht zu ihm passen wollte. Mit seinen struppigen grauen Haaren und seinem verknorpelten Gesicht sah das

Kerlchen aus, als sei es aus einem Märchen der Gebrüder Grimm entlaufen. Es trug ein weißes Hemd unter einer etwas zu großen schwarzen Weste. Die kurzen Füße steckten in polierten schwarzen Stiefeln.

Immer noch liefen die Bänder. Immer noch keuchte die Maschine. Immer noch sortierte und ächzte die Frau, nur schien sie es jetzt in einem gesteigerten Rhythmus zu tun: Die Anwesenheit des kleinen Kerlchens spornte sie offensichtlich dazu an, ihr Bestes zu geben.

»Was machen Sie denn da?«, wiederholte der kleine Kerl.

Ja, was machte er eigentlich hier? Er hatte sich wirklich in eine äußerst absurde Situation manövriert. Er nahm sich vor, nun endlich an den Speisetisch zurückzukehren. Den Umweg über Gang und Toilette würde er sich dabei sparen können: Die Küche konnte nicht weit sein, vermutlich führte die Tür hinter dem Kerlchen, die einzige sichtbare des ganzen Raumes, sogar direkt zu ihr. Und von dort bis zum Gastraum waren es sicher nur wenige Schritte. Entschlossen setzte der Gast sich in Bewegung, hielt direkt auf die Tür zu. Das kleine dürre Männchen aber verschränkte die Ärmchen über seiner mageren Brust, plusterte sich auf, so sehr es nur konnte, und sagte bestimmt: »Hier dürfen Sie nicht durch! Zutritt nur für Gäste.«

Irritiert blieb der Gast stehen. »Ich bin ein Gast. Glauben Sie mir bitte!«

»So«, sagte der kleine Kerl.

»Wer sind denn Sie?«, fragte der Gast, um sich nicht immer verteidigen zu müssen und dem Gespräch eine andere Richtung zu geben.

»Ich bin der Küchenchef«, erwiderte der andere.

Der Gast stutzte. Küchenchef? Danach sah sein Gegenüber nun wahrlich nicht aus, mit seinen verschrumpelten Wangen und dünnen Ärmchen und Beinchen.

Plötzlich trat das Kerlchen nah an ihn heran, öffnete die Ärmchen und hielt ihm den Zeigefinger unter die Nase.

»Hier kann nicht jeder machen, was er möchte. Auch Sie nicht. Da können Sie behaupten, was Sie wollen!«

»Es ist ein Notfall«, flüsterte der Gast. »Bitte lassen Sie mich durch.«

»Sie wollen doch nicht, dass ich Schwierigkeiten mit der Gesundheitsbehörde bekomme?«, schimpfte der Küchenchef.

»Nein, sicher nicht«, erwiderte der Gast.

Der andere trat wieder zurück, stemmte die Hände in die Hüfte und wiederholte, jetzt ganz ruhig: »Sie dürfen hier nicht durch.«

»Bitte fragen Sie den Kellner«, flehte der Gast. »Ich bin ein Gast. Er kann es bezeugen. Bitte fragen Sie ihn!«

Wieder verschränkte das Männchen die Ärmchen vor der Brust. Es legte den Kopf leicht zur Seite, verzog den Mund zu einem schiefen Grinsen, so, als ob es sich die Sache gut überlegen müsste.

»Kommen Sie mit«, sagte es dann plötzlich. Und sofort öffnete es die Tür hinter sich und trat in den angrenzenden Raum, der, wie der Gast, der ihm gleich folgte, richtig vermutet hatte, eine Küche beherbergte. Köstliche Gerüche stiegen in seine Nase. Männer in karierten Hosen, mit weißen Hemden und Mützen, hantierten in großen und kleinen, durchsichtigen und undurchsichtigen Bechern und Schüsseln herum, schoben allerhand Töpfe auf den

Herden hin und her und ließen die Pfannen nur so zischen und spritzen. Ein Mann mit auffallend großer weißer Mütze schien das ganze Durcheinander zu dirigieren, jeder der zahlreichen Köche achtete und reagierte auf seine Geste, auf sein Wort. Fasziniert beobachtete der Gast das Geschehen. Und er fragte sich, wofür dieser ganze Aufwand betrieben wurde, schließlich hatte er hier nie einen Gast außer sich selbst gesehen. Dabei folgte er dem Küchenchef, der sich seitlich an der Wand hielt, wohl um niemandem im Wege zu sein. Auf der gegenüberliegenden Seite erkannte er einen Durchgang, durch den Bedienstete Getränke und allerlei Speisen transportierten. Hatte der Gast erwartet, durch ihn hindurch und in den Gastraum geführt zu werden, so sah er sich getäuscht. Der Küchenchef öffnete auf halbem Weg an der Seite eine Stahltüre und machte eine einladende Handbewegung Richtung Gast.

Der Gast lenkte seine Schritte in die angegebene Richtung. Kaum hatte er die Schwelle erreicht, stieß der Küchenchef ihn plötzlich von hinten mit beiden Händen, so dass er in den Raum torkelte. Sofort krachte hinter ihm die Tür ins Schloss.

Was sollte das nun wieder? Und wo war er überhaupt? Helles Neonlicht strahlte auf weiße Fliesen, die den ganzen Raum auskleideten. Von der Decke hingen Seile und Ketten, an deren unteren Enden krumme Haken befestigt waren. An einer Art Garderobe, seitlich an der Wand, baumelten lange weiße Plastikschürzen, an denen die Überreste einer roten Flüssigkeit klebten. Auf einem Tischchen lagen verschiedene Gegenstände, unter denen der Gast Messer, Beil und Säge erkannte. Von allen vier Seiten senkte sich der Untergrund gleichmäßig auf einen Abfluss hin zu, auf dem sich ein Gitter befand. Es war kalt.

Der Gast drehte sich um. Kein Griff an der Tür von dieser Seite. Er ging trotzdem hin, drückte gegen die Tür – ohne Erfolg. Suchte nach einer Stelle, an der er an ihr ziehen könnte – und fand keine.

Was sollte das? Er hatte doch nichts Unrechtes getan. Und er war doch ein Gast, der Gast, der einzige Gast, immer gewesen!

›Es wird sich alles aufklären‹, beruhigte er sich. Der Küchenchef würde den Kellner fragen, sich nur bei ihm erkundigen, ob er wirklich ein Gast war, wieder zurückkommen, ihn befreien und sich entschuldigen.

Allein der Koch kam nicht. Der Gast wartete fünf Minuten, zehn Minuten, eine halbe, eine ganze Stunde. Und immer noch war er eingesperrt, allein in diesem kalten, weiß gefliesten Raum. Hilflos saß er da, den Rücken an der Wand, zusammengekauert.

Plötzlich stand er auf: Es half nichts, er musste handeln! Hatte er sich bislang, aus welchen Gründen auch immer, von seiner zögerlichen Seite gezeigt, so kehrte jetzt wieder jene Entschlusskraft in ihn zurück, die ihn immer ausgezeichnet, die ihn so erfolgreich gemacht hatte. Er verstand schon nicht mehr, wie er alles hatte ertragen können, was er gerade erlebt und durchlitten hatte. Waren die Situationen einfach zu überraschend gekommen? Vielleicht, vielleicht lag es daran. Aber ganz der Anfang, der war auf alle Fälle unverständlich: Warum war er geflohen, statt sich der drohenden Gefahr zu stellen, wie er es sonst doch immer tat? Der Gast wurde wütend, wütend nicht nur auf seine aktuelle Lage, sondern auch auf sich selbst. Er ging zur Tür, pochte an sie, klopfte, hämmerte und schrie: »Lasst mich hier raus. Ich bin ein Gast!« Das tat er minutenlang. Aber niemand schien ihn zu hören. Er brach ab, trat fünf Schritte zurück und wollte – von Sinnlosigkeit der Aktion ausgehend, aber eben keinen besseren Rat wissend – sich gerade gegen die Tür werfen, da öffnete sie sich.

»Um Himmels Willen, was machen Sie denn da?«, fragte die dicke Frau mit den breiten Armen, die er von der Spülmaschine kannte – und doch nicht kannte, so verwandelt schien sie, deren Haar sich jetzt offen über Hals und Schulter schwang. Sie hatte die Kittelschürze ausgezogen und stand in Rock und Bluse vor ihm. Ihr ganzes Äußeres hatte nun etwas Frisches und Lebendiges, ganz anders als zuvor an der Maschine. »Machen Sie doch keinen solchen Krach!«

»Ich dachte«, sagte er zögerlich, brach dann ab und suchte so lange nach den richtigen Worten, bis sie fortfuhr: »Ich will mir gerade für den Heimweg noch etwas aus der Küche holen und komme hier an der Tür vorbei, da höre ich dieses Gepolter. Wie kommen Sie denn hier hinein?« Sie schüttelte den Kopf. »Nicht dass Sie sich noch erkälten. Folgen Sie mir! Ich besorge Ihnen etwas Warmes zu essen.«

Dann drehte sie sich herum und stapfte voran, mitten durch das Gerenne und Gewusel in der Küche. Der Gast eilte ihr hinterher.

Die Frau nahm aus einem Schrank zwei tiefe Teller und dazu aus einer Schublade zwei Löffel. Dann ging sie wie selbstverständlich zu einem großen Topf, schöpfte aus diesem mit einer Kelle Suppe, reichte dem Gast einen gefüllten, heiß dampfenden Teller und bereitete sich selbst auch einen.

»Das wird Ihnen gut tun«, sagte sie, als sie sich mit ihrem Teller neben ihn stellte und ihm seinen Löffel gab. Um den Gast und die dicke Frau herum stoben die Köche umher, würzten, schälten, gossen Öl in bereitgestellte Pfannen. Doch niemand schien Notiz von ihnen zu nehmen. Und vom Küchenchef war weit und breit nichts zu sehen. In Ruhe löffelten sie ihre Teller leer. Dann nahm sie ihm Teller und Löffel ab, stellte seine zusammen mit ihren gebrauchten Essutensilien zur Seite und sagte: »Schon besser, nicht? Aber hier können Sie nicht bleiben. Kommen Sie bitte mit!«

Der Gast folgte ihr bereitwillig, noch länger wollte er sein Glück dann auch nicht herausfordern und sich im Reich des Küchenchefs aufhalten, auch wenn die dicke Frau ihm durchaus das Gefühl vermittelte, in ihrer Nähe gut aufgehoben zu sein.

Zu seiner Überraschung führte sie ihn nicht in den Gastraum, sondern wieder zur Spülmaschine. Und noch bevor er erkennen konnte, welch arme Seele das dampfende Ungetüm jetzt bestückte, hatte sie ihn schon durch den Raum gezogen, öffnete an einer Stelle der Wand eine Klappe und kroch durch die Öffnung. Diskret sah er ihr nicht hinterher, sondern stellte sich seitlich neben die Öffnung und wartete einige Augenblicke darauf, dass sie wieder auftauchte. Als dies nicht geschah, folgte er ihr durch die Öffnung, wobei er sich nicht sehr geschickt anstellte: Er verlor plötzlich jegliche Kontrolle und allen Halt und plumpste nach innen.

Zu seinem Glück fiel er nicht tief und landete weich, auf einem roten Teppich. Als er aufschaute, sah er ihre Füße und den Saum ihres Rocks. Er richtete sich auf und blickte sich um. Das kleine Zimmer war völlig überfüllt. Ein großes Bett nahm es fast vollständig ein, kaum war noch Platz für Schrank und Nachttisch. Die Regale, die an den Wänden über dem Bett hingen, waren mit allerlei Figuren, Postkarten, Fotos und anderen überflüssigen Dingen gefüllt. An den wenigen verbliebenen Wandstückchen hingen billige Kunstdrucke, die das Gefühl der Enge noch verstärkten. Über allem schwebte ein dumpfer modriger Geruch. Oben an den Zimmerecken bemerkte er schwarze Schimmelflecken, vermutlich verursacht durch die feuchte Luft, die beständig durch die Öffnung vom Spülraum in das Zimmer einsickerte.

»Hier wohnen Sie?«, fragte er die Frau.

Sie nickte. »Möchtest du?«, fragte sie, plötzlich das vertraute Du verwendend, während sie begann, den Saum ihres Rockes anzuheben. Dabei lächelte sie voller Sanftmut.

»Nein, nein«, sagte der Gast und hob die Hände schützend vor den Körper. »Was denken Sie denn von mir? Es ist nur ein dummes Missverständnis. Ich ...« Er rang um die richtigen Worte.

»Du musst dich nicht schämen«, antwortete sie.« Sie hob den Rock über die stämmigen Beine, so dass er ihren Schlüpfer sehen konnte. Er wusste nicht, wohin er schauen, geschweige, was er denken sollte und wie er das Gefühl, das sich in ihm ausbreitete, unterdrücken konnte.

»Ich bin auf der Flucht«, brach es aus ihm heraus.

»Ich weiß.« Sie lächelte. »Alle sind auf der Flucht immerzu. Die meisten flüchten vor sich selbst. Vor wem flüchtest du?«

»Das weiß ich nicht einmal. Ich weiß nur, dass jemand draußen vor der Eingangstür auf mich wartet.«

Sollte er ihr auch vom Kellner erzählen? Von dem Toilettenmann und dem Küchenchef? Und wie stand sie selbst zu ihm, dem Gast? Konnte er ihr trauen?

Sie ließ den Rock nach unten gleiten. »Ich habe davon gehört«, sagte die Frau. »Und deshalb hast du dich im Kühlraum versteckt?«

»Nein, da war der Küchenchef dran Schuld, dass ich da drin war.«

»Der Küchenchef? Was hast du denn mit dem Küchenchef zu tun?«

»Er hat mich eingesperrt.« erklärte er.

Sie nickte langsam. »Hier bist du sicher. Ich helfe dir. Du musst keine Angst haben.« Sie fasste seine Hand, setzte sich aufs Bett, zog ihn mit ihren starken Armen zu sich hinunter, umschlang seinen Körper und strich mit den Fingern über seinen Nacken.

Er wollte sich wehren, aufbegehren, sich entziehen, aber ein kurzer Druck von ihr genügte, und schon gab er seinen Widerstand auf. Kurz darauf versank er willig in ihrem Busen.

Er erwachte aus tiefem Schlaf. Mühsam öffnete er die Augen. Es dauerte einen Moment, bis die Kräfte wieder zu ihm zurückflossen. Er blickte zur Uhr an der Wand. Offensichtlich hatte er nur wenige Minuten geschlafen. Das erstaunte ihn zutiefst.

Er war allein. Auf dem Teppich vor dem Bett lag, fein säuberlich gefaltet, ein blauseidenes Kleid, daneben befand sich ein Damenhut mit breiter Krempe.

Er bewunderte, wie sie mitdachte: So konnte er unerkannt aus dem Gebäude gelangen! Er zog das Kleid an und setzte den Hut auf, faltete seine eigene Kleidung ordentlich zusammen und legte sie auf den Nachttisch. Dann krabbelte er durch die Öffnung in den Spülraum. Das ging nicht leicht: Er war wahrlich nicht mehr der Jüngste, er war dick, er war es nicht gewohnt, ein Kleid zu tragen, und auch einen Hut hatte er sonst nie auf – oder musste ihn zumindest nie festhalten, während er sich durch viel zu enge Löcher wand.

Endlich stand er im Spülraum, neben sich die dampfende Maschine. Jetzt erst fiel ihm auf, dass er seine Schuhe in ihrem Zimmer zurückgelassen hatte – aber nun gut, sie hätten ohnehin nicht zum Kleid gepasst. Er zog den Hut tief ins Gesicht und huschte barfuß los, quer durch Spülraum und Küche – in beiden Räumen beachtete ihn niemand –, und zu dem Durchgang, von dem er annahm, dass er ihn zum Gastraum führen musste. Er trat durch ihn hindurch – und gewahrte sofort den Kellner, der auf seinem Platz, dem Platz des Gastes, saß, aus einem Schälchen den letzten Rest des Nachtischs löffelte und ihm zunickte, als er ihn sah.

Der Gast wollte endlich wissen, woran er war, und hatte keine Nerven dafür, sich jetzt um das Gehabe des Kellners zu kümmern. Er hastete an ihm vorbei, zur Eingangstür des Hauses.

Wieder blickte er durch den Spion. Immer noch regnete es. Die Gestalt draußen stand völlig unverändert. Den Hut tief ins Gesicht gezogen, lehnte sie weiterhin an der Steinmauer.

Der Gast wandte sich kurz um, wollte sichergehen, dass nicht der Kellner oder der Küchenchef oder sonst irgendeiner sich von hinten an ihn herangeschlichen hatte. Befriedigt stellte er fest, dass er allein an der Tür war. Dann öffnete er sie entschlossen. Und trat einen Schritt hinaus. Er blickte in die Richtung der Steinmauer, dorthin wo er eben noch die Gestalt gesehen hatte. Zu seinem Erstaunen war dort nun niemand mehr.

»Hallo!«, rief der Gast. »Hallo! Wo sind Sie? Ich habe keine Angst! Lassen Sie uns die Sache klären!« Aber niemand antwortete ihm. Die Gestalt, die er eben noch durch den Spion gesehen hatte, war verschwunden. Er lief die Straße hinunter, schon nach wenigen Metern war er vollkommen durchnässt. Das Kleid klebte ihm am Leib. Aber er ließ sich nicht aufhalten. Ein für alle Mal musste er den Sachverhalt klären. Er lief wieder zurück und in die andere Richtung hinauf. Er suchte hinter der Gaststätte, zwischen den angrenzenden Häusern. Dabei rief er immer wieder den Fremden an, forderte ihn heraus. Doch der Fremde zeigte sich nicht. Schließlich kehrte der Gast wieder an die Eingangstür des Gasthauses zurück. Immer noch lag sie verlassen da.

Er versuchte sie zu öffnen. Sie war verschlossen. Er rüttelte leicht und rief. Niemand ließ ihn ein. Plötzlich überfiel ihn eine furchtbare Angst. Da endlich öffnete sich die Tür und der Kellner trat heraus.

»Wer sind denn Sie?«, fragte er.

»Ich bin der Gast«, sagte der Gast erleichtert.

»Das kann nicht sein«, sagte der andere. »Der Gast sieht anders aus.«

»Aber Sie kennen mich doch«, rief der Gast verzweifelt, warf den Hut vom Kopf und riss sich das Kleid vom Leib, so dass er nur noch in Unterwäsche dastand. »Sehen Sie?«

»In der Tat«, sagte der Kellner zum Gast. »Jetzt erkenne ich Sie.« Trotzdem machte er keine Anstalten ihn durchzulassen.

»Bitte lassen Sie mich vorbei. Ich war nur draußen wegen der Gestalt, vor der Sie mich gewarnt, zu der Sie mich geschickt haben. Aber ... da war niemand.«

»Sie haben die Gefahr unterschätzt«, sagte der Kellner lächelnd. »Vielleicht hätte ich etwas für Sie tun können, wenn Sie rechtzeitig auf mich gehört hätten. Aber jetzt ist es zu spät. Ihr Nachfolger ist bereits ins Haus eingetreten.«

»Mein Nachfolger?«

»Ja, er hat gewartet, bis Sie herausgekommen sind.«

»Bitte lassen Sie mich durch!«

»Ich kann nicht. Es gibt immer nur einen Gast, das wissen Sie doch!«

Der Gast trat zurück. Es war von Anfang an eine Falle gewesen! Vor ihm in der Pfütze lag das blaue Kleid, er fröstelte. Da zog der Kellner etwas aus der Tasche: einen zur Schlinge geknoteten Strick. »Bitte nehmen Sie das«, sagte der Kellner. »Es wird leichter damit, glauben Sie mir!«

Der Gast nahm den Strick entgegen, hielt ihn in den Händen, betrachtete ihn. Gab es denn wirklich keinen Ausweg? Als er wieder aufblickte, bemerkte er drei ihm bekannte Personen, die hinter den Kellner getreten waren. Der schwarz gekleidete Toilettenmann mit rosa Socken und rosa Krawatte, immerzu den Kopf schüttelnd, der Küchenchef, die Arme vor der Brust verschränkt, die Spülfrau, den Blick zu Boden gesenkt.

Da trat eine weitere Gestalt aus dem Inneren des Hauses hervor, schob sich an den dreien vorbei und stellte sich neben den Kellner. Tief hatte sie sich den Hut in ihr Gesicht geschoben. Wer war das? War das die Gestalt, die angeblich auf ihn gewartet, die er gesucht und nicht gefunden hatte? Bevor der Kellner etwas dagegen unternehmen konnte, riss der Gast ihr den Hut herunter – und erstarrte. Dieselben Haare, dieselben Augen, dasselbe Kinn. Vor sich sah er sich selbst – den jungen Mann, der er einst, vor dreißig, fünfunddreißig Jahren, gewesen war. Wie konnte das sein?

Der Nachfolger lächelte. »Es muss so sein«, sagte er, zuckte mit den Schultern, drehte sich um und verschwand, ohne auf irgendjemanden oder irgendetwas zu achten, wieder im Inneren des Gasthauses.

»Es tut mir leid«, sagte der Kellner. »Sie sehen selbst: Es gibt keinen Platz mehr.«

Der Gast verbeugte sich vor den Anwesenden, drehte sich um und schritt, den Strick in Händen haltend, nur mit Unterhosen bekleidet davon.

»Er tut mir leid«, sagte die Spülfrau.

»Er kommt nicht wieder«, meinte der Toilettenmann.

»Es wurde Zeit«, ergänzte der Küchenchef.

Der Kellner strich sich übers Kinn und meinte: »Er wird seinen Baum finden.« Dann drehte er sich um und ging in das Gasthaus hinein. Er hatte zu tun, der neue Gast wartete.

ıııı Stefanie Kißling ıııı

Liebe an der Wand

Das Namensschild Fr. Fuchs saß an der Kasse. Bernd trat vom einen Bein aufs andere, der Schweiß kletterte ihm aus der Stirn, sammelte sich und rann ihm über die Haut gemäß der Schwerkraft nach unten. Das Namensschild stand auf, das Piepsen des Scanners an der Kasse wurde lauter, je mehr Bernd in der Schlange voranrückte. Er lenkte sich ab, indem er sich den Einkaufswagen als Kinderwagen vorstellte und ihn vor- und zurückschob. Hinter ihm murrte es plötzlich: »Nun machen Se scho!« Die Schlange vor ihm hatte sich aufgelöst, die Schweißperlen auf seiner Stirn schrien um die Wette, er packte die Tapetenrollen aufs Band, eine nach der anderen, sorgfältig, langsam, Henriette zuerst, dann Rosemarie, dann Inge und zum Schluss Adelbert, den Giftgrünen. Der Schweiß kroch zurück in die Haut, das Namensschild Fr. Fuchs lächelte ihm freundlich entgegen, kein Wiedererkennen. »Das macht 100 Euro 50.« Sonst nichts. Er zog die Scheckkarte aus seiner Geldbörse. Geschafft.

Angelika würde erst um acht kommen. Er hatte also noch 400 Minuten. Sorgsam verpackte er die Tapetenrollen in Kartons, vorsichtig, den Blick auf die Nachbarhäuser gerichtet, die ihn umzingelten. Inge kletterte aus seiner Hand, plumpste auf den Asphalt. Er schrie sie an, indem er flüsterte: »Mach das nie wieder!« Inge zuckte ein paar Mal, dann ließ sie sich gefügig aufheben und zwischen Kartonwände stecken.

Er verstaute die Tapeten in einem kleinen Kellerraum, dem Abstellraum. Nur Inge nicht. Er klemmte sie sich unter die Achsel und nahm sie mit nach draußen in den Flur. Er zog die Tür hinter sich zu und schloss ab. Blick nach links, nach rechts. Noch 350 Minuten. Er ging zur rosaroten Tür am Ende des Ganges. Sie riefen schon nach ihm. Er öffnete die Tür. Langsam. Inge unter seiner Achsel quietschte vergnügt.

Als er sein Refugium betrat, begrüßten die Wände ihn mit einem Applaus, der bis zur Explosion anschwoll. »Da bist du ja«, sagte danach Heiner, ganz in Weiß, und fügte hinzu: »Gib mir Inge. Inge. Inge!« Im Chor echoten die anderen: »Inge. Inge. Inge!« Bernd musste lächeln, packte Inge vorsichtig aus und bettete sie sanft auf den Tapeziertisch, der stets, zur Hälfte aufgeklappt, mehr Platz war nicht, im Raum stand. Sie schnurrte unter seinen Händen. Noch 340 Minuten. Und endlich der Anfang.

Angelika wirkte müde, als sie von der Arbeit kam. Obwohl es schon spät war, machte sie sich einen Kaffee, dann schaltete sie den Fernseher ein und flirtete mit dem Nachrichtensprecher.

»Bernd«, sagte sie schließlich.

Er schmierte hastig die Brote zu Ende, packte sie auf ein Tablett und stellte dieses vor Angelika auf den Tisch. Sie sah nicht auf, grabschte sich ein Brot nach dem anderen und zermalmte es mit wenigen Bissen.

»Bernd«, sagte sie.

Er, schon längst wieder zurück in der Küche, schenkte ein Glas Wein ein, brachte es Angelika und setzte sich neben ihr auf die Sofakante. Sie schlürfte, bis nichts mehr da war.

»Bernd«, sagte sie.

Er schaltete den Fernseher aus.

Als er die Kellerstufen hinabstieg, hörte er Inge so lange nach Adelbert rufen, bis alle anderen auch nach ihm riefen. Sie verlangten nach ihm. Dem Giftgrünen. Also eilte Bernd in den Abstellraum und suchte nach ihm. Der Schweiß flüchtete dabei in seine Augen. Er wusste, dass Inge sich an Heiner schmiegte, während sie auf Adelbert wartete. »Da bist du ja«, sagte er schließlich, klemmte ihn unter den Arm, verließ den Raum und schloss sorgfältig ab. Noch 200 Minuten. ›Hast du auch genügend Kleister?‹, dachte er dabei. ›Hast du auch wirklich abgeschlossen?‹, dachte er auf dem Weg zu seinem heiligen Reich. Dann betrat er es, das Refugium. Sofort wurde er von ihren Jubelrufen umtost, die er gierig aufsog. Hinter ihm fiel die rosarote Tür ins Schloss.

Die Wände wurden enger, dadurch weitete sich der Raum. Die Tapetengesichter kamen auf ihn zu, wollten ihn liebkosen. Sie alle verlangten nach ihm. Nach Bernd. Er trug voller Hingabe den Kleister auf, drückte Adelbert nach und nach an die Wände, an alle vier, trat zurück – ein Glück, dass er das noch konnte – und begutachtete die Vereinigung der beiden. Inge und Adelbert. Sie schrien vergnügt.

Viel Platz war nun wirklich nicht mehr im heiligen Raum. Er würde in Kürze den Tapeziertisch im Flur aufstellen müssen, so viele von ihnen klebten schon an der Wand. Adelbert vornedran, ihm folgte Inge und Inge folgte Heiner und Heiner folgte Rosie und Rosie folgte Ulrich und Ulrich folgte Sabine und Sabine folgte Toni …

Er kannte sie alle. Und sie kannten ihn. Bald würde das Gefühl, ins Bodenlose zu stürzen, der Vergangenheit angehören. Sehr bald.

Ein Blick auf die Uhr. Nur noch 100 Minuten: Er musste sich beeilen, wenn er vor Angelika wieder zurück sein wollte.

Das Namensschild Fr. Tasigni saß an der Kasse. Bernd trat vom einen Bein aufs andere, der Schweiß kletterte ihm aus der Stirn, sammelte sich und rann ihm über die Haut gemäß der Schwerkraft nach unten. Das Namensschild stand auf, das Piepsen des Scanners an der Kasse wurde lauter, je mehr Bernd in der Schlange voranrückte. Er lenkte sich ab, indem er sich den Einkaufswagen als Kinderwagen vorstellte und ihn vor- und zurückschob. Kein Murren, er ließ sich nichts anmerken, und legte schließlich, als die Zeit gekommen war, Holger, Heinz, Rafael, Traudi, Gundi und Kathrin sanft, fast zärtlich aufs Band. Das Namensschild lächelte ihm entgegen, er fing das Lächeln auf und verwandelte es in sein eigenes. »Das macht 66 Euro 50.« Er zahlte bar.

Angelika merkte nichts, warf die Tasche in die Ecke, setzte sich vor den Fernseher. Heute kein Kaffee. Es war Mittwoch. Sie erweckte die Bildröhre zum Leben, verkroch sich im Sessel.

»Bernd«, sagte sie.

Er brachte ihr die Lieblingsdecke.

»Bernd«, sagte sie.

Er suchte die Katze im Wohnzimmer, fand sie dort nicht, hastete in den Garten, rief ihren Namen. Hoffentlich musste er sie nicht einfangen, das letzte Mal rote Striemen, dieses Mal vielleicht sogar eine Fleischwunde, wer konnte das schon wissen? Im Garten war sie auch nicht, da gab es dann nur noch eine Alternative. Er eilte ins Schlafzimmer, kroch unters Bett. Da saß sie. Ihre Augen funkelten ihn an.

Die Katze sprang davon, er trieb sie in eine Ecke und packte zu, wobei er im letzten Moment die Augen schloss. Erwischt.

Als er zu Angelika zurückkam, streckte sie ihm die Arme entgegen.

Er übergab ihr die Katze, sie presste sie an ihren Busen.

»Bernd.«
Geschafft.

Mittlerweile steckte Inge tief in der Tapetenmasse. Vorne drauf klebte nun Wolfgang. Auf dem Tapeziertisch, der schon lange keinen Platz mehr im heiligen Raum fand und den er deshalb immer wieder aufs Neue im Flur aufbauen musste, kleisterte Bernd Helen, die Neongelbe, ein. Er arbeitete noch vorsichtiger und konzentrierter als früher. Und als er schließlich das Refugium, in dem er gerade noch stehen konnte, mit der vollgekleisterten Helen betrat, war er noch dichter vom Applaus umtost als jemals zuvor. Lange ebbte ihr Applaus nicht ab, entzückt schrien sie seinen Namen – und gelegentlich auch den von Helen. Er hätte sich gern verbeugt, doch das war ihm nicht mehr möglich.

Nachdem er Helen und Wolfgang miteinander vereinigt hatte, schmiegte er sich an seine Freunde. Sie fingen ihn auf. Der Chor jubelte. Laut. Und immer lauter. ›Bald‹, dachte er. Und schloss die Augen.

ııı Dirk Röse ııı

Night-Flight to the Stars

Eines Tages kramte ich mein Exemplar der ›Irish Tour‹ aus dem CD-Regal und versank in ›A Million Miles Away‹. Einem inneren Impuls folgend suchte ich im Internet, was es dort über den Sänger und Gitarristen Rory Gallagher zu lesen gab. Es war wie ein Schock, als ich erfuhr, dass er bereits seit fünfzehn Jahren tot war. Alkohol, neue Leber, Komplikationen, vorbei. Ich hatte das einfach nicht gewusst. Und verstehe nicht, wie ich das so lange Zeit übersehen konnte. Das Foto seiner legendären, völlig zerkratzten Stratocaster führte mich direkt zum Night-Flight to the Stars.

Der Wind zog eisig durch die nächtlichen Gassen und wirbelte die Schneeflocken bis in die letzten Straßenwinkel. Ich hatte mein dick gepolstertes Leather-Case bis oben hin zugezogen und hoffte, dass es wenigstens die Feuchtigkeit abhielt. Durchfroren war ich bereits und musste befürchten, dass sich mein Hals verzog. Es war das erste Mal seit Jahren, dass der Schnee liegen blieb und Dublin unter einem zarten weißen Tuch begrub. Bei dieser Witterung unterwegs zu sein, war ein riskantes Spiel mit meinem historischen Restwert. Ging etwas schief, waren Ahorn und Palisander allenfalls noch Brennholz. Niemand nahm mich zur Kenntnis. Die wenigen Gestalten, die unterwegs waren, wollten auch nur ins Warme und stapften mit gesenkten Köpfen an mir vorüber.

Nach den vielen einsamen Jahren hätte ich auch blind zu der alten Bar gefunden, die jeden Samstagabend mein

Ziel war. *Well, it's Saturday night and I wanna be played.* Unwillkürlich entfuhr mir ein Akkord, der zum Glück durch die Polsterung vollständig verschluckt wurde. *Well ...* Niemand hatte es so cool und selbstironisch gesungen wie der King. *Rip me up.*

Ich bog in eine der Kneipengassen abseits der Touristenmeilen und suchte vergeblich das ausgeblichene Blechschild des ›Old Bartender‹. Es war so verdammt düster hier. Kaum eine Laterne. Und der viele Schnee. Fast wäre ich dran vorbeigelaufen, doch die schiere Gewohnheit stoppte meine Schritte genau vor dem Eingang. Ich klopfte mir den Schnee vom Leder und drückte die schwere Holztür auf. Die Scharniere quietschten. Feuchte, warme Luft schlug mir entgegen. Ich ging hinein, blieb aber erst einmal unweit der Tür stehen und sog den schweren Dunst von Alkohol und Zigaretten ein. Ein Gewirr aus Stimmen und Musik umfing mich. Dazu der Geruch von altem Holz. Das ›Old Bartender‹ hatte mich wieder.

Während ich aus dem Leder stieg, schweifte mein Blick durch den Raum und taxierte die Bar. Es gab noch leere Plätze.

Ganz rechts war ein Hocker frei, aber aus jener Ecke ertönten schon wieder die Klänge von *Old Sheppie* – einem schmachtenden Kinderlied, stümperhaft geklimpert von dieser Möchtegerngitarre. Sicher, für die Musikgeschichte war sie von Bedeutung, hatte es aber zu keiner einzigen Aufnahme gebracht. Der King bekam sie an jenem Tag zum Geburtstag, als David Bowie das Licht der Welt erblickte. Und das war einfach zu früh. Als Elvis endlich begann, sich seine Erektion aus der Hüfte zu schütteln, lag sie längst im Kamin. Klar, ich liebte diese Legenden. War ja selbst eine. Trotzdem konnte ich das selbstmitleidige Getue dieser No-Name-Klampfe aus nassem Mississippi-Treibholz keine fünf Minuten ertragen.

An der gegenüberliegenden Seite der Theke war es nicht besser, wenngleich sich auch dort noch ein Platz gefunden hätte. Die Pianos hatten sich da breitgemacht, und es dauerte nur Sekunden, bis ich aus der Geräuschkulisse der Bar das unsägliche Arrangement von *Imagine all the people* heraushören konnte. Der typische Sound versuchte erneut darüber hinwegzutäuschen, wie einfallslos die Tastenfolge war.

Ich hängte mein Case an den Nagel und suchte mir einen Platz in der Mitte der Theke. Die stickig warme Luft kroch mir über die Saiten und ich spürte, wie verstimmt ich war. *Right now the blues want to surround me.* Der Old Bartender zwinkerte freundlich und schob mir einen Doppelten hin. Wortlos schwenkte ich das Glas, setzte es an, witterte das heilbringende Karma und nippte bedächtig. Ganz langsam brannte sich das Feuer durch meine Kehle bis ins *Svādhisthāna.* Den Rest stürzte ich hinunter.

Endlich wurde mir warm und ich entspannte mich, betrachtete die Typen, die links und rechts von mir standen und von den guten alten Zeiten quatschten. Kaum jemand, den ich kannte oder jetzt kennen wollte.

Der Barkeeper tauschte das leere Glas gegen ein volles. »Howdy Cradle, wie geht's dir?«

Ich zuckte die Schultern und fragte: »Wie sieht's denn für dich aus?«

»Als bekäme deine Leber heute noch schwer zu tun.«

Ich nickte. »Also?«

Kommentarlos stellte er die volle Flasche vor mich hin. »Sieh zu, dass du rechtzeitig wieder landest. *It's a long lonely highway* und der Absturz gefährlich.«

Ich hob beschwichtigend die Hand. Alle waren längst abgestürzt, aber wir hatten überlebt und würden auch den nächsten Crash überstehen. Mit ruhiger Hand goss ich mir einen Dreifachen ein. Der Old Bartender spendierte das Eis. Ich spürte, dass ich schon bald bereit sein würde für den nächsten Flug.

Es war tragisch, dass sich die meisten einen Weltraumbahnhof nur im All vorstellen konnten. Denn er war nicht da draußen. Science Fiction begann in dir. Für den Night-Flight to the Stars, für den Flug zum ewigen Acker der Verblichenen musste das Spaceship in dich hinein, musste es durch den engen Hals kriechen und sich in dir breit machen. Bis der Flug von selbst begann.

Goldgelb sickerte der Shuttle gemächlich in jede Pore und löste mich von der Erdschwere. Weiß der Geier, warum ausgerechnet Dublin. Aber wir kamen alle her, um der Vergangenheit zu huldigen. Auch wenn viele unserer Wurzeln in den sumpfigsten Südstaaten lagen, nur in Dublin konnte die hölzerne Seele ihren Halt verlieren und sich auf eine melancholische Reise begeben.

Als sich hinter mir die Tür öffnete und der kalte Luftzug über meinen Corpus schwappte, ahnte ich sogleich, wer da kam. Mit leicht getrübtem Blick sah ich über die Schulter und erwartete das Schicksal. Ohne Case und schutzlos dem Unbill des Winters ausgeliefert, waren sie hergekommen. Sie traten ein und lächelten mir traurig zu. Little Wing war frisch flambiert, und der Schnee dampfte auf seinem erhitzten Lack. Dezent kokelnd lehnte er sich an den langen Statesboro, der gut betankt und abflugbereit war.

»Hallo Jungs«, sagte ich und winkte sie zu mir.

Sie antworteten nicht, schleppten sich aber rüber zu mir. Träge drängten sie ihre ausladenden Hüften zwischen meine Nachbarn und mich. Little Wing suchte Halt an der Theke. Als er ihn gefunden hatte, klopfte er mir auf die Schulter und ließ ein kehliges Vibrato hören. Statesboro atmete tief ein und gab einen jaulenden Ton von sich. Ich sah, wie der Bartender die Augen zusammenkniff, doch ein hohes E meinerseits war unvermeidlich.

»Leute«, brummte der Wirt, »macht bitte langsam. Ich kann hier keinen *Rock 'n' Roll Suicide* gebrauchen. Nicht schon wieder, nicht heute.«

»Mann ey«, nuschelte Little Wing, »nur keinen Stress.«

Statesboro kam jetzt in hörbar gute Stimmung. Er kicherte leise und jaulte noch höher. »Wir wollen doch nur spielen.«

Little Wing goss ein paar Akkorde aus, die sich über unsere Kehlen legten wie Sirup auf ein Südstaatenfrühstück. Ich setzte mit einem zähen Rhythmus ein, der kaugummigleich unter den Sohlen klebte. Statesboro zerrte an seiner E-Saite und trieb mir die Tränen zwischen die Tonabnehmer. *I woke up this evening and had them Statesboro Blues.* In irgendeiner gottverlassenen Ecke setzte sich ein völlig zerstörtes Schlagzeug mühsam zusammen. Neben ihm stand stocksteif Boris the Spider und schnarrte einen Basslauf.

Im selben Moment spürte ich die Ekstase, die wie eine Welle durch den Raum zog. Die Luft knisterte. Sekunden später hob der *Mystery Spacetrain* ab und wir waren auf dem Weg. Zeit und Raum ließen wir hinter uns und stießen vor in das Paralleluniversum unserer Sehnsüchte.

Da warst du wieder. Jahrelang hattest du mich am Hals und beklagtest dich nie. Ich war die Last auf deiner Schulter und du hast mich gewiegt. Als wäre ich glühendes Eisen auf einem Amboss, hast du einen wahren Funkenflug auf mir veranstaltet. Und ich wusste, auch heute Abend würdest du gut zu mir sein. Wie sehr hatte ich dich vermisst. Ich spürte deinen festen Griff um meinen Hals, als du mich mit dir zerrtest. Endlich wieder auf der Bühne, glitten deine Finger zärtlich über mich und Tausende sahen begeistert, wie du mich liebtest. Dann schlugst du zu und nahmst mich hart. Deine Hand war so schnell und geschickt, dass ich raste vor Begehren. Und dann, kurz vor dem Höhepunkt, nahmst du das Tempo raus und drehtest mir die Wirbel um. Ich verlor jeden Halt und war ein Teil von dir, verschmolz mit deiner Seele. Langsam, unerträglich langsam wurdest du wieder schneller – und triebst mich zur Klimax.

Irgendetwas stieß hart gegen meinen Kopf und ich fiel zu Boden. Um mich herum johlten und sprangen sie auf ihrem Flug in die Vergangenheit. Doch ich war schon zurück und blinzelte. Mir war nicht übel, der Kopf tat nicht weh. Ich war nur müde. Unendlich müde und traurig.

Mühsam kam ich wieder auf die Beine. Dem Old Bartender legte ich ein paar Scheine auf den Tresen, dann stieg ich in mein Leder und trat hinaus in die Nacht.

Die Kälte ernüchterte mich nicht. Sie verstärkte nur meine Einsamkeit. Ich schlich durch die Straßen, ließ die Saiten hängen und hielt mich im Schatten.

Mein Weg führte mich direkt zum Hafen. Reglos stand ich da, spürte die Kälte nicht mehr, vergaß die Welt um mich herum. Letzten Endes war auch ich nichts anderes mehr als ein Stück nasses Treibholz, hin und her gestoßen vom Wind auf den Wellen des Schicksals. Lange starrte ich in die dunkle Bucht. Das Schneetreiben verhinderte jeden Blick auf die Sterne. Und ich wusste, dass ich Millionen Meilen von dir entfernt war.

╷║ Peter R. Bolech ║╷

Der letzte Spalt

Bis zu den gelbgefrorenen Feldern weit oberhalb der Stadt hatte es der Mann geschafft, doch dann stand er vor dem Wald, dessen kahle Stämme und Äste sich zu einem undurchlässigen Bollwerk verschränkt hatten. Er hatte gehofft, der Dämmerung noch ein paar Kilometer mehr abringen zu können, doch jetzt, wo es kein Weiterkommen mehr gab, wurde ihm bewusst, dass er ohnehin am Ende seiner Kräfte war. Er wünschte sich nur noch einen Platz, der ihm ein wenig Schutz vor der Kälte bieten konnte und auch vor dem Dunkel der hereinbrechenden Nacht. Er war nicht wählerisch. Und oben, am Ende der Wiese, genau am Waldrand, stand tatsächlich ein Haus, eine Baracke, ein Schuppen, er konnte es noch nicht genau erkennen.

Zuletzt war ihm allem Anschein nach niemand mehr gefolgt, ganz sicher konnte er sich jedoch nicht sein. Versprengte Reste des einst unschlagbaren Heeres trieben sich noch herum, Krieger eines einst mächtigen Gottes, doch Gott war tot, ob sie es wahrhaben wollten oder nicht. Sie aber hatten nichts anderes gelernt, als dass es keinen gab außer ihm, also warteten sie auf seine Wiederkehr oder zumindest ein Zeichen von ihm und machten weiter, als wäre nichts geschehen. Das ihnen einstmals in einem weihevollen Festakt übertragene Privileg zu töten besaß zwar keine Gültigkeit mehr, doch das beeindruckte sie nicht, im Gegenteil, Menschen umzubringen war in Zeiten zerfließender Strukturen leichter als jemals zuvor. Und ihnen dicht auf den Fersen waren die Sieger auf der Jagd nach Verlierern.

Das Haus war nur eine einfache Holzkonstruktion, aus wenigen, aber massiven Stämmen roh und eilig zusammengezimmert, mit einem bedenklich durchhängenden Dach und einer Tür, von der nur mehr Reste auf rostigen Scharnieren hingen. Vor dem nun einsetzenden eisigen Regen und dem aufziehenden Sturm würde ihn die Hütte wahrscheinlich schützen können, aber wovor sonst? Nein, ein sicherer Ort sah anders aus. Doch er hatte keine bessere Möglichkeit, und außerdem war er zu erschöpft, um sich auf Zweifel einzulassen. Er hatte eine Maschinenpistole, Munition und reichlich Erfahrung im Umgang damit, er würde die Nacht überstehen.

»Morgen vor Sonnenaufgang ziehe ich weiter!« sagte er sich.

Als er aufwachte, war es bereits heller Tag, er hatte verschlafen; monatelang hatte ihn die gnadenlose Kälte jede Nacht zigmal geweckt, doch in dieser Nacht nicht. Verwirrt trat er vor die Hütte, wo er von wohliger Wärme eingehüllt wurde. Die Sonne stand hoch am wolkenlosen Himmel, die Wiese, die am Vortag noch von der Winterstarre gelähmt gewesen war, war weich und roch nach Neuanfang. Der Wald hinter der Hütte hatte sich mit einem sanften Schleier frischen Grüns überzogen, aus dem das reine, fleckenlose Weiß aufblühender wilder Kirschblüten herausstach. Der Mann stand eine Weile still da und dachte nach. Dann beschloss er, hier zu bleiben. Er vergrub Maschinenpistole und Munition im Wald und machte sich daran, das Dach der Hütte abzudichten.

Nach und nach richtete er die ganze Hütte wieder her. Er arbeitete konzentriert und vermied unnötige Unterbrechungen. Solange seine Gedanken auf die Aufgabe gerichtet waren, die als nächstes vor ihm lag, war sein Leben lebenswert. Darum hasste er die Sonntage, diese Tage erzwungener Pause, an denen Erinnerungen listig versuchten, sich Gehör zu verschaffen. Doch auch mit ihnen lernte er umzugehen: Er lief die die paar Schritte zum Waldrand und tauchte in ein wegloses Universum ein, welches ihn einlud sich zu verirren, was er mit großer Freude tat. Er folgte keiner Eingebung, keinem Plan, sondern einfach dem Zufall, so wie er den Zufall erlebte, und beschloss, erst so spät wie möglich sein Dahintreiben zu beenden und sich unterhaltsame Sorgen darüber zu machen, wie er den Heimweg finden könnte. Stunden später, wieder zu Hause angekommen, konnte er nicht sagen, was er mehr genossen hatte, das unbekümmerte Sich-Verlieren oder das bedachte Zurückfinden. Er liebte den Wald. Deswegen entstand auch sein kleines Haus, das er, kaum war die Hütte so weit fertig, zu bauen begonnen hatte und in dem er bald statt in der winzigen Hütte leben wollte, direkt am Waldrand.

Gelegentlich kamen Spaziergänger aus der fernen Stadt bei ihm vorbei. Die Männer trugen Hüte, selbst an heißen Sommertagen, und die Frauen hatten sich ihre Röcke selbst nach den Schnittmustern der neuesten Modehefte genäht. Manche blieben an der Grenze seines Grundstückes stehen, erkundigten sich, wie es ihm ging, und bewunderten die Fortschritte beim Bau seines Hauses. Obwohl ihm diese Anteilnahme unangenehm war, blieb er immer so höflich wie möglich, da er die Leute nicht vor den Kopf stoßen wollte.

Einen ganzen Sonntag hatte er wieder in seinem Wald verbracht. Auf einer ihm bis dahin unbekannten Lichtung hatte er sich niedergesetzt und sich vom Spiel des Sonnenlichtes auf dem Waldboden gefangen nehmen lassen. Er hatte sogar aufgehört vorauszudenken und war zufrieden gewesen, einfach nur zu hören und zu sehen. Langsamer als sonst war er dann wieder zurückgegangen. Abends, zu Hause, saß er darum eine Weile still im Dunkeln.

Gerade hatte er beschlossen, sich niederzulegen und sich noch im Einschlafen auf einen schönen neuen Arbeitstag zu freuen, als es plötzlich leise und doch deutlich vernehmbar an der Tür klopfte. Noch nie zuvor hatte jemand gewagt, sein Grundstück zu betreten, ganz zu schweigen davon, dass jemand bis zur Eingangstür vorgedrungen wäre. Es gab zwar keinen Zaun, aber der war auch gar nicht notwendig, denn die Grenzlinie war spürbar und unantastbar. Wer hatte die Unverschämtheit, sich darüber hinwegzusetzen? Er sprang hastig auf, er spürte Kälte auf seinem Rücken, er erinnerte sich wieder an seine Maschinenpistole und verfluchte seinen Entschluss, sie wegzuwerfen. Er wusste nicht, was er tun sollte, er hatte Angst. Fast mechanisch stand er auf, drehte das Licht im Raum ab, ging langsam zur Türe und öffnete sie, auf alles Mögliche gefasst.

Selbst in der Dunkelheit erkannte er sofort, dass da ein Mädchen, nein, eine Frau stand, und die Anspannung fiel von ihm ab, was ein lauter Atemzug anzeigte. Vielleicht war es die Überraschung, über die er vergaß, das Licht wieder aufzudrehen, vielleicht erschien es ihm auch einfach unpassend, das Licht wieder anzuschalten, jedenfalls tat er es nicht. Und auch sonst bewegte er sich nicht, dazu sagte er kein Wort. Er starrte die Frau an und wartete. Und während er so dastand und nicht wusste, was er tun oder sagen sollte, erinnerte er sich, wie lange er schon keine Frau mehr gehabt hatte. Mittlerweile hatten sich seine Augen so weit an die Dunkelheit gewöhnt, dass er sah: Sie war die schönste Frau, die er jemals in seinem Leben erblickt hatte. Diese Erkenntnis verunsicherte ihn noch mehr, noch weniger war er in der Lage zu handeln oder etwas zu sagen, weil es nun noch dringlicher war.

Sie berührte ihn kurz an seiner Schulter und ging dann langsam und wortlos an ihm vorbei nach drinnen. Er folgte ihr, als wäre er ein Besucher in seinem eigenen Haus. Er wollte sie fragen, wer sie war und was sie eigentlich wollte, aber er erinnerte sich an die Sage von der wunderschönen Waldfee, die sich klagend in Luft auflöste, nachdem sie ihr Liebhaber nach ihrem Namen gefragt hatte, und daher schwieg er. Sie ging ihm voran ins Schlafzimmer, legte sich auf das Bett und forderte ihn mit einer kaum merklichen Geste auf, zu ihr zu kommen. Kaum lag er neben ihr, nahm sie sein Gesicht in ihre Hände und küsste ihn.

Als er bei hellem Sonnenlicht wieder aufwachte, war er sich gleich sicher, dass sein Traum von letzter Nacht damit auch verflogen war. Doch sie lag neben ihm und lächelte ihn an, ein Lächeln, mit dem sie der Schönheit Wahrheit und Liebe geben konnte.

»Du bist meine Zukunft!«, sagte der Mann.

»Ich bin deine Gegenwart. Ich bin der Augenblick, in dem du eine Entscheidung triffst«, sagte sie.

Er wollte, dass sie blieb, und sie fand das gut und blieb tatsächlich.

Der Mann arbeitete jetzt nicht mehr wie vorher von früh bis spät durchgehend an dem Haus, er machte öfters Pausen, legte das Werkzeug beiseite und verschwand mit der Frau im Schlafzimmer. Manchmal arbeiteten sie gemeinsam, dann taten sie wieder gar nichts und saßen einfach nur da. Er konnte tun, was er wollte, und niemals fühlte er sich gezwungen, etwas zu tun. Er bewunderte ihre Anmut, ihre schwebende Leichtigkeit. Er war nicht musikalisch, doch wenn er sie beobachtete, entwickelten sich in seinem Kopf Melodien, neue Melodien mit einer ihm bisher völlig unbekannten Harmonie. Leider konnte er sich sie nie merken, und daher entschwanden sie so schnell, wie sie gekommen waren. Doch das war nicht schlimm: Jederzeit ließen sie sich ja neu entwickeln. Der Hausbau machte jetzt bessere Fortschritte als jemals zuvor. Denn der Mann hatte einen natürlichen, beschwingten Rhythmus gefunden: Manchmal blieb er den ganzen Tag mit seiner Frau im Bett, dann wieder arbeitete er den ganzen Tag mitsamt Nacht durch, weil er etwas Begonnenes unbedingt zu Ende bringen wollte. Und sie fand alles gut, was er tat.

Bald verbreitete sich in der Stadt das Gerücht, dass eine sagenhaft schöne Fremde mit dem Mann in dessen Haus am Waldrand wohnte, und selbst Leute, die sich bisher nie für den Mann und sein Haus interessiert hatten, machten sich auf, hinaufzugehen und wie beiläufig an seinem Grundstück vorbeizuschlendern, in der Hoffnung, einen Blick auf sie werfen zu können, wenn es sie denn gab. Tatsächlich bekam man sie fast immer zu Gesicht, denn sie hielt sich oft im Garten vor dem Haus auf, und wenn die Leute sie scheu grüßten, winkte sie freundlich lächelnd zurück. Der Mann arbeitete am liebsten auf dem Dach, und von seinem erhöhten Standort aus beobachtete er dieses Spiel mit Vergnügen, denn er war stolz auf seine schöne Freundin. Jeder sollte sie sehen.

Er hätte ohne Einschränkung glücklich sein müssen, und er war es auch. Doch bald wurde seine Freude nach und nach getrübt: Immer mehr Schaulustige kamen, und sie drängten sich um sein Grundstück herum. Vergangen waren die Zeiten, wo sie nur wie beiläufig vorbeischlenderten. Sie fingen an, ihn zu belästigen, indem sie ihn von der Arbeit abhielten, mit ihren Blicken, mit ihren Worten und weil sie seiner Frau zu nahe kamen. Und es wurde immer schlimmer, kurz darauf schien es viele gar nicht mehr zu kümmern, wo die Grenze war: Sie lungerten herum, wo es ihnen passte, lagerten sogar in Haustürnähe. Ungezählte Male scheuchte er sie von seinem Grund weg, doch die besonders Dreisten kamen rasch wieder zurück und die anderen folgten ihnen bald nach.

Er beschloss daher, den Hausbau vorübergehend ruhen zu lassen und erst einmal einen Schutz rund um seinen Grundbesitz zu errichten. Zuerst schwebte ihm eine massive Abtrennung aus Holzpalisaden vor, doch dagegen legte sie ein Veto ein: Ein Zaun, um die Grenze zu markieren, sei in Ordnung, aber eine Befestigungsanlage komme nicht infrage, hinter einer solchen könne sie nicht leben.

Er baute daher einen hübsch anzusehenden halbhohen Lattenzaun und pflanzte auf der gesamten Länge wilden Wein, was ihn noch ansehnlicher machen und zudem ein Mehr an Sichtschutz und Trennung bieten sollte. Was er nicht geahnt hatte: Die Menschen standen jetzt nicht mehr verstreut in Gruppen herum, sondern sie formierten sich auf der gesamten Länge des Zauns, bald schon in mehreren Reihen hintereinander. An schönen Tagen, wenn der Andrang besonders groß war, fühlte er sich wie ein Wettkämpfer in einer Arena. Außerdem war er nicht sicher, dass dieses Grenzmal dauerhaft respektiert werden würde.

Und eines Tages geschah es dann tatsächlich: Er arbeitete am Dachstuhl des Zubaus, wo er gerade einen Erker eindeckte, als er sah, dass am Zaun drei ärmlich gekleidete Gestalten standen, die sich mit ihr unterhielten – und plötzlich kletterte eine von ihnen über den Zaun auf sein Grundstück!

Er hetzte so schnell er konnte vom Dach und stürzte, den Hammer immer noch in seiner Hand, auf den Eindringling zu. Noch einiges von ihm entfernt, rief er: »Runter von meinem Grundstück!« Der Eindringling aber reagierte nicht! Und als sich seine beiden Kameraden sogar anschickten, ebenfalls über den Zaun zu klettern, war der Mann nicht mehr zu halten: Er warf, in vollem Lauf, seinen Hammer nach dem Eindringling und traf ihn an der Schulter. Der Getroffene schrie auf, was den Mann aber noch keineswegs ernüchterte. Er stürzte sich auf ihn, warf ihn zu Boden und begann auf ihn einzuschlagen. Vermutlich hätte er den zerlumpten Störenfried zumindest besinnungslos geprügelt, doch irgendwie gelang es dem, sich mit Hilfe seiner Freunde zu befreien und sich über den Zaun in Sicherheit zu bringen.

Der Mann, nun auch wieder stehend, atmete schwer und sein Unterkiefer schob sich vor, bis es schmerzte, während er den davonschleichenden Gestalten auf der anderen Seite des Zaunes nachstarrte. Dann blickte er in das Gesicht seiner Frau, ihre Augen waren zum ersten Mal, seit er sie kannte, leer und ihr Lächeln war verschwunden. Sie standen eine zeitlang nebeneinander und sagten nichts.

»Das sind arme Leute auf der Flucht!«, erklärte sie dann vorwurfsvoll und ging ins Haus.

Der Mann lief und rief den drei Fremden hinterher, bat sie zurückzukommen. Er lud sie ein ins Haus, sie drehten auch tatsächlich um, gingen erst zu und dann mit ihm. Im Haus angekommen, rieb er die Verletzungen des einen mit Heilsalbe ein, gab allen dreien zu essen und zu trinken und unterhielt sich auch mit ihnen. Während er sich aber um sie kümmerte, bemerkte er auch: Sie starrten beinah die ganze Zeit über die Frau begehrlich an. So war er denn auch froh, als die drei Fremden rundum versorgt waren und es keinen Grund mehr für sie gab zu bleiben. Sie hatten Tränen in den Augen.

Obwohl am Zaun immer wieder Unruhe herrschte und er stets wachsam bleiben und auch gelegentlich Unterbrechungen in Kauf nehmen musste, wuchs das Haus zu einem schlossähnlichen Anwesen heran. Er musste viel Holz verarbeiten, der Waldrand war jetzt ein Stück weiter weg. Das Haus verfügte nun über sieben Schlafzimmer, und jedes von ihnen hatte ein eigenes, individuell gestaltetes Bad, nicht nur nach außen hin also war der Luxus. Die Frau saß jeden Tag vor einem anderen Spiegel, um sich die Haare zu kämmen. Wenn er sie in einem ruhigen Moment genau betrachtete, dann wurde ihm klar, dass sie immer noch hinreißend schön war. Dann konnte er die Leute draußen vor seinem Zaun verstehen, die von ihr träumten und sie haben oder wenigstens kurz sehen wollten. Aber andererseits fand er es reichlich übertrieben, dass sie so viel Zeit auf ihr Aussehen verschwendete, und manchmal ärgerte er sich, dass sie sich den ganzen Tag nur noch pflegte und ihn mit aller Arbeit alleinließ. Sie waren lange genug beisammen, um sich so zu akzeptieren, wie sie nun einmal waren, da war ihr Getue nun wirklich überflüssig. Wenn sie ihn fragte, ob er sie noch immer attraktiv fände, dann sagte er das, was sie wahrscheinlich hören wollte, das sparte Zeit. Ansonsten ging er seiner Arbeit nach, die Dinge waren eben, wie sie waren.

Draußen vor dem Zaun tauchten neuerdings von Zeit zu Zeit vier Gestalten auf, die mit ihren dunklen Anzügen und Krawatten deutlich aus der Masse der Schaulustigen heraustachen. Sie riefen ihn immer wieder zu sich an den Zaun, mit immer unterschiedlichen Begründungen, und verwickelten ihn in Gespräche. Und wenngleich er mit ihnen noch weniger zu tun haben wollte als mit all den anderen Leuten, da sie etwas an sich hatten, das ihn stark irritierte, schaffte er es doch kaum, von ihnen wieder loszukommen, so einnehmend konnten sie reden. Sie machten ihm wortreich Komplimente über seine Tüchtigkeit, die weit und breit gerühmt werde, stellten ihm interessiert harmlose Fragen – und boten ihm schließlich immer ihre Dienste an, allerdings noch ohne zu erklären, worin genau diese bestehen sollten. Das wollten sie im Haus tun, in aller Ruhe und Abgeschiedenheit. Doch der Mann misstraute diesen Leuten auch nach all ihren Reden und erfand darum immer neue Begründungen, warum das gerade jetzt nicht ginge, und hoffte, sie würden nicht mehr wiederkommen. Doch sie kamen immer wieder, sogar in immer kürzeren Abständen. Und sie umschmeichelten ihn weiter. Sie erzählten ihm, dass sie weit gereist seien, aber dass sie nirgendwo ein annähernd so schönes Haus gesehen hätten wie das seine. Sie erzählten von den Anwesen, die sie angeblich besichtigt hatten und der Mann wurde neugierig. Er begann Fragen zu stellen, wie die Häuser in anderen Ländern aussahen, aus welchen Materialien sie gebaut waren und warum seines das schönste von allen wäre. Die Männer ließen die prächtigsten Häuser Revue passieren, aber nein, keines kam an seines heran, jedes wies bei aller Pracht irgendeinen bedeutenden Mangel auf, nur seines nicht. Allerdings, sie könnten nur vergleichen, was sie auch mit eigenen Augen gesehen hatten: Die meisten anderen Häuser würden sie sowohl von außen als auch von innen kennen. Damit sie aller Welt umfassend von seinem Besitz erzählen könnten, müsste er ihnen schon gestatten, einen kurzen Blick hineinzuwerfen. Schließlich gab er nach und bat die vier Männer ins Haus. Im Flur begegneten sie der Frau, und als der Mann sie vorstellte, begrüßten die vier Männer sie zwar sehr höflich und jeder Konvention entsprechend, jedoch lächelten sie dann auf eine Weise, die der Mann nicht deuten konnte. Sie hingegen war unangenehm berührt, so als ob sie unliebsamen alten Bekannten gegenüberstehen würde. Aber sie sagte nichts und setzte sich mit den Fremden und ihm an den Tisch, nachdem die Besichtigung beendet war. Die vier Männer überschlugen sich vor Komplimenten. Doch dann warnten sie plötzlich: »Der Wald! Die Bären!«

Seit sehr vielen Jahren durchstreifte er inzwischen den Wald – und hatte noch nie einen Bären gesehen. Es gab angeblich einige Exemplare dieses massigen Raubtiers im Land, aber ganz woanders, nicht in dieser Gegend, und selbst auf diese legendären Bären war noch nie jemand wirklich getroffen, wo also war das Problem?

Die Männer aber bestanden darauf: Für sie waren die Bären eine reale Bedrohung. Und sie betrachteten es als ihre Pflicht, den Mann nicht nur zu warnen, sondern auch auf ihn und sein Anwesen aufzupassen. Sie hätten, so versprachen sie, die entsprechenden Möglichkeiten, um die Bärengefahr zuverlässig und dauerhaft abzuwenden. Was sie dafür wollten? Kein Geld natürlich, nur gelegentlich hier in diesem Raum sitzen zu dürfen, das wäre eine angemessene Entschädigung. Der Vorschlag hörte sich für den Mann an sich nicht unvernünftig an. An den Gedanken, die vier Männer immer wieder im Haus zu haben, jedoch würde er sich erst gewöhnen müssen. Sie schienen seine Vorbehalte erraten zu haben und sagten:

»Ihre Frau kann auf uns aufpassen! Sie soll hier bei uns sitzen, solange wir da sind!«

»Lass mich bitte nicht mit diesen Leuten allein!«, bat die Frau flehentlich, als die vier Männer gegangen waren. Sie konnte dem Mann aber keine einleuchtende Erklärung dafür geben. Also tat er die Reaktion seiner Frau als hysterisch ab.

Für sich überlegte er dann eine ganze Weile, wog das Für und Wider ab, und dachte sich letztendlich: Er hatte immer nur gearbeitet, vielleicht hatte er wirklich etwas übersehen, vielleicht hatte er bislang einfach nur Glück gehabt. Wäre es nicht ratsam, für die Zukunft für echte Sicherheit zu sorgen? Die Männer konnten ihm möglicherweise wirklich nützlich sein. Auch musste er ja keine langfristige Verpflichtung eingehen, würde die Sache jederzeit wieder beenden können …

Am nächsten Tag machten sie die Sache fix und die vier Männer setzten sich erstmals als Freunde des Hauses an seinen Tisch. Ab da kamen sie regelmäßig. Die Frage der Bärenabwehr nahmen sie offenkundig sehr ernst, sie diskutierten das Thema intensiv und gingen wiederholt auf Streifzug in den Wald. Danach sprachen sie immer wieder davon, Spuren dieser Tiere gefunden zu haben und wie sie die großen Raubtiere aus der Gegend zu vertreiben gedachten. Sie benahmen sich ihm gegenüber stets ordentlich, zeigten sich höflich und respektvoll und manchmal machten sie sich sogar vor Ort nützlich, Gelegenheit dafür hatten sie genug, in einem großen Haus ist immer etwas zu tun. Nicht ganz so vorbildlich war ihr Benehmen seiner Frau gegenüber: Wenn sie mit ihr allein im Salon saßen, redeten sie auf sie ein, machten ihr zweifelhafte Komplimente und prahlten mit Bären, die sie im Wald angeblich eigenhändig verscheucht hatten, und anderen großspurigen Geschichten, aber davon bekam der Mann nichts mit, denn er arbeitete die meiste Zeit. Er war schnell aufrichtig angetan von diesen vier Männern. Anfangs quälte ihn zwar noch die Sorge, dass sie für ihre Extraarbeiten, die ja nicht Teil des Arrangements waren, letztlich etwas verlangen würden, einen viel zu hohen Preis vielleicht sogar, doch sie lachten nur, als er sie hier auf Entlohnung ansprach, und sagten, es sei ihnen ein Vergnügen, ihm eine Hilfe sein zu dürfen. So war also der letzte Zweifel ausgeräumt und bald hatte er sich an ihre Anwesenheit völlig gewöhnt, schließlich genoss er sie sogar, schätzte er vor allem die Gespräche mit ihnen sehr. Jetzt unterbrach er seine Arbeit, wenn sie da waren, oft, um sich mit ihnen zu unterhalten. Er war froh, endlich wieder mit Menschen reden zu können, die so dachten wie er – mit seiner Frau funktionierte das ja schon länger nicht mehr. Umso stärker ärgerte es ihn, dass sie den vier Männern, die er inzwischen als seine Freunde betrachtete, weiterhin mit Reserviertheit, manchmal sogar mit kaum versteckter Feindseligkeit begegnete. Es war immerhin sein Haus!

Einmal, als sie durch einen der nunmehr häufigen Besuche wieder gemütlich beisammensaßen, machten die Männer ihn auf ein neues schwerwiegendes Problem aufmerksam: Das mittlerweile riesige Haus stand möglicherweise auf einem sumpfigen, schwimmenden, jedenfalls höchst unstabilen Untergrund und lief potenziell Gefahr, einzusinken, vielleicht sogar auseinanderzubrechen. Eine Sache, um die sich der Mann nie gekümmert hatte! Sie schüttelten die Köpfe darüber, dass ein so intelligenter Mann solche Fehler machen konnte. Aber, sagten sie, es gebe einen Hoffnungsschimmer, sie könnten den drohenden Schaden wahrscheinlich noch abwenden, dazu müssten sie allerdings sehr rasch alles über sein Haus wissen, einfach alles! Eilfertig suchte der Mann alle Pläne, Skizzen, alle Berechnungen, alles, was er hatte, zusammen. Als er in den Salon zurückkehrte, um es den dort wartenden Männern zu geben, glaubte er gerade noch zu sehen, wie einer von ihnen die Hand um die Hüfte der Frau legen wollte, was sie mit einer hastigen Bewegung aber verhinderte. Kaum hatte er die Szene betreten, benahmen sich alle vorbildlich. Hatte es diesen Vorfall wirklich gegeben? Oder hatte er sich getäuscht? Nun ja, er wollte er die Männer jetzt nicht mit peinlichen Fragen behelligen, wo sie doch so hilfsbereit waren und er sie doch so dringend brauchte. Daher übergab er einfach nur die Dokumente. Die Männer rissen diese begierig an sich und versprachen, gleich am nächsten Tag wiederzukommen.

Wegen der Sorge um sein Haus konnte der Mann in dieser Nacht lange nicht einschlafen. Irgendwann glaubte er, seine Frau leise weinen zu hören. Er wollte sie aber nicht darauf ansprechen, denn sonst hätte eine lange Diskussion entstehen können. Also lag er weiter still neben ihr, und schließlich schlief er ein.

Am Morgen kamen die Männer und brachten eine bestürzend lange Liste an Mängeln mit. Nein, einsinken werde das Haus nicht, dass könnten sie mit Sicherheit ausschließen, aber es gebe noch eine Unmenge weiterer Bedrohungen, nämlich sonstige statische Mängel, fehlende Verankerungselemente, unzureichende Plattenanschlüsse, fehlerhaftes Baumaterial, nicht ausreichenden Blitzschutz und vieles mehr.

Lange, lange Jahre hatte er sich in Sicherheit gewähnt, doch jetzt musste er erkennen, dass diese nur eine Illusion gewesen war. In Wirklichkeit war er fahrlässig mit sich und seinem Leben umgegangen. Und dass das Haus, sein Lebenswerk, überhaupt noch stand, war lediglich einer Vielzahl an günstigen Zufällen zu verdanken. Aber zum Glück hatten seine Berater für jede Schwachstelle auch die geeignete Lösung parat. Diese Punkte alle umzusetzen, bedeutete für ihn aber auch, seine Lebensgewohnheiten drastisch zu verändern. Das gefiel ihm eigentlich gar nicht – doch es musste eben sein!

Nachdem er ihren Vorschlägen zugestimmt hatte, ging es darum, wie die Männer zu entlohnen waren. Dass sie bei ihm wohnen wollten, machte ihm keine Probleme, das Haus war ja so groß, dass man sich kaum begegnen würde, wenn man dies nicht wollte. Dass sie, sehr dezent natürlich, was sie sehr ehrte, auch wünschten, er möge Verständnis haben, dass man gerne mit seiner Frau zusammen sein wolle – in allen Ehren selbstverständlich, tanzen vielleicht, maximal ein Gutenachtkuss – bedrückte ihn jedoch ein wenig. Sie war seine Frau und es war ein reichlich komisches Gefühl, Fremden irgendwelche Rechte an ihr einzuräumen, mochten diese auch noch so belanglos sein. Aber andererseits waren sie ja längst keine Fremden mehr! Doch ob sie, seine Frau, überhaupt mit diesem Arrangement einverstanden sein würde? Egal, es war sein Haus, und eigentlich musste sie sogar froh sein, endlich auch einen kleinen Beitrag zur Erhaltung seines Besitzes leisten zu können, wo sie doch hier ein Luxusleben führte!

Als er sie von seinem Entschluss unterrichtete, sträubte sie sich zunächst dagegen. Also musste er diesen Dienst sehr deutlich und mit Hinweis auf ihre Pflicht verlangen. Darauf sagte sie nichts mehr und ging. Von da an sah er sie oft tagelang nicht mehr. Die Größe seines Hauses machte es möglich.

Die vier Männer zogen also ein. Zügig setzte er etliche ihrer Verbesserungsvorschläge für sein Haus um. Doch bald schon war klar: Nicht allein sein Haus bedurfte ihrer stützenden Hilfe, ihrer guten Ratschläge. Mit sich selbst war der Mann all die Jahre mindestens ebenso fahrlässig umgegangen wie mit seinem Lebenswerk! Um sein Wohlergehen musste man sich dringend kümmern, so dringend sogar, dass bauliche Mängel zu beseitigen eigentlich nur Nebensache sein konnte. Die vier Männer kümmerten sich rührend um ihn. Sie übernahmen es dankenswerterweise, seinen Tagesablauf zu organisieren, und sie legten für ihn die Arbeits- und Freizeiten fest und auch, was er zur Entspannung und zur Ablenkung tun sollte. Sie bestimmten, was, wann und wie viel er aß und welche Kleidung er trug. Und wenn der wilde Goldregen am Waldrand blühte, von dem er tränende Augen bekam, verordneten sie ihm Zwangsurlaub. Ein Wunder, nichts als ein Wunder, dass er bislang so immer durchgearbeitet hatte, mit dieser erheblichen Seheinschränkung, und nicht verunfallt war! Ab jetzt sollte der Hausbau zu dieser Zeit immer ruhen, die Gesundheit des Mannes war wichtiger.

Aufgrund der neuen Zeitpläne machte der Bau nur mehr langsame Fortschritte, aber der Mann war trotzdem oft müde und schlief jede Nacht tief. Und er wurde auch nicht wach, wenn die Musik im Salon lauter gedreht wurde, um das Schreien, Stöhnen und Grunzen zu übertönen.

Eines Morgens begegnete er der Frau zufällig wieder, im Ostflügel des Hauses. Sie stand nackt am offenen Fenster, das in den Garten hinunterging, und ließ sich von den Sonnenstrahlen wärmen. Dabei lauschte sie mit geschlossenen Augen einer Musik, die von irgendwoher kam. Er näherte sich ihr von hinten, sie bemerkte ihn nicht. Er malte sich aus, wie die Schaulustigen unten am Zaun bei diesem Anblick in Aufregung gerieten, obwohl er das Aufheben um ihre Person absurd und übertrieben fand. Er stand eine Weile still und musterte sie. Er bemerkte blaue Flecken an ihrem Rücken und an ihren Oberschenkeln. Sie spürte plötzlich offenbar seine Anwesenheit, wandte sich ihm zu und versuchte zu lächeln. Es hätte noch einmal ihr unnachahmliches Lächeln werden sollen, doch das war ihr nicht gelungen. Nun sah der Mann: Auch vorne am Oberkörper hatte sie Blutergüsse. Als der Mann diese anstarrte, schob sie die Schultern zurück, so als ob sie ihn dazu einladen wollte, noch genauer hinzusehen. Diese Pose, mit der sie ihre Verletzungen als stummen Vorwurf zur Schau zu stellen schien, machte ihn wütend. Er packte sie bei der Hand, zog sie weg vom Fenster und in das nächstgelegene Schlafzimmer. Dort brachte er es rasch hinter sich und sie ließ es stumm geschehen. Er fühlte sich deutlich besser danach und eilte sofort zu den vier Männern.

Eines Tages, er hatte schon bemerkt, dass etwas in der Luft lag, verlangten sie eine Aussprache und kamen gleich zum Punkt: Ihre fundierten Untersuchungen hatten ergeben, dass große Teile des Hauses beträchtliche akute Risiken bargen und dass eine Benutzung bis auf weiteres nicht mehr zu verantworten wäre. Die Benutzung einiger besonders exponierter Räume des Hauses wurde ihm untersagt, ausschließlich zu seiner eigenen Sicherheit, der sie sich mehr als allem anderen verpflichtet fühlten und für die sie ansonsten nicht garantieren könnten. Sie legten ihm einen Plan vor, in dem alle für ihn nicht mehr benutzbaren Räume farblich gekennzeichnet waren. Etliche seiner

Lieblingsräume waren dabei, und die Übersicht begann vor seinen Augen zu verschwimmen. Sie sahen, dass er erschüttert war, und sie hatten Mitleid mit ihm. Nach langen und kontroversiell geführten Beratungen gaben sie einen seiner eigentlich gestrichenen Lieblingsräume wieder frei. Das stimmte ihn wieder versöhnlich, ja, fast erfreut.

Als Ausgleich für die Einschränkungen, die nur temporärer Natur sein würden, wie sie ständig betonten, kümmerten sie sich noch intensiver um sein leibliches Wohl. Er genoss das und staunte: Was hatte er bisher alles verpasst! Vor allem diese großartigen Weine, die er erst jetzt kennen lernte und die ihm die Tage und besonders die Abende aufhellten! Mit ihnen schlief es sich auch ganz hervorragend. Und so merkte der Mann nicht, dass in der Nacht das Haus manchmal widerhallte von Gegröle, lauter Musik und, zwischendrin, grässlichen Schreien, die durch alle Wände drangen.

Nachdem weitere Hausteile wegen Gefahr im Verzug hatten aufgegeben werden müssen, stand ihm jetzt kein Zimmer mehr mit Blick in den Garten zur Verfügung, das war einfach zu gefährlich gewesen. Die Fenster seiner Zimmer gingen in den Innenhof, denn dieser war leichter zu bewachen – eine Aufgabe, die die vier Männer dankenswerterweise übernommen hatten. Daher konnte er auch nicht mehr sehen, ob es immer noch Schaulustige vor dem Zaun gab. Manchmal glaubte er, Stimmen und Rufe zu hören, dann stellte er sich vor, dass die Frau wieder ans Fenster getreten war und die Gaffer, die es also noch geben musste, vermutlich waren es nun sogar noch mehr als früher, begrüßt hatte. Irgendwann kam ihm die Idee, seinen Wohnbereich auszubauen, vielleicht noch ein Stockwerk aufzusetzen, sofern die Männer keine Bedenken hatten. Er verbrachte seine Tage damit, Pläne zu zeichnen, den Bedarf an Werkzeug und Baumaterial auszurechnen und Varianten zu entwickeln. Alle Papiere legte er übersichtlich in einem Ordner ab, um sie bei Bedarf griffbereit zu haben. Bald schon reichte ein Ordner nicht mehr aus, er benötigte noch einen, denn er hatte so viele Ideen, und später war auch sein Zimmer zu klein für die vielen Ordner. Er meldete dies den Männern mit der Bitte um Zuweisung eines größeren Arbeitszimmers. Diese schüttelten jedoch den Kopf und bedauerten, ihm mitteilen zu müssen, dass davon leider keine Rede sein könne, vielmehr seien sie zu dem Schluss gekommen, dass es unabdinglich sei, ehestmöglich praktisch das gesamte Gebäude für ihn zu sperren.

Diese Nachricht hatte er wirklich nicht erwartet, er musste sich setzen. Sie redeten zwar in einfachen, klaren Sätzen mit ihm, doch er verstand nur unklar, dass von giftigen Dämpfen und kontaminierten Böden die Rede war und dass besonders das Mondlicht eine unerklärbare, aber möglicherweise sehr bedrohliche Auswirkung haben könnte. Nach gründlicher Untersuchung durch ein Expertenteam stehe jetzt fest, dass praktisch das ganze Areal gefährlich sei und man ihm dringendst anraten müsse, sich an den einzig sicheren Platz, einen Raum an einer Ecke des Patios, zurückzuziehen. Das also würde sein neues Zuhause sein! Der Gedanke gefiel dem Mann gar nicht. Aber er hatte seine Beschützer ja mit Bedacht gewählt, ihnen konnte, ihnen musste er vertrauen. Ihrem Rat würde er folgen. Er übersiedelte.

Sein neuer Wohnbereich hatte ein kleines Fenster, und das machte ihm Sorgen. Ja, es spendete Licht und frische Luft, aber ein Fenster war gleichzeitig auch ein Schwachpunkt. Er konnte vor Angst nicht mehr schlafen. Ihm wurde klar, dass es nur eine Lösung gab: Er musste in einen fensterlosen Raum fliehen, bevor es endgültig zu spät war. Er vertraute sich den vier Männern an. Sie sprachen von einem interessanten Ansatz und dankten ihm sogar, was ihn wirklich stolz machte. Nach ein paar Tagen kamen sie wieder, um ihm mitzuteilen, dass es sicherlich das Beste wäre, ihn in ein von der Außenwelt völlig abgeschirmtes separates Gebäude zu verbringen. Niemand kann die Erleichterung beschreiben, die er empfand, als er das hörte.

In der Dämmerung gingen sie mit ihm über den Hof zu einer entlegenen Ecke seines Grundstücks.

Es war ein kalter Winterabend und ein eisiger Wind, der vom Wald her kam, schleuderte ihm Regentropfen ins Gesicht. Sie führten ihn zu einem niedrigen Holzhaus, zu dieser kleinen Hütte, in die er sich einst auf der Flucht gerettet hatte und die ihm später dann und bis jetzt als Geräteschuppen gedient hatte. Er war unsagbar beruhigt, dass das sein Refugium werden sollte: In der Hütte würde er sich gleich daheim fühlen – und sie hatte tatsächlich keine Fenster. Sie ließen ihn eintreten und sperrten die Tür sofort wieder zu. Im Halbdunkel eines spärlichen Lichtes, das von einer altmodischen Wandleuchte kam, sah er, dass man alle bisher hier gelagerten Geräte und Materialien entfernt hatte. Möbel gab es nicht, dafür hatten die guten Leute in der Eile vermutlich nicht sorgen können, am nächsten Tag würden sie sicherlich kommen und ihn fragen, was er noch brauchte. Immerhin stand am Boden schon ein Korb mit

Brot, Butter, Obst und einem Messer. Das Ganze war nicht sehr komfortabel, aber den Raum könnte man sicher wohnlich gestalten. Endlich war er in Sicherheit! Endlich brauchte er keine Angst mehr zu haben! Er prüfte noch einmal, ob die Tür auch wirklich gut versperrt war, dann setzte er sich hin, lehnte sich mit dem Rücken an die Wand und wartete auf ruhigen Schlaf. Er spürte, dass ohne sein Zutun Bilder auftauchten, angenehme Bilder – doch plötzlich schrak er auf. Er spürte so etwas wie einen Lufthauch. Er begann zu suchen, ängstlich und verzweifelt. Dann endlich fand er die Stelle: Zwischen zwei Balken war ein Spalt, etwa so lang und so breit wie sein Zeigefinger, ein ganz beachtlicher Spalt also! Ihn überkam die Wut, er hämmerte mit seinen Fäusten und dann mit seinem Kopf gegen das Wandstück mit der undichten Stelle und er brüllte so lange, bis seine Stimme in ein groteskes Falsett kippte. Dann beruhigte er sich und seine Gedanken wurden allmählich klar. Plötzlich wusste er, was er zu tun hatte.

Er nahm das Messer und schnitt, sägte und hämmerte seinen linken Zeigefinger so schnell ab, wie er konnte. Er brüllte vor Schmerz, aber die Gewissheit, keine andere Wahl zu haben, ließ ihn durchhalten. Endlich fiel das kostbare Material zu Boden. Er hob es zitternd auf und quetschte es in den zugigen Spalt.

Er war gerettet.

ǁ ǁ Julia Werner ǁ ǁ

Jenseits der Mauern

Caro fand mich zusammengerollt wie ein Tier hinter dem Haus unter den tief hängenden Zweigen der Tannen. Einen großen Ast hatte ich über mich gezogen. In meiner dämmrigen Höhle war es friedlich. Dann plötzlich spürte ich den Boden beben, und die Nadeln, dicht vor meinen Augen, vibrierten. Der Ast bewegte sich, scharrte über die Erde, schrill wie Metall über Glas. Licht hämmerte einen grellen Schrei in meinen Kopf. Hatten sie mich also doch noch gefunden? An den Händen, die sich mir entgegenstreckten, verdorrten die Finger zu krummen, dürren Zweigen. Ich strampelte mit den Füßen und brüllte: »Geht weg!« Später erzählte mir Caro, dass ich barfuß in den Schuhen gesteckt und sie Moos in meinen Ohren und feuchten Dreck in meinen Hosentaschen gefunden hatte.

Wir haben nie zu den Leuten gehört, die Angst vor dem Leben haben. Heute wohnen wir draußen am Wald, ehemaliges Zonenrandgebiet, friedlich und ohne Zaun, auch wenn der Garten den Tieren so als öffentliche Salatbar dient.

Seit der Zelle, seit der Mauer lässt mich Caro nicht mehr allein. Sie wusste immer, ich muss vergessen, die Grabesstille, die Enge, die Schmerzen, und all die schmierigen und schmutzigen Farben und Flecken an den Wänden und das kalte Licht, das klebrig durch Milchglas sickert, bevor sie kommen, stampfend und stumpfäugig …

Über Jahre reisten wir wie die Irren, sahen uns die Kontinente an. Mal schliefen wir an langen, sonnendurchglühten Stränden, mal tauchten wir mit Delfinen im warmen Meer, mal stiegen wir auf hohe, wolkenverhangene Berge. Unsere Touren sind inzwischen kürzer und weniger geworden, aber stets nimmt Caro mich überallhin mit, und ich bleibe bei ihr. So die Abmachung. Einen Ausflug wie gestern gibt es nur selten.

Zuerst fiel mir auf, dass die Tannenwipfel wie grüne Fahnen hoch über unserem Grundstück wehten – sehr hoch. Als wollten sie gleich davonfliegen. Ich deutete mit dem Finger nach oben, und Caro, die es sich neben mir mit einem Buch bequem gemacht hatte, sah auf. Ich wollte sagen, schau mal, wie riesig die Bäume sind, doch ich brachte nur ein Grinsen zustande. Caro senkte den Blick, meiner flog in den Himmel. Blau und Weiß formierten sich zu mächtigen Wirbeln, die sich ausdehnten und zusammenzogen, ausdehnten und zusammenzogen. Der Himmel atmete! Oder drohte ein Unwetter? Caro schien von all dem nichts zu bemerken. Meine Hände drückten hart auf die Lehnen des Plastikstuhls. Auf keinen Fall wollte ich von diesen Tabletten.

»Lass uns für den Garten bald Holzmöbel kaufen«, hörte ich mich sagen. Ich fand diese Worte sehr vernünftig, doch Caro sah mich nur durchdringend und schweigend an, und ihre Augen schimmerten dunkel. Waren sie sonst nicht hellgrün? Und wieso zogen sich ihre Augen so fest zusammen? Plötzlich war das gar nicht mehr Caro, die mich anstarrte, das war ja die kleine Chinesin, jene, die wir dort in dem Bergdorf gesehen hatten, zusammengekauert, bettelnd, grinsend, die Haut an den knochigen Armen rissig und fahl wie Pergament. Ich erschrak und lachte gleichzeitig. Mein Herz klopfte hart im Hals. Dann begann sich diese Kluft aufzutun, und das Seil, das mich rettend an Caro band, löste seine Enden, fiel in den Abgrund. In der Freiheit mit all meinen Sinnen allein zu sein ist gefährlich. Und diese Frau neben mir war eine völlig Fremde. Ich war schon allein.

»Ja«, sagte die Frau, nichts weiter, und sie zog dieses Ja in die Länge, drückte es aus ihrem faltigen Chinesinnengesicht hervor wie einen Fremdkörper. Ich löste meine schweißigen Hände vom Plastik. Mein Atem ging schnell, meine Muskeln spannten sich an und ich sah hin zu diesem grünen, beruhigenden Ozean. Ich musste es einfach tun.

Ich rannte über die Wiese, erreichte pfeilschnell den Wald, wurde verschluckt. Jemand schrie meinen Namen, doch schon hatte sie mich erfasst, diese Woge aus leuchtendem, rauschendem, flüssigem Grün. Sie riss mich fort, und da war nur noch knisterndes Laub, knackendes Holz und das Wispern und Flüstern der Blätter im Wind. Kaum konnte ich atmen, so dicht und duftend war der Geruch, der mir von den Bäumen und der Erde entgegenflutete. Ich war nicht nur allein. Ich war auch frei.

Ich trank Wasser aus dem eiskalten Bach. Ich lag mit dem Gesicht auf dem feuchten Moos und atmete das erdige, ewige Parfüm der Natur. Ich lehnte gegen eine dicke Eiche und vernahm ihre Stimme, die durch den Stamm in mein Gehirn kroch und sich da verwurzelte. Die Eiche hieß mich willkommen, der Baum war mein Freund. Ich legte fest, ganz fest die Arme um seinen rauen, weichen Körper. Der Himmel war durchwirkt von diesen schwebenden feinen Spinnenfäden, silbern und golden glitzernd, und über mir verwuchsen sich die hohen Äste zu einer mächtigen Krone. Alles war grenzenlos schön.

Da plötzlich tauchte aus diesem Meer die Gaststätte auf. Wie war ich so schnell hierhin gekommen? Steil bohrte sich das rote Spitzdach in den Himmel, als wollte es ihn spalten, und der Schornstein spie dicke Rauchwolken hinein. Menschen, dort waren Menschen! Ich hatte vergessen, dass ich nicht allein in diesem Wald, nein, auf dieser Welt war, und eine innere Stimme warnte mich: Geh dort nicht hin! Doch dann sah ich vor mir ein Bier. Ein kühles Bier. Oh ja, bitte ein Bier! Mir fiel ein, ich war hin und wieder hier gewesen, zur gemütlichen Rast. Diesmal aber sah das Gasthäuschen anders aus als sonst, hatte nicht so gerade Kanten, war schief und verzogen, und auch der Garten war nicht wie sonst, er war größer, kleiner, weiter und enger zugleich. Doch bestimmt gab es dort immer noch Bier. Ich spürte schon Milliarden von Perlchen in meinem Schlund zerspringen.

Ich öffnete das Tor, schlüpfte hindurch – stöhnend schnappte es hinter mir zu. Gesichter fuhren auf, verschlossen schnell ihre Münder. Die auf mich gerichteten Augen blickten stumpf, waren wie nasse Kohlen, und doch glimmten sie auf in plötzlicher Feindseligkeit. Ich blieb stehen. Die Bäume ringsum wogten bedrohlich. Es roch seltsam. Meine Beine verweigerten den nächsten Schritt, und in der Lunge drängte sich schwer die Luft zusammen, als wollte sie meine Brust im nächsten Moment einfach sprengen. Da merkte ich: Es stank. Die Schönheit der Welt erstickte an der Witterung nach Mensch.

Neben dem Bierzapfwagen hatte sich eine Frau positioniert, das Gesicht versteinert, und sie nahm mich sofort ins Visier. Eine weiße Schürze umspannte fest und stark ihren

Bauch, sie war ihr Panzer. Ich kapierte sofort: Die Kellnerin wollte mich hier nicht haben, niemand wollte mich hier haben. Alle Härchen meiner Haut stellten sich auf wie ein Heer von Soldaten unter dem Kommando: Verteidigung! Flucht war ausgeschlossen, umzingelt von Mensch und Zaun ging es weder vor noch zurück. Irgendwie schaffte ich es dann allerdings doch an einen Tisch. Aber kaum saß ich, steuerte die Gepanzerte auch schon auf mich zu. Kleine heiße Wellen der Panik überspülten mich, denn ich würde nicht sprechen können, mit ihr nicht und mit niemandem. Ich scheute die Menschen, ich war ein Tier aus dem Wald, oder eine Pflanze, festgewachsen und sprachlos – die allerdings Bier trinken wollte. Ich deutete auf den Nebentisch, an dem sich ein paar Männer an riesigen Krügen festhielten, und die Gepanzerte drehte, ohne ihre Wortgeschosse auf mich gerichtet zu haben, ab. Dann begannen die Männer zu saufen und ihre großen, harten Schlucke trieben Schauerstöße durch meine verkrampften Glieder.

Die Kellnerin lief, sich wieder und wieder nach mir umsehend, mit schnellen Schritten zu dem bärtigen Mann, der Bier zapfte, und beide schauten sie dann zu mir herüber. Ich riss den Blick von ihnen los, und er heftete sich auf eine fette schwarze Spinne, die, wie aus reiner Boshaftigkeit dort platziert, vor mir auf dem Tisch hockte. Es gibt sonst keine Tiere, die ich nicht mag, aber dieses Ding, das da so haarig und hässlich aus sich selbst erwuchs, wurde größer und größer mit jedem Millimeter, den es auf mich zukroch. Jetzt war es schon markstückgroß. Auch es wollte mich vertreiben. Meine Knöchel wurden weiß, so fest umklammerte ich die Tischkante.

»Möchten Sie bitte vorher bezahlen?«

Ich zuckte zusammen, vor mir stand einer, der kam mir bekannt vor. Vielleicht der Wirt? Seine Augen waren pechschwarz, zielten kalt und kompromisslos auf mich wie die Läufe zweier Pistolen. Sein langer Bart wogte, die grauen Haare wuchsen mir kräuselnd entgegen, wollten nach mir schnappen. Ich zuckte zurück.

»Sie wollten doch ein Bier?«

Mein Kopf glühte. Vorher bezahlen? Seit wann musste man hier für ein Bier bezahlen, das noch gar nicht existierte?

Ich fuhr mit den Händen in die Taschen, hinein, hinaus, hinein, hinaus, nichts, gar nichts, ich hatte keinen Cent bei mir! Mein Herz schlug schnell und immer schneller.

Die Männer von nebenan glotzten mich nun alle an. Dabei beugten sie sich weit über den Tisch, ganz so als wollten sie in ihre Krüge fallen. Gleichzeitig aber waren ihre Köpfe zu mir gedreht und die Hälse in wulstig dicke Falten gelegt. Ja, völlig verdreht sahen sie aus, und ich wusste plötzlich, was diese Kreaturen dachten, während die Augen weiß aus ihren Gesichtern quollen: Dass ich keiner von ihnen war. Damals nicht, und jetzt auch nicht. Plötzlich war da auch ein kleines Mädchen mit prallen blonden Zöpfen, es zeigte mit seinem Finger auf mich und riss seinen winzigen Mund auf. Heraus kam: »Du hast was am Kopf!« Ich fasste in mein Haar – und fast hätte ich laut aufgeschrien. Meine Hand stieß auf etwas Hartes, Spitzes, etwas, das dort nicht hingehörte. Meine zittrigen Finger ertasteten einen kleinen Zweig. Dann ein weiches Blatt. Noch einen Zweig, noch ein Blatt. Ich sah Erde, Dreck und Moos an Pullover und Hose haften. Ich hatte den halben Wald dabei! Meine Fingernägel waren schwarz wie Pech. Schnell schob ich die Hände unter den Tisch. All die stumpfen Augen waren jetzt auf mich gerichtet: Ich war ein Durchgedrehter, ein Outlaw, ein Waldschrat, einer, der mit Bäumen spricht, sich im Schmutz wälzt und Bier stibitzen will. So einen mochten die nicht. Nichts hatte sich geändert. Ich war der Feind. Mir wurde eiskalt.

Der Bärtige hatte eine Ewigkeit vor mir gestanden und wandte sich nun ab. Er ging zu den Männern am Nachbartisch, an dem auch die Kellnerin schon wartete, und alle redeten, redeten über mich. Ja, sie alle wollten es nun tun. Einer erhob sich schon. Übelkeit würgte mich. Der Gestank war nun bestialisch. Gleich würden sie aufspringen, mich packen, wieder in die Zelle sperren ...! Ich musste fliehen, flüchten, jetzt und sofort, zurück in den Wald, fort von diesen Wahnsinnigen. Die Toiletten, das wusste ich, waren hinter dem Haus. Von dort war es nicht schwer. Ich erhob mich zögernd. Auch die ersten Schritte tat ich sehr langsam. Um keinen Verdacht zu erregen. Doch kaum war ich um die Ecke, hörte ich schon das Stampfen.

Ich rannte, ich stolperte, ich fiel. Ich rappelte mich auf und lief und lief. Kalt fuhr der Wind durch die knarrenden Äste, das Laub stellte glitschige Fallen. Ich hetzte wie ein Tier, und auf allen Vieren kriechend erreichte ich endlich unsere Tannen. Der Baum war noch mein Freund.

Caro setzte sich zu mir ins Gras, nachdem ich den Ast wieder über mich gerissen hatte. Ich blieb in meiner Höhle, bis ich ihre Augenfarbe erkannte: hellgrün. Dann kam sie näher, strich über meine Wange und kratzte sanft ein paar Erdkrümel von meiner schweißigen Haut. »Neue Kriegsbemalung?«, fragte sie.

‖‖ Arnd Moritz ‖‖

Seinsgrau

Erwachen

Sein Gestern ist Wort. Im Jetzt züngelt Maxims Suche nach Hier und sich. Bin ich Maxim?, lechzt er nach Sein. Eine Leibesschattenlänge hinter ihm schenkt grenzenlos sein Sein einem starren Meeresgrau lebenswillige Flächenweite. Und tot berührt sie seelenfreien Himmel. Vor und unter ihm grauer Sand. Grau in Grau. Über ihm wabert sich verstrahlend ein urtönendes Sonnenoval im dämpfenden Dumpfgrau seines Wirklichkeitsgrauens. Seine Hände suchen Ruhe im Zigwochenbartgeflecht, seine Barfüße Wärme im Warmlauen unter der Sandoberfläche. Diffus zerrissen die graue Hose. Purpurn das Ärmellose. Wer bin ich, Maxim? Du bist drei Farbtupfer in einem Bild von, denkt Maxim. Er dreht sich nach links, Kopf nach vorn. Vom Wasser weg. Zum Sande hin. Nichts als Grau. Bis auf diesen Punkt. Diesen einen weißen Punkt.

Maxim leugnet die Fesseln teilnahmeloser Schmerzesmacht und erhebt sich. In das Grau. Unwillig verblasst das Sonnenoval harmonisch im fremden Umgebungsgrau. Maxims Zehen spüren das graue Sandweich. Er löst den Fuß, bricht den Willen schnürender Kraft, macht einen ersten Schritt. Nach vorn. Dieser Punkt ist kein Punkt. Dachte Maxim. Es gibt keinen Punkt. Im Überhaupt. Aber auch hier. Sein wissendes Sehen übersieht seine Sicht bis hin zur Erschöpfung: ein Punkt wird Würfel! Ein sandgrauer Würfel im letzten Tagesgrau des Sonnenovaluntergangsgrauens. Es trägt das Versprechen in sich, das Grau zu weißen. Maxim fühlt es wissend.

Der Kubus will Kontakt. Gierig blinzeln Maxims schweißverschmierte Augen nach Wirklichkeitserneuerung. Was er sieht, ruft ihn. Er folgt. Weg vom Vorhin. Hin zum Würfel. Grobe neun Leibesschattenlängen vor ihm ragt die graue Würfelseite aus der Sandmeerfläche hervor. Verheißungsvoll verschwimmt sie im schlierendurchwobenen Himmelsgrau. Flach durchmustert Maxims Fußspur den Umkreissand des Kubus. Des Suchenden heißfeuchte Hand saugt sich auf die Sandwürfelfläche. Kein Rieseln. Achtsam lösen sich die tastenden Finger. Kein Korn auf der Handhaut.

Maxim hat den Würfel berührt. Dieser trägt den Schatten von Maxims Hand. Zielwillig schlängeln sich wilde Schattierungen im abendfahlen Sandweltlicht auf der Kubushaut. Bis sie in der Geburt eines Schattenrahmens um seinen Handschatten herum ihren Lebenstanz beenden dürfen. Ein nach außen sich wölbendes Innen findet seinen Rahmen für Maxims Tür in eine neue Wirklichkeit. Maxim tritt ein. Das ›Hinter ihm‹ verschmiert sich zur Unterschiedslosigkeit, Wirklichkeit verschmilzt mit seiner Sicht von ihr. Alles vereint im Einerlei. Die Tür schließt. Maxim schwebt im Graugleichen von allem. Das Hier ist Jetzt. Weißblaues Ruhelicht berührt sein Gemüt. Er sieht sich in einem Würfel im Würfel. Raum belebt Erinnerung. Woran? Eine Schleuse? Wohin?

Ankunft

Fünf kubusweiße Wände umschließen ihn. Aus Sand? Die sechste, gläserne Trennwand mit koffergroßer Ausgabeeinheit verbindet Maxims Sinne mit dem Parallelraum.

Raum der Erinnerung. Woran? Sanft, ungewöhnlich sanft ruft ihn eine weibliche Stimme zum Glas. Maxim folgt lauschend den monoton fließenden Worten: »Wir begrüßen Sie. Zur Restauration gehen Sie in den Quader. Nach Dusche und Erfassung erfolgt das Weitere.«

Antwortlos schaut er ins Jenseits des Glases. Eine junge Frau mit Namensschild lächelt ihn aus dem weißen Hinterglasnichts mit ihren mandelbraunen Augen an. Er liest Gundula und betrachtet ihre langen braunen Haare. Er betritt den gläsernen Quader. Warmwasser sprüht. Stofffetzen saugen die Tropfen. Purpurne Schlieren verlassen das Purpurne. Maxim knüllt das Verblassende und die Zerrissene, schleudert sie in die Ausgabeeinheit. Heißwasser reinigt seine Haut. Heißluft trocknet ihn.

»Bleiben Sie mittig stehen, atmen Sie ruhig. Erfassung läuft!«

Gundulas Stimme beunruhigt. Rundumhitzestreifen tasten sich schier endlos während seinen Körper entlang. Ist sie das? Die Zeit? Der Sprühquader entlässt ihn gespült, getrocknet, nackt. Maxim erfährt seinen Körper schamfrei. Die Ausgabeeinheit gibt Wäsche und Gundulas Stimme eine neue Information.

»In der Ausgabeeinheit liegen bereit, erstens: Identität mit Konto, zweitens: Gesundheitsbogen, drittens: Adresse, und viertens: *Das Gesetz*. Alle Einheiten bleiben Eigentum des Kubus. Verlust regelt *Das Gesetz*. Entnehmen Sie die Einheiten der Ausgabeeinheit!«

Maxim tritt vor die Ausgabeeinheit, entnimmt ihr ein neues Leben. Drei Karten, ein Buch: Die Identitätskarte trägt über der Kontonummer seinen vollständigen Namen: Maxim

Victor Velicov. Der Gesundheitsbogen ist eine Karteikarte, die Adresskarte sein Zuhause und *Das Gesetz* ein dünnes Taschenbuch. Gundula unterbricht Maxims gedankliche Legionen.

»Maxim, Sie sind Bürger dieser Welt. Sie kamen aus dem Grau. Sie sind im Sein. Gehen Sie zur Ruhe. Der Kubus wartet. Alles Gute in ihm, Maxim Victor Velicov!«

Maxim schweigt. Gundula verlässt den Raum. Leises Surren löscht alles Licht. Er wartet im Dunkel.

Leises Surren öffnet neuem Licht Wege ins Dunkel Maxims und ihm eine Tür zur neuen Welt.

Gedämpftes Licht, eine sandgraue Velourssitzecke, ein sandgrauer Tischwürfel. Maxim berührt alles mit seiner Linken. Nichts ist Sand. Alles ist, was es ist. Er legt sich und tut, was Gundula ihm geraten hat. Tiefer Schlaf kommt über ihn und zieht ihn in Traumes grauen Bilderfluss.

Dann erwacht der Schläfer. Wie in Pantomime erstarrt, steht statuengleich eine Frau neben ihm. Gebannt spürt Maxim anlandende Verheißungswellen raumerfüllender Urweiblichkeit.

Die Wirklichkeit des Jetzt erreicht als Wort sein Ohr: »Mein Name ist Undine. Ich grüße dich, Maxim!«

Undines hüftlanges, flachsblondes, seidenglattes Haar spielt auf ihrem langen tiefschwarzen Kleid den Kampf der Begierde gegen die Distanz. Maxim glaubt, noch niemals zuvor durch den alleinigen Anblick einer Frau so erregt gewesen zu sein.

Maxim atmet seine Sprachlosigkeit aus.

»Ich grüße dich, Undine«, sagt Maxim der zweiten Unbekannten im Unbekannten. Undines Schweigen fordert Maxim. »Wer bist du, Undine?«

»Ich bin deine Betreuerin. Bis du dich zurechtfindest.«

Undine lässt sich mit ihrem blondgeschützten Rücken zum Wandgrau auf dem sandgrauen Velours nieder.

»Es ist das Licht, das dich wissen lässt. Du bist aufgenommen, Maxim Victor. Du bist Bürger deiner Gemeinschaft. Du kannst den Würfel nutzen. Oder auch nicht. Für dich und dein Leben. Für dein neues Leben. Solange du magst. Verlässt du ihn, verlässt er dich. Und du gehst zurück in deine Vergangenheit. Jetzt lass dich nieder, ich trinke mit dir zur Begrüßung den Tee von den Plantagen der Erneuerung.«

Während Undine aus einem sandgrauen Krug meerwasserfarbenen Tee in sandgraue Kelche fließen lässt, versuchen Maxims Sinne Undine zu erfahren. Dann sitzen sie sich gegenüber.

Maxim trinkt, schließt kurz seine Augen. Wie schmeckt nie Geschmecktes? Er schaut Undine an. »Was geschieht hier? In welcher Welt bin ich?«

»Der Kubus ist Heimat. Er gibt, was wir sind! All deine Fragen – es gibt sie nicht. Der Kubus ist Antwort. Auf alles!«

»Das ist keine Antwort, Undine!«

»Maxim, du kommst aus dem Außen. Ohne das du nicht wärst! Jetzt bist du hier. Sei nicht ungestüm. Übe Geduld. Höre, sieh und lerne. Der Würfel ist Heimat!«

»Irgendwo da draußen ist meine Heimat!«

»Die sich nicht in Erinnerung bringt, Maxim. Deine Heimat ist in dir, nicht dort draußen!«

»Und ich will wissen, woher ich komme, wer ich bin. Du sagst, der Würfel weiß. Frage ihn!«

»Es ist deine Frage an ihn. Er ist für dich da, immer. Jetzt geleite ich dich zu deiner Adresse. Du wirst sehen. Es ist dein Leben, Maxim Victor Velicov!«

Neuwelt

Undine führt ihn, auch wenn sie ihm folgt.

»Du bist nicht Besucher, Maxim.«

Der Kubus imponiert.

»Ich übe, mich zu erinnern, Undine!«

»Maxim Victor, du versuchst die Erinnerung! Du bist angekommen. Lebe dein Sein.«

Undine zeigt ihm, wie sich Maxim der Würfel zeigt. Flure, Gänge, Säle und Treppen krümmen und kreuzen sich in halbdurchsichtigen Raumgefügen. Atrien mit verspielten Brunnenwelten schenken Ruhe in Ruhe.

Alles Licht offenbart des Staunenden Sinnen nicht fassbare Anderswelten. Farbselige Pflanzenbeete in magischen Palastterrarien für Exoten vergangenheitsloser Genompermutationen präsentieren den Garten Eden im Licht geklonter Genesisimpulse.

»Es ist das Paradies, Undine. Ist dies die Ewigkeit, in die hinein wir auferstehen?«

»Es ist gut, du bist glücklich, Maxim.«

»Mein Glück ist jenseits der Worte, Undine.«

Sie verweilen. Die Wunderfülle des Wundervollen macht alles Fragen klein. Undine erhebt sich, zieht ihn mit. »Deine Wohnung, Maxim, sie ist nicht weit von hier! Komm' mit, der Würfel meint es gut. Deine Adresse ist beste Lage.«

Und Maxim folgt und schaut zurück. Seinen Sinnen würde hier Gewohnheit nie Gewöhnung.

Undine geht mit Maxim den Weg des nie Erfahrenen. Vor einem See verweilen sie. Brechungsfrei durchwebt das Licht reinstes Wasser. Verstehen ist jetzt nur Erfahren, denkt Maxim. Er wendet sich um. Undine öffnet mit Maxims Identitätskarte eine Wand. »Du bist daheim, Maxim, tritt ein, ich gehe! Wenn du mich brauchst, der Kubus schickt mich!«

Undine verabschiedet sich. Maxim tritt ein. Hinter ihm schließt sich die unerkennbare Pforte. – Er ordnet sein Glück und schläft. Die Welt ist perfekt. Kein Mangel, keine Sorgen, keine Probleme. Maxims Belange regelt der Würfel. Seine Sinne erfahren sich selbst und verschmelzen mit dem Räderwerk des Kubuskosmos. Und Maxim lernt die Menschen kennen. Er diskutiert mit den Glückseligen und schließt jedes Gespräch mit den Worten ›meine Welt bleibt jung‹. Er kann dies sagen. Alles Gedankliche spiegelt sich in allen Höhen über allen Tiefen. Unendlich und …

Dämmerung

… befriedigend! Maxims Fragen finden Undines Antworten. Alle. Auch Maxims Wunsch nach Undine findet Erfüllung. Die Phantasienacht seines Traums gebiert den Nachttraum seiner Phantasie: Maxims Erfahrung der Nichtexistenz des Unerfüllten erfüllt ihn mit dem Wunsch nach Existenz des Unerfüllbaren.

Es ist die Nacht, in der der Würfel fällt.

Undine erhebt sich, und Maxim glaubt, über ihn.

»Maxim, du glaubst nicht das, was du liebst. Denn du liebst nur, was du zu wissen glaubst. Ich bin nicht dein Wissen von mir und daher nie deine Liebe. Ich aber liebe dich, ohne dich zu wissen. Du fragst nach meiner Antwort, aber suchst sie nicht! Unsere Wege gabeln sich. Von jetzt an. Meine Welt ist der Würfel, jedoch dein Würfel ist nicht meine Welt. Lebe wohl, Maxim Victor Velicov!«

Sein

Ich bin allein, in dieser Welt von allem, dachte Maxim. Wirklich von allem? Auf dem Tisch liegt *Das Gesetz*. Maxim nimmt es in die Linke. Mit der Berührung des Unantastbaren tastet er nach der Unberührbarkeit des Kubus. Gibst du mir wirklich, was ich suche, Kubus?, fragt Maxim auch sich. Du hast deine Ecken und Kanten, Würfel. Deine Perfektion ist nicht mein Paradies. Undine, wo bist du? Ich spielte nie mit dir. Doch ich war stets dein Würfel im Würfel. Und *Das Gesetz*? Wir werden sehen. Maxim sieht im Kubus denselben andersweisig. Der Fadenschein der Kubuswelt waltet nicht als Würfelspiel. Du, Undine, übergibst mir den Kubus zum Spiel, denkt Maxim und legt seine Gedanken weiter aus, sucht Nahrung für sie. Von welcher Natur ist dieser Kubus? Seine Physik ist nicht mathematisch. Und Willkür der Form ist eine Form der Willkür. Die aber hatten wir ... überwunden. Ja. Wir hatten Willkür überwunden. Aber was war dann, Kubus? Du schweigst. Du kennst dich. Nur dich. Deine Pracht ist selbstherrlich. Undine ist deine Stimme: ›Verlässt du ihn, verlässt er dich. Und du gehst zurück in deine Vergangenheit.‹

Flucht

»Meine Frage an dich, Kubus, ›Wer bin ich?‹, ist beantwortet. Durch mich, Kubus, nicht durch dich. Du bist nicht Antwort, nicht mehr Frage. Du bist Möglichkeit, wenn überhaupt. Ich aber bin, wenn ich will, was ich will, Kubus!

Ich verlasse dich. Heute. Du gibst nicht, um zu geben, was andere brauchen. Du bist, weil ich hoffe zu erhalten, was ich wünsche. Die Zeit in dir macht sehend. Zu sehen das neue Draußen. Deine Kanten und Flächen bersten. Dein Raum stirbt!«

Maxim durcheilt Wege der Wirrnis. Undine hatte ihn empfangen. Und Undine soll ihn entlassen.

»Undine, wo bist du?«

Leises Surren löscht alles Licht. Er wartet im Dunkel. Leises Surren öffnet neuem Licht Wege ins Dunkel Maxims und ihm eine Tür zur neuen Welt. Gedämpftes Licht, eine sandgraue Veloursitzecke, ein sandgrauer Tischwürfel. Maxim berührt alles mit seiner Linken. Alles ist Sand. Alles ist, was es ist.

Er legt sich und tut, was Gundula einst riet. Tiefer Schlaf kommt über ihn und zieht ihn in seine Tiefe.

»Mein Name ist Undine. Ich grüße dich, Maxim!«

Undine ändert das Licht. Es verwandelt ihr Blond und ihre mandelbraunen Augen in die Vakuumschwärze des Universums. Allein ihr Teint erstrahlt in zeitfreiem Totenweiß.

Maxim leugnet die Fesseln teilnahmeloser Schmerzesmacht und erhebt sich. Aus der Tiefe. »Du bist der Tod, Undine. Nein, du bist nicht Undine. Du bist der Zerfall. Ich bin im Sumpf der Verwesung. Alles ist Blendwerk. Ich werde getäuscht. Es gibt keinen Würfel. Die Welt ist rund. Die Erde ist rund, alles ist rund. Es gibt keinen Würfel, weder hier noch im Nichthier. Du bist nicht Undine, du bist das Ende!«

Maxim sinkt in sich zusammen. Seine Hände bedecken die Augen, denn er vermag Undine nicht zu sehen. Er verharrt, bis er sich beruhigt. Langsam schaut er auf. Fragend.

Das Licht ist alt. Die Tür ist Rost. Eine alte Frau sitzt hinter Glas.

»Gundula? Ich bin's, Maxim, ich bringe dich fort von hier. Du wirst sehen. Die Zeit von damals. Sie ist noch da. Die Welt draußen ist bunt und schön!«

Sanft, ungewöhnlich sanft, ruft ihn eine weibliche Stimme zum Glas. Maxim lauscht monoton fließenden Worten: »Wir begrüßen Sie. Zur Restauration gehen Sie in den Quader.« Maxim spürt den Sand. Überall Sand.

Rückkehr

Er steht vor der Wand zwischen Hier und Damals. Zurück ins vergangene Grau! Die Wand gibt der Tür Raum. Und der Raum weist dem Licht den Weg. Alles wird wie früher, denkt Maxim. Der Sand rieselt. Sein Weg ist frei.

Maxim geht zum Wasser.

Wellen spielen im sandigen Weiß. Glückliche Menschen im Sonnenlicht.

Maxim geht ins Wasser.

Seine Welt ist noch jung.

|||| Karin Jacob ||||

Menschenhaar

Mein Haar ist etwas ganz Besonderes. In ihm leben Menschen. An jedem einzelnen Haar von mir hat ein winziger Mensch seinen Wohnsitz. Man kann die Wesen nicht sehen, so klein sind sie. Aber ich weiß, dass sie da sind. Unzählige von ihnen. Sie bewegen sich auf meinem Kopf, und sie sprechen zu mir …

Ich erinnere mich nicht mehr genau daran, wie ich auf sie aufmerksam wurde. Irgendwann aber wuchs in mir eine Vermutung, ein undeutliches Gefühl, das ich zunächst als irrsinnig und lächerlich abtat. Da war ja auch nicht viel: ein Kribbeln auf meinem Kopf, eine Bewegung in meinem Haar, ein Flüstern, in dem ich Worte zu verstehen meinte … Doch mit jedem Tag erhärtete sich mein Verdacht, bis schließlich Gewissheit aus ihm wurde.

Ich wasche meine Haare nicht mehr, aus Angst die kleinen Wesen zu vertreiben. Ich kämme mich auch nicht mehr – ich befürchte ihnen wehzutun. Ich habe überlegt, ob ich sie füttern muss … Doch was essen Menschen, die in Haaren leben? Dasselbe wie ich? Hätte ich mir etwa Marmelade in die Haare schmieren sollen, Brotkrümel hineinstreuen?

Sie haben sich auch ohne Futter von mir prächtig entwickelt. Zwar sehe ich die kleinen Wesen immer noch nicht, doch wenn ich in den Spiegel blicke, kann ich jetzt deutlich eine Bewegung erkennen, wo früher nur ein Hauch von ihr zu erahnen war – und wo eigentlich überhaupt keine Bewegung sein dürfte. Scheinbar wie von selbst schweben meine Haare durch die Luft, bilden Wirbel und Schleifen.

Dass diese Wesen da sind, merke ich aber nicht nur tagsüber, sondern auch nachts. Wenn ich schlafe, krabbeln sie über mein Gesicht. Es kitzelt furchtbar, wenn sie über Stirn und Schläfen huschen, in meine Nase klettern, sich in meine Ohren zwängen, tief in meinen Gehörgang hineinkriechen. Und ich spüre sie nicht nur, ich höre sie auch: Sie flüstern mir Worte zu, erzählen mir von der Welt, in der sie leben, erschaffen meine Träume.

Anfangs waren es schöne Träume: Ich sah herrliche Landschaften mit hohen Gräsern, gertenschlanken, biegsamen Bäumen, wogenden Feldern, kleinen Hügeln. An einer stämmigen Eiche hing eine einfache Schaukel, auf der ich mich immer höher schwang, bis ich in den Himmel zu fliegen schien. Und wie bezaubernd diese Welt von dort oben erst wirkte!

Doch dann veränderten sich die Träume, schleichend und kaum merklich. Wurden dunkler, düsterer. Jetzt sind sie schon richtig beunruhigend. Ich weiß nicht, was genau meine Haarmenschen mir einflüstern, aber die strohgelben Felder sind inzwischen blutrot gefärbt. Die zarten Bäume haben sich in knorrige, bedrohliche Ungeheuer verwandelt, die ihre dürren Arme nach mir ausstrecken. Die Schaukel scheint, jedes Mal, wenn ich mich auf sie setze, mit meinem Hintern zu verwachsen, und sie übernimmt die Kontrolle, schleudert mich gewaltsam höher und höher in die Luft. Sie lässt mich nicht mehr los, auch wenn ich vor Angst kreische und mir schwindlig wird.

Ich kann es nicht mehr ertragen! Ich schneide meine Haare ab. Büschelweise lasse ich sie in den Mülleimer fallen. Es zerrt und zieht auf meiner Kopfhaut, als die kleinen Menschen sich in diesem Armageddon, das ich über ihre Welt bringe, an den Überresten auf meinem Kopf festklammern und sich dann hastig in Sicherheit zu bringen suchen. Auch der Rasierer hilft nicht. Im Gegenteil: Ein grässlicher Schmerz tobt auf meinem Kopf, als sich einige der kleinen Biester unter die Haut wühlen, an den Haarwurzeln Schutz suchen. Ich schlage um mich vor Verzweiflung!

Das Benzin auf meinem Haupt kühlt für einen kurzen Moment den Schmerz, ehe es zu brennen beginnt. Mein Kopf steht in Flammen, panisch rennen die kleinen Menschen über den Schädel, ziehen das Feuer hinter sich her. Die Flammen lecken über sie und über mich und ich höre sie kreischen und ich kreische und brenne und sie fliehen und können nicht sie kreischen und ich kreische und ich brenne und sie brennen und ich kreische …

ııı Jan-Eike Hornauer ııı

Die Auferstehung

Er kam mit seiner Arbeit einfach nicht vorwärts. Immerzu musste er an sie denken, seit er sie am Vortag das erste Mal gesehen hatte. Auf einem Betriebsausflug war das gewesen, auf so einem, bei dem auch gebildet wird. Das Thema in diesem Falle: Milchproduktion. Das war zwar vollkommen willkürlich, hatte nicht das Mindeste mit dem Betätigungsfeld seiner Firma zu tun, doch das hatte außer ihm niemanden gestört. Und er hatte nichts gesagt, wie er ganz allgemein selten etwas sagte.

Am Ausflugsmorgen wollte Heinrich das Aufstehen zunächst nicht gelingen. Schwer lastete die Lustlosigkeit auf Gliedern und Gemüt. Gerne wäre er ins Büro gegangen, hätte sich nützlich gemacht, moralisch Wertvolles geleistet. Aber sich erheben für diese sinn- und wertlose Fahrt in die Milchfabrik? Der Gedanke erschien absurd. Und so lag Heinrich, was für ihn ungewöhnlich war, noch lange nach dem ersten Weckerklingeln unter seiner Decke. Seit Jahren erstmals sprang sogar der zweite Wecker an. Mürrisch warf Heinrich die Bettdecke zur Seite. »Pflicht erscheint in wechselnder Gestalt, erfüllen muss man sie immer«, murmelte er dann im Gedenken an seinen seligen Großvater, drückte den zweiten Wecker aus und begab sich ins Bad.

In der Milchfabrik angekommen, war seine Stimmung schon etwas besser. Zwar handelte es sich weiterhin um einen verlorenen Tag, doch hatte er auch schon ein überraschend freundliches Gesicht gezeigt: Die Busfahrt von der Firma aus war besser verlaufen als erwartet. Auf den Monitoren hatte es einen Spielfilm gegeben. Heinrich hatte ihn angestrengt angestarrt und so jegliche Unterhaltung mit seinen Kollegen vermeiden können. Das hatte ihn sehr erleichtert, denn Fachliches war an solchen Tagen erfahrungsgemäß gar nicht gefragt, im Smalltalk fühlte sich Heinrich aber äußerst unwohl.

Die Führung über das gewaltige Betriebsgelände versöhnte Heinrich bald weiter mit dem moralisch fragwürdigen, da vollkommen unproduktiven Ausflug. Zwar gab es hier für ihn nichts zu tun, waren auch alle dargebotenen Informationen für Heinrich weder neu noch relevant, doch bot sie immerhin eine Möglichkeit, sich mit dem Unausweichlichen einigermaßen zu arrangieren: Er ließ sich umspülen vom Redefluss des alleserläuternden Milchfabrikangestellten. Dieser bewahrte ihn vor Übergriffen von Kollegenseite aus, wie der Film vorhin im Bus, und hatte zudem etwas Meditatives, wenn man nur auf den Klang achtete. Mit seiner Hilfe gelang es Heinrich, in den Zustand wohliger Lethargie überzuwechseln. Und in dem war selbst so ein ausgemachter Unsinn wie dieser Ausflug immerhin zu überstehen.

Stets am Rande der Gruppe sich aufhaltend, wurde Heinrich an Milchtürmen zur Stundenlagerung, an Produktionsstrecken zur Haltbarmachung, an Abfüllanlagen, an Milchlastern und dergleichen vorbeigezogen. Gelangte er vorüber an unzähligen glänzenden und pumpenden Maschinen, endlosen Milchleitungen, Horden von geschäftigen Männern in weißen Kitteln und Palettenstapeln über Palettenstapeln an Leer- und Vollgut. Und von der Produktion und Auslieferung in den Bereich der Rohmilcherzeugung, in die betriebseigenen Stallungen. Hochleistungsmelkstände glitten nun an ihm vorbei, gigantische Futtersilos, modernste Fütterungsanlagen und vor allem Reihen und Reihen vorbildlich hergerichteter Boxen mit hochgezüchteten Parade-Milchproduzentinnen. Seine Schritte lenkte er nicht, er ließ sie nur geschehen, seine Umgebung nahm er nicht mehr wahr als unbedingt nötig, er hatte sich nahezu völlig aus der Welt zurückgezogen und war eigentlich nur noch sein eigener, rein physisch präsenter Stellvertreter – da geriet er plötzlich ins Stolpern, stürzte fast und fand gerade noch Halt an einer Boxenstange.

Verwundert sah er hinter sich auf den Boden. Was nur hatte ihn dermaßen aus dem Tritt gebracht, ihn aus seiner Welt gerissen? Zu seinem Erstaunen war alles eben und auch kein Hindernis zu entdecken. Vielleicht war ja ein anderer Einfluss die Ursache, einer der gar nichts unmittelbar mit seinen Füßen zu tun hatte! Heinrich blickte sich um. Erfasste die Männer in den grünen Latzhosen, die für die Stallungen zuständig waren, die Gruppe seiner Kollegen, die ein paar Meter entfernt zum Stillstand gekommen war, den ewigredenden Milchfabrikangestellten. Und fand auch hier keine Erklärung. Er hörte auf die Worte, auf den Inhalt des aktuellen Vortrags. Das Referierte war historischer Natur, handelte von der vernunftgemäßen Umstellung in Produktion und Konsum von der vergleichsweise unverträglichen Kuh- auf Menschenmilch. Es wurde die anfänglich in Wirtschaft und Gesellschaft skeptisch belächelte Idee, einen Schritt zurück zur Natur, hin aufs paradiesisch Reine zu wagen, als wirklich göttliche Vision gepriesen, die ungeheure Erfolgsgeschichte der Firma gefeiert. Nein, dieser Vortrag, bestehend nur aus Altbekanntem, konnte unmöglich sein Stolpern veranlasst haben. Heinrich lenkte seine Aufmerksamkeit fort von Rede und Redner, ließ seinen Blick weiter durch die Halle schweifen, fokussierte seine Wahrnehmung wieder auf das Optische. Nur beiläufig noch bekam er das Akustische mit, eher unterschwellig hörte er, dass es nun um erste Züchtungserfolge ging, um Marketingstrategien und nötige Gesetzesänderungen, um Optimierungen in Haltung und Fütterung, um zielgerichtete genetische Modifikationen, um die völlige Anpassung der Milchweiber an ihre Aufgabe und um die unglaublichen Ertragssteigerungen gerade in den letzten Jahren. Doch so intensiv Heinrich auch den ganzen Stall mit seinen Blicken abtastete, er fand nichts, an dem sie festzumachen sich lohnte.

Als er bemerkte, dass seine Gruppe sich wieder in Bewegung setzte, beschloss er seine Suche aufzugeben und wieder zu seinen Kollegen aufzuschließen. In dem Moment erklang neben ihm eine Art Grunzen. Reflexmäßig schaute er in die entsprechende Richtung. Und sah: das zauberhafteste, anmutigste, reinste Geschöpf seit Erschaffung der Welt! Ein Milchweib von unvergleichlicher Physiognomie und Ausstrahlung. Stumpf blickend und unablässig mechanisch kauend zwar, wie all diese Nicht-mehr-Frauen. Doch zweifelsohne ein Beweis für die Göttlichkeit der menschlichen Schaffenskraft und von größtmöglicher natürlicher Aura. Er beobachtete, wie es sich, auf allen Vieren stehend, gemächlich mehr und mehr von den Spezialfutterriegeln einverleibte. Wie seine Kaumuskulatur arbeitete, wie seine Arme und Hände sich bewegten, wenn es nach einem neuen Riegel griff, wie die Schulterblätter sich hin- und herschoben, wenn dadurch das Gewicht wieder und wieder verlagert wurde, wie der Nacken ruckte, wenn es mit den Zähnen ein Stück vom Futterriegel abriss. Er sah die gewaltigen Brüste schaukeln, die Schenkel sich spannen und lockern, die Flanken sich heben und senken. Er wollte ihm schon über das aus hygienischen Gründen kurz geschorene Haar streichen, die Tätowierung an seinem rechten Oberarm berühren, das ›13-57-ax‹, das da stand, da gelang es ihm gerade noch, sich selbst zur Räson zu bringen: Das war ein Milchweib, verdammt noch mal! Da durfte man gewisse Grenzen nicht überschreiten. Und musste es vor allem als das ansehen, was es war: ein Nutzwesen. Eiligst ging Heinrich seiner Gruppe hinterher. Dem Drang, sich auf halbem Wege noch einmal nach dem Milchweib umzublicken, vermochte er unter großen Mühen zu widerstehen. Seinen Namen aber, den murmelte er noch ein paar Mal, kopfschüttelnd und schaudernd, doch auch mit Genuss: »13-57-ax ...«

Nachdem Heinrich wieder zu seinen Kollegen aufgeschlossen hatte, versuchte er, sich abermals in das beinahe vollständige geistige Nichts zu begeben. Doch, wenngleich sich die äußeren Umstände nicht geändert hatten, es gelang ihm nicht. Er war zu aufgewühlt.

Der Rest des Tages war Tortur. Er konnte all den Nichtigkeiten, die sich um ihn herum zeigten, die von allen Seiten an seine Ohren drangen, nicht mehr entgehen. Und sogar auf Smalltalk sich einzulassen war er gezwungen. Stunde um Stunde sehnte er das Ende des Ausflugs herbei.

Völlig erschöpft sank Heinrich abends auf sein Kissen. Seine Kräfte waren restlos aufgezehrt, sofort schlief er ein. Doch es war kein guter Schlaf, er war unruhig und beängstigend. Nach wenigen Stunden wachte Heinrich auf. Er fühlte sich furchtbar, ein wenig desorientiert sogar. Um die Grausamkeiten des Tages und der Nacht abzuschütteln, quälte er sich aus dem Bett heraus und ging erst auf die Toilette und dann in die Küche, wo er sich ein Glas Wasser einschenkte.

›Morgen hat wieder alles Sinn und Zweck, alles seine gute Ordnung‹, dachte er sich beruhigend, während er es an seine Lippen führte. ›Der Tag ist durchgestanden.‹

Als er das Glas geleert hatte, begab er sich erleichtert wieder ins Bett. Rasch umfingen ihn angenehme Träume, an die er sich aber am nächsten Morgen nicht mehr erinnern konnte. Er wusste nur: Sie waren gewesen.

Ein wenig bedauerlich fand Heinrich das schon: Zu gerne hätte er bestimmen können, was für Bilder und Szenen genau ihm diese wunderbare zweite Nachthälfte und das wohlige Gefühl am Morgen verschafft hatten. Doch gegen den menschlichen Geist war nun einmal schwer anzukommen, sogar mit ihm selbst. »Vergessen ist der Weg zu Reinheit und Seligkeit«, tröstete er sich mit einer Sentenz des toten Großvaters, die er sich selber zuflüsterte. Er erledigte seine Morgentoilette und begann sein Frühstück zu bereiten. Da plötzlich hielt er inne. Ein Bild hatte sich in sein Bewusstsein gedrängt. Vom Vortag. Von der Besichtigung. Genauer: von ihm. Dem Milchweib. 13-57-ax. – Ja, er wusste sogar seinen Namen noch! Heinrich stellte die Milchpackung, die er gerade in der Hand gehalten hatte, auf den Tisch. Seine Finger zitterten.

Den ganzen Tag über wurde er das Bild nicht los, das Bild von 13-57-ax. Und es überlagerte, verdrängte alles, duldete nichts neben sich. Ließ ihn in Entzückung geraten – und vor sich selbst zurückschrecken. Was nur, fragte er sich dann, stimmte mit ihm nicht? Und dann überlegte er doch wieder, ob 13-57-ax nicht vielleicht seine Bestimmung war – ganz gleich, wie die Konsequenzen aussahen, was das für die gesellschaftliche Ordnung, oder besser: sein Verhältnis zu ihr bedeutete.

Unmöglich konnte Heinrich sich auf seine Aufgaben konzentrieren. Der Sinn seiner Anwesenheit im Büro tendierte gen Null. Er schaffte kaum mehr, als lediglich Arbeiten vortäuschen. Punkt Feierabend verließ er die Firma. Auf dem Nachhauseweg lenkte er seinen Wagen so fahrig, dass er zweimal fast einen Unfall verursachte. Schließlich erstand er drei Flaschen Wein. Eine öffnete er umgehend.

Wieder sicher in seiner Wohnung, legte er sich matt auf die Couch und stellte den Fernseher an. Doch auch die bestinszenierten Bilder hier vermochten nicht gegen jenes von 13-57-ax anzukommen. Und wie schon so oft an diesem Tag schalt Heinrich sich wieder und wieder einen Perversen. Auch wenn er keine sexuellen Begehrlichkeiten verspürte, ihn die ästhetische Vollkommenheit des Milchweibes und ihre ungeheure Aura auf eine edlere Art faszinierten: Das konnte, das durfte nicht sein. Heinrich schimpfte weiter mit sich in seinem Kopf und leerte dabei die erste und schließlich die zweite Flasche Wein.

Zur dritten brachte er es erst am folgenden Abend. Wieder war ein wertvoller Bürotag nahezu ungenutzt verstrichen. Wieder hatte 13-57-ax sein ganzes Denken bestimmt, das abermals zwischen wonnevoller Träumerei und tiefem Selbstzweifeln sich bewegt und gerne auch diese beiden sich doch eigentlich gegenseitig ausschließenden Pfade zugleich eingeschlagen hatte. Als er mit der dritten Flasche fertig war, kam Heinrich ein seltsamer Gedanke: Wenn 13-57-ax doch aus dem Menschen hervorgegangen war und zugleich vom Menschen gemacht, wenn sie noch dazu das vollkommenste Wesen aller Schöpfung darstellte – wie konnte es dann verwerflich sein, sie bewundern, ihr Sein genießen zu wollen? Als er ihn zu Ende gedacht hatte, schämte Heinrich sich sehr. So sehr, dass er sich das Gehirn hätte herauskratzen mögen, diese verfluchte Brutstätte monströsester Abnormität. Er stürzte los und besorgte neuen Wein.

Nur einige Wochen später wirkte Heinrich um Jahre gealtert. Der nach wie vor hohe Alkoholkonsum, die anstrengenden Bürotage ohne jedwede Befriedigung, die zermürbenden sich immer wiederholenden Diskussionen, Beschimpfungen und Schwärmereien in seinem Gehirn, der zu wenige und unruhige Schlaf. Sein Chef legte ihm dringend nahe, doch mal etwas Urlaub zu nehmen. Einen entsprechenden Antrag hatte er bereits vorbereitet – und schob ihn samt Kugelschreiber auch gleich vor Heinrich hin. Heinrich musste nur noch unterzeichnen. Da ihm offensichtlich kein Ausweg blieb, tat er es. Auch wenn dies die größte Demütigung seines Daseins bedeutete, auch wenn damit ein nicht wieder zu lösender Stachel in den innersten Kern seines Selbstbildes getrieben wurde. Dabei bemerkte er: Es war noch gar kein Datum für sein Urlaubsende eingetragen. Rasch wollte er dies Versäumnis ausgleichen und heimlich gleich in seinem Sinne nutzen, das Datum des übernächsten Tages eintragen. Doch kaum hatte er den Kugelschreiber zu dem entsprechenden Feld geführt, sagte der Chef: »Lassen Sie das mal frei! Erholung kann man nicht planen, nicht wahr? Aber vor in zwei, drei Wochen will ich Sie hier keinesfalls wieder sehen. Auch weil Sie ja dringend mal ein paar Urlaubstage abbauen müssen, Sie haben ja noch – also da könnten Sie ja praktisch gleich in Rente gehen, nicht?« Heinrich gab seinem Chef den unterschriebenen Antrag zurück, den Blanko-Scheck für seinen nahezu beliebig langen Ausschluss aus der Firma. Dabei war er nicht nur vollkommen fühllos. Er war schlicht nicht mehr.

Die folgenden Tage und Nächte verbrachte Heinrich fast durchgehend auf der Couch. Nur für die Toilettengänge und wenn der Lieferdienst, der ihn mit Nahrung und Alkohol versorgte, an seiner Tür klingelte, erhob er sich von ihr. Die Tätigkeit seines Gehirns kam so gut wie vollständig zum Erliegen. Ein Dauerdämmer beherrschte seine Stunden, ließ ihn das Unerträgliche ertragen, den Quasi-Rausschmiss aus der Firma, die Entsinnlichung seines Seins. Und er wusste nicht viel mehr, als dass eben dieser Dauerdämmer ein wahrer Freund war und sein einziger, und dass es nur für ihn, der ihm das Leben überhaupt erst ermöglichte, weiterzuleben lohnte.

Bald aber neigten sich diese Tage deprimiert-traulicher Zweisamkeit dem Ende zu. Der Dauerdämmer begann, sich als unzuverlässiger Gefährte zu zeigen. Anfangs so gut wie allumfassend, wies er mit der Zeit immer größere Lücken auf und auch immer mehr von ihnen. Zunehmend war Heinrich wieder seinen Gedanken ausgesetzt. 13-57-ax bildete abermals ihr Zentrum. Das eigentliche Thema aber war, mehr denn je, seine, Heinrichs, Existenz.

Heinrich wollte, er musste sich sein altes Leben zurückerobern, konnte, durfte sich doch nicht von einem lächerlichen Milchweib, wie auch immer dessen Erscheinung genau sein mochte, vernichten lassen! Mit der Zeit formierte sich ein Plan. Ein Plan, zu dem es keine Alternative gab: Er musste 13-57-ax auslöschen. »Was nicht mehr ist, ist meist auch nie gewesen.« Diese Weisheit seines toten Großvaters hatte seine Gedanken in die richtige Richtung gelenkt.

Und als der Plan Entschluss geworden war, ein so wenig fremd- wie selbstbestimmter Vorgang, der nur aus sich heraus geschah und geschehen konnte, da merkte Heinrich, wie Leben in ihn zurückfloss, wie Tatkraft sich in ihm aufstaute und aus ihm herausbrechen musste. Am liebsten wäre er sofort aufgesprungen, zu diesem verfluchten Milchweib gefahren und hätte über das Ausmerzen dessen mickrigen Lebens seines, Heinrichs, wiederhergestellt. Doch er wusste, das sein verblichener Großvater auch mit diesen Worten weise gesprochen hatte: »Wer nur will, aber das Wie nicht kennt, dem lohnt nicht einmal das Träumen.« Also holte Heinrich Block und Bleistift und begann mit der Definierung des Wie. Vor allem drei Punkte, erkannte er schnell, waren hier zu klären: Wie unbemerkt hineinkommen, wie das gräusliche Milchweib töten, wie unbemerkt wieder hinausgelangen?

Zunächst beschäftigte er sich mit der Frage der Tötung. Sie erschien ihm von besonderer Bedeutung, da sie ja nicht nur etwas Praktisches, sondern auch und vor allem etwas

Metaphysisches hatte. Wichtig war ihm, wie er bald feststellte, dass ihr gleichermaßen etwas Zivilisiertes und etwas Tierisches anhaftete. Ein nur scheinbarer Widerspruch, denn ›zivilisiert‹ bezog sich auf ihn, den anständigen, moralischen Menschen, ›tierisch‹ hingegen auf das verkommene Milchweib. Heinrich ging allerlei Tötungsmethoden szenisch in seinem Kopf durch. Letztlich entschied er sich für einen Schuss aus einem Bolzensetzgerät. Das war human und das Milchweib dennoch auf den rechten Platz verweisend, von dem der Beinahe-Göttin auf den des Quasi-Tieres.

Von euphorischem Grimm beseelt, suchte er einen Baumarkt auf, um ein Werkzeug dieser Gattung in handlicher Größe zu kaufen. Er genoss die glatte Kühle, das Gewicht, die immanente Macht dieser Geräte, als er eines nach dem anderen probehalber in die Hand nahm. Schließlich entschied er sich für ein Exemplar aus der mittleren Preisklasse, womit er dem Umstand Rechnung trug, dass es für einen ganz besonderen Zweck angeschafft wurde, danach aber voraussichtlich niemals wieder Verwendung finden würde. Dazu erwarb er eine Packung Bolzen beachtlicher Größe sowie einen Satz roter Gaskartuschen.

Wieder zuhause machte er sich an die Klärung der anderen beiden Wies. Er schaltete den Computer ein und sichtete begierig jede Information, die er zu dem Menschenmilchmassenproduktionsbetrieb im Netz finden konnte. Wirklich erhellend davon für ihn war keine. Nein, von seiner Wohnung aus würde er die beiden offenen Wies niemals mit Inhalt füllen können. Am besten fuhr er einfach mal hin – nachts freilich, denn tagsüber schien ihm ein Unbemerktbleiben geradezu ausgeschlossen – und verschaffte sich vor Ort einen Eindruck von der Lage. Und vielleicht, vielleicht würde er dabei ja sogar gleich eine Gelegenheit nutzen können! Denn wie hatte sein verstorbener Großvater so gerne verlautbart: »Die großen Momente sind selten die geplanten.« Voller Erregung öffnete Heinrich die Verpackung des Bolzensetzgerätes, nahm es heraus und schob einen Streifen mit Gaskartuschen ins Magazin.

Gegen zehn Uhr verließ er, dunkel gekleidet, die Wohnung und ging zu seinem Wagen. Stunden des durch ungeduldige Vorfreude geprägten Wartens lagen hinter ihm. Er befand sich in einer Stimmung von präzeremonieller Feierlichkeit, die ihn gelassen und aufmerksam zugleich machte. Die Fahrt zur Fabrik hatte etwas Schwebendes an sich und zugleich etwas von enormer Wuchtigkeit. Heinrich genoss sie, ohne es recht zu merken. Zu sehr war all sein Denken und Sehnen nach vorne gerichtet, auf die Zukunft hin.

Sein Auto stellte er ein paar hundert Meter vom Gelände des Milchbetriebs entfernt ab. Zu Fuß machte er sich auf zu den Umgrenzungen in Stallungsnähe. Das Bolzensetzgerät trug er unter seiner Jacke, vorne seitlich in seinen Hosenbund geschoben, mit sich, während er über die Felder und Wiesen eilte, dazu ein paar Bolzen in seinen Jackentaschen. Rasch kam er ins Keuchen. Er machte eine kurze Pause, dann lief er weiter in etwas gebremsterem Schritt. Kurz vor dem Zielgelände verfiel er in Gehgeschwindigkeit. So könnte er gegebenenfalls behaupten, bloß einen Nachtspaziergang zu unternehmen.

Ungehindert kam er bis an die Umgrenzungen heran. Er lief sie mehrere hundert Meter weit ab. Zumeist waren es Mauern, zwischendurch auch mal eiserne Zäune – stets mit dichtem und hoch aufragendem Grün als Blickschutz dahinter – oder massive Metalltore. Lücken zum Hindurchschlüpfen gab es nicht. Und überall wurde eine Höhe erreicht, die allenfalls mit einer großen, wohl kaum unauffällig hierher zu bringenden Leiter zu überwinden gewesen wäre. Von der anderen Seite drangen manchmal Schritte zu ihm hinüber. Vermutlich Wachpersonal. Doch immerhin: die Schritte waren selten, ungleichmäßig und recht langsam dazu. Das ließ auf gelangweilte, wahrscheinlich schlecht ausgebildete Wachen schließen. War man erst einmal auf dem Gelände, würden sie einen kaum ernstlich daran hindern, zum Ziel zu gelangen, wenn man sich nicht gänzlich ungeschickt anstellte. Heinrich nickte zufrieden und klopfte durch die Jacke auf sein Bolzensetzgerät. Ja, die Erlösung war nicht mehr weit! »He, Sie«, hörte er in dem Moment hinter sich rufen. Unwillkürlich zuckte er zusammen, blieb stehen und drehte sich herum. Eine Taschenlampe näherte sich, leuchtete ihm ins Gesicht, dann von oben nach unten über den Körper. Wieder ins Gesicht.

»Was machen Sie denn hier?«

›Spazierengehen‹, hatte Heinrich in so einer Situation eigentlich sagen wollen. Doch jetzt kam ihm diese Antwort höchst unsinnig vor. »Ich ... äh ... ja, wissen Sie ...«, setzte er an. Dann brach er ab und sah beschämt zu Boden.

Die Taschenlampe lachte versöhnlich. »Na, wohl das erste Mal hier, was?«, meinte sie dann. »Hab ich mir schon gedacht, so wie Sie hier glatt am Eingang vorbeigelaufen sind. Na, kommen Sie mal mit!« Die Taschenlampe wandte sich ab und ging voraus. Heinrich, der nicht wusste, was er sonst tun sollte, folgte ihr. Am ersten Tor, an das sie kamen, stoppte sie. Sie öffnete es, winkte Heinrich hindurch und sagte: »Hier gleich vorne rechts, dann immer geradeaus. Und wenn Sie drin sind, einfach nach Horst fragen!«

Heinrich, stumm und eingeschüchtert, schlug den beschriebenen Weg ein. Bloß schnell raus aus der Situation, was auch immer sie bedeuten mochte!

Noch etliche Meter befand er sich in höchster Anspannung, dann erst, als er sich ihrem Blickfeld sicher entschwunden wähnte, realisierte er wirklich, was für ein Glück er doch gehabt hatte: Er war auf das Gelände gelangt! Viel früher und viel einfacher als gedacht.

Heinrich blickte sich um. Wo genau befand er sich? Wohin führte dieser Weg? Grundsätzlich musste es eigentlich die richtige Richtung sein, so von Gefühl und Orientierungssinn her, aber ... Ha, da vorne, diese gewaltigen Türme, waren das nicht die Futtersilos? Der Weg brachte ihn tatsächlich geradewegs zu den Stallungen!

Hochgestimmt beschleunigte Heinrich seinen Schritt. ›13-57-ax – dies wird deine Himmelfahrt‹, dachte er sich. Und dann: ›Oder besser dein Höllensturz. Egal wie: Die Erlösung ist nah – für mich.‹ Ein Anflug von Seligkeit streifte über Heinrichs Gesicht.

Kurz darauf bemerkte er einige vereinzelte Männer. Rasch versteckte Heinrich sich hinter einem Busch. Beobachtete sie. Alle waren sie in Zivil gekleidet. Keiner trug eine Wachdienstuniform, auch keiner eine grüne Latzhose. Sie wirkten wie Besucher. Recht verhuschte Besucher dazu. Was nur trieben sie um diese Uhrzeit bei den Stallungen?

Heinrich beschloss, dass er diese Frage so schnell nicht würde lösen können. Aber dass er sich am besten fernhielt von diesen seltsamen Gestalten. Immer wieder hinter Bewuchs, umherstehendem Gerät und Gebäudemauern Schutz suchend, schlich er sich bis zu seinem Stall, Stall 13 – und schließlich rückwärtig in ihn hinein. Rasch spähte er in die einzelnen Gänge. Nur ein kleiner Alter, der sich im Eck herumdrückte, war zu entdecken. Und der befand sich auch noch fast gänzlich diagonal durch die Halle entfernt von der entscheidenden Box in Reihe 5, Abschnitt 7. Wenn er, Heinrich, sich nicht völlig unvorsichtig verhielt, würde der ihm keine Probleme bereiten.

Tief gebückt eilte Heinrich in Gang 5/6, und dort die wenigen Meter bis zu der entscheidenden Box. Er hielt kurz inne, lauschte. Hörte nichts außer dem ruhigen Atmen der schlafenden Milchweiber. Richtete sich etwas auf. Lugte über den Rand der Box. Und tatsächlich, dort lag es, schlief es, hatte es sich zusammengerollt auf dem Stroh. Heinrich zog den Reißverschluss seiner Jacke etwas herunter, wollte gerade schon in sie hineingreifen, da besann er sich: Dies sollte doch ein zeremonieller Akt werden! Hektik und Schnell-Schnell waren hier also kaum angebracht. Würdige Ruhe war geboten. Er musste sich ein wenig Zeit nehmen, sollte die Erlösung auch wirklich gelingen. Also betrachtete er, weiterhin knapp über den Rand der Box lugend, das schlafende Milchweib, die Zerstörerin seines Seins. Ließ seinen Blick wandern über ihren nackten Leib. Tastete mit ihm ihre Rippenbögen ab, führte ihn über ihre zarten und doch kraftvoll scheinenden Arme, zu ihren Händen, die unter ihrer linken Wange sich falteten, und von da zu ihrem Antlitz, an dem sein Blick sich ganz von alleine festmachte. Diese Reinheit, diese Anmut, diese vollkommene Ästhetik, diese Erhabenheit und makellose Unschuld ... Nein! Nein, rief sich Heinrich innerlich zur Ordnung: Schein war das, alles nur Schein, strahlende Hülle, die nichts barg als teuflische Animalität, als Verderbtheit und Untergang! Er griff nun endgültig in seine Jacke und zog das Bolzensetzgerät hervor. Lud es mit einem Bolzen. Erhob sich, beugte sich so tief er nur konnte über den Rand der Box, führte die Mündung der Tötungsmaschine an die rechte Schläfe des Teufelsweibes, legte seine vor Erregung kaltfeuchten Finger über den Abzugshebel, fokussierte mit seinem Blick die sanft sich blähenden und wieder nach innen weichenden Nasenflügel des himmlischen Dämons, führte seine Finger an den Abzugshebel heran, bereitete sich darauf vor, Druck auf den Hebel auszuüben, gab sich ganz der Spannung hin – da hörte er plötzlich ein lautes Poltern, ein Fluchen, gar nicht weit weg. Heinrich erschrak fürchterlich, zog das Bolzensetzgerät dem Milchweib hart von der Schläfe über das Kiefergelenk bis hinters Ohr, wo es bald über den Hals hinaus war, nun keinen Widerstand mehr hatte und ihm aus den Händen und ins Stroh fiel. Hektisch warf Heinrich sich noch weiter über den Boxenrand, wollte das Beweisstück geschwind tief ins Stroh stoßen, doch hart traf er mit seinem Schädel auf den des mit einem wahrhaft unmenschlichen Schreckenslaut aufspringenden Milchweibes. Es gab einen dumpfen Schlag, Heinrich meinte später sogar, ein Knacksen gehört zu haben. Von den Kräften des Aufeinanderprallens und des Schmerzes getrieben, schleuderte er gänzlich aus der Box hinaus. Er fand sich in deutlich ungelenker Stellung auf dem Gang liegend wieder. Aus der Box ertönte Wimmern.

Heinrich fasste sich an den Schädel. Er stöhnte auf und wollte sich gerade erheben, da sah er, wie ihm eine Hand entgegengestreckt wurde. Sie gehörte einem freundlich, aber doch distanziert dreinblickenden Mann in dunklem Anzug. Heinrich ergriff die Hand, ließ sich wieder auf die Beine helfen. Als er stand, klopfte der Fremde ihm ein Mal leicht auf die Schulter und sagte: »Man muss mit ihnen schon umzugehen wissen, nicht?«

Heinrich stand stumm, mit verlegen gesenktem Kopf.

»Nun ja«, fuhr der Fremde fort, »halten Sie sich künftig einfach an die Regeln, dann gibt's keine Probleme – also nicht einfach mal vorher schon anfassen oder so, immer erst zu uns kommen! Ach, und noch was, tun Sie mir einen Gefallen und lassen Sie hier nie was im Weg rumstehen. Dieser Bottich mit Futterzusatz da vorne – wer auch immer ihn da hingestellt hat, hat jetzt mein linkes Knie auf dem Gewissen.« Der Mann im Anzug zeigte auf die betroffene Stelle an seinem Körper.

Schweigen breitete sich aus. Heinrich hatte das dringende Gefühl, etwas sagen zu müssen. Also sagte er: »Horst?«

»Genau der«, sagte der Mann.

»Heinrich«, sagte Heinrich.

»Nun gut, Heinrich, dann mal Butter bei die Fische: Die ax hier soll's werden, seh' ich das recht?«

»Bitte?«, fragte Heinrich verwundert.

»Na, jetzt genieren Sie sich mal nicht so, Sie sind eben doch praktisch schon in die Box reingekrochen! Und ich sage Ihnen: gute Wahl, Ihr Schwanz wird danach nie mehr was anderes wollen!«

Heinrich erschauderte. Hatte er das richtig verstanden? Das war, das war, das war ja ... unvorstellbar. Abartig. Widerwärtig.

»Na, Vorfreude schaut bei Ihnen aber seltsam aus«, sagte Horst und blickte ihn skeptisch an. »Nun gut, heute ist die ax ohnehin schon ausgebucht. Aber«, hier machte Horst eine raumgreifende Geste, »wir haben ja reichlich Auswahl, da werden Sie schon was anderes finden. Schauen Sie sich einfach noch ein bisschen um und kommen dann zu mir! Ich bin im Hauptstall gleich gegenüber.« Professionell aufmunternd nickte Horst Heinrich zu, dann ging er geschäftigen Schrittes davon.

Völlig verwirrt ließ Heinrich seinen Blick durch den ganzen Stall schweifen. Das alles hier, ja sogar der ganze Erzeugungsbereich ein Puff? Und das wo doch per Gesetz jedwede Intimität mit diesen tierischen Milchweibern unter harte Strafen gestellt war? Nein, das war einfach nicht zu glauben!

Erschüttert hielt Heinrich sich an der Boxabsperrung fest. Verharrte. Spürte in sich ein überwältigendes Gefühl der Verachtung aufsteigen für all diese Leute. Hatten sie denn gar kein Moralempfinden, gar kein ethisches Verantwortungsbewusstsein?

Und diese Milchweiber: Klar waren sie nichtswürdig und von großer Animalität, aber dass ihnen gar keine Hemmungen innewohnten – einfach nur scheußlich!

Heinrich blickte auf 13-57-ax. Verschüchtert kauerte sie in einer der hinteren Ecken der Box. Schäbig sah sie aus, erbärmlich, elend. Und von so etwas hatte er sich Erlösung erhofft? So etwas hätte seine Auferstehung bedingen sollen? Angeekelt wandte Heinrich sich ab, setzte dazu an, zum Stallausgang zu gehen, zum Vordertor, hinausschleichen wollte er sich hier nicht! Da fiel ihm das Bolzensetzgerät wieder ein. Er blickte in die Box. Offen lag es dort herinnen. Zögerlich streckte er einen Arm in die entsprechende Richtung. Hielt inne, kaum dass seine Fingerspitzen wenige Zentimeter über den Boxenrand ragten. Konnte seine Abscheu nicht weiter überwinden. Wusste auch nicht, wozu das gut sein sollte. An diesen Hort undenkbarer Perversion, allesübertreffender Entmenschlichung würde er niemals mehr zurückkehren. Und der Polizei würden sie ihren Fund ja wohl kaum melden!

Zügig schritt Heinrich auf das Stalltor zu. Sah das hutzelige Männlein sich immer noch im Eck rumdrücken. Zischte »Du alte Drecksau!« zu ihm hinüber. Und verließ erhobenen Hauptes den Stall.

Auf direktem Wege und mit breiter Brust marschierte er zu dem Tor, durch das ihn die Taschenlampe zuvor eingelassen hatte. Den anderen Besuchern, denen er dabei zufällig begegnete, warf er vernichtende Blicke zu. Ja, sie sollten ruhig wissen, dass sie gesehen wurden, dass sie verurteilt wurden, dass es noch Männer von echter Ethik, von wahrem Ordnungssinn gab!

Als er das Tor erreicht hatte, sprang die Taschenlampe sofort herbei. Öffnete es. Sagte geschäftsmäßig: »Ich hoffe, Sie hatten Spaß, beehren Sie uns bald wieder!«

Wort- und grußlos durchschritt Heinrich das Tor. Leise scheppernd wurde es hinter ihm geschlossen. Heinrich ließ dieses Geräusch in seinem Kopf nachhallen. Erleichtert machte er sich dann auf zu seinem Auto, genoss dabei sogar den langen Weg quer durch die Felder. An seinem Wagen angelangt, stand Heinrich kurz still und blickte auf den nahen Wald. Dann entriegelte er den Wagen, öffnete die Tür und ließ sich auf den Sitz fallen. Er klopfte seine Schuhe am Blech unter der Türöffnung ab, schob sich in Position und startete den Motor.

Während Heinrich nachhause fuhr, schüttelte er unablässig den Kopf über die Schlechtigkeit der Welt. Dies aber nicht verzweifelt, nicht einmal anklagend, sondern eher ungläubig und so, als habe er mit all dem nichts zu tun, beobachte er nur aus der Entfernung ein Schauspiel voller sonderbarer Einfälle. Und auch über sich schüttelte er den Kopf, tat dabei auch dies aus einer Distanz, und es war ganz so, als ob er einen anderen Menschen von außen sähe. Er betrachtete diesen anderen in seinem Schicksalsmoment, bei seinem Absturz, bei dem Versuch, sein pseudoreligiöses Vorhaben in die Tat umzusetzen. Er musste lachen. Na, da hatte dieser Jemand aber einen reichlich irren Pfad eingeschlagen! Ausführlich und aus seinem Innersten heraus amüsierte Heinrich sich über diesen Jemand. Dann fand er langsam wieder zu sich zurück, zu seiner Person, zu dem Heinrich, der in diesem Moment hinter dem Steuer seines Wagens saß. Die restliche Fahrt verbrachte er in nachdenklicher Stimmung. Zunächst grübelte er, wie er mit all diesen scheußlichen Absurditäten rund um 13-57-ax umzugehen hatte. Als er hier zu keinem klaren Schluss kam – zu frisch waren einfach noch die Ereignisse –, besann er sich darauf, dass es eigentlich ja auch um etwas völlig anderes ging: Er musste nach vorne schauen, sich sein Leben, seine Zukunft zurückerobern. Deshalb war er vorhin von zuhause aufgebrochen. Und war in dieser Nacht auch alles anders verlaufen als er jemals für möglich gehalten hätte, das Wesentliche hatte er doch erreicht: Einen Schlussstrich unter das perverse Milchweibkapitel zu ziehen. Nun ging es weiter darum, sein Leben wieder in Ordnung zu bringen. Am besten räumte er erst einmal seine Wohnung auf, gleich am nächsten Tag.

Zuhause angekommen, legte sich Heinrich erstmals wieder zum Schlafen in sein Bett, verbrachte die Nacht nicht auf der Couch. Und als er am Morgen erwachte, fühlte er sich deutlich frischer als in all den vorigen Wochen, wenngleich er die Aufregungen und Erschütterungen der jüngeren Zeit noch lange nicht abgeschüttelt hatte.

Nach einer ausgiebigen Dusche, einem kurzen Gang in den Supermarkt und einem ordentlichen Frühstück begann Heinrich mit seinem Tagwerk: Er sammelte die leeren Flaschen ein, die überall in der Wohnung und besonders um seine Couch herum standen, und brachte sie zum Glascontainer. Entsorgte die Kartons und Schachteln des Lieferdienstes. Sammelte die Dreckwäsche ein. Spülte den Geschirr- und Besteckberg, saugte Staub auf den Teppichen und Polstermöbeln, wischte die Linoleum- und Fliesenböden, wechselte die Handtücher im Bad und bezog sein Bett frisch.

13-57-ax kam ihm bei all diesen Tätigkeiten erstaunlich selten in den Sinn. Und wenn es doch geschah, weigerte er sich einfach so lange, sich auf das Milchweib einzulassen, bis es wieder aus seinen Gedanken verschwunden war.

Voller Wohlbehagen hüllte er sich abends in seine Bettdecke. Blickte auf den Wecker. Er war gestellt. Glückumfangen schloss Heinrich die Augen. Seinen zweiten Wecker hatte er entsorgt. Er würde ihn niemals mehr brauchen.

Ab dem nächsten Tag saß Heinrich wieder hinter seinem Schreibtisch im Büro. Zügig ging ihm die Arbeit von der Hand. Bald war er sich sicher: Er hatte sich seinen Platz zurückerobert, die Zeit der Wirrnisse war Vergangenheit. Und wenn ein Bild von 13-57-ax in seinem Kopf auftauchte oder eine Szene aus dieser unglaubwürdigen Nacht, so versenkte Heinrich sich einfach in die Zahlen und Buchstaben auf seinem Monitor.

Nach einiger Zeit – er aß gerade in der verdienten Mittagspause alleine und in Ruhe am Schreibtisch sein mitgebrachtes Brot – kam ihm wieder einmal ein weiser Satz seines seligen Großvaters in den Sinn: »Erst wer sich auf den Irrweg begibt und von ihm wieder zurückfindet, kann seiner Moral, seines Innersten wirklich sicher sein.« Da wusste Heinrich endgültig: Alles war wieder in bester Ordnung. In besserer sogar als jemals zuvor. Und mit einem wonnigen Gefühl unantastbarer Überlegenheit schluckte er den Bissen, den er gerade im Mund hatte, herunter.

⦀ Raphaela Edelbauer ⦀

Eine frühe Angstvorstellung

Ich kann mich nicht daran erinnern, dass es jemals anders gewesen ist, als dass ich zerfahren war von nervösen Ängsten, wenn ich nach Hause kam, weil dort schon die Nachbarin Waldburger wartete, unausweichlich. Diese Waldburgerin, ohne Vornamen, mit unbestimmtem Endzweck, stand dort schon immer, egal zu welcher Zeit, egal an welchem Ort, der doch immer derselbe war, an diesen verqueren Nachmittagen, an denen ich aus der Schule kam. Es war dann also ein Montag bis Freitag, als ich versuchen musste, möglichst diesen Blicken auszuweichen, die zu jeder Zeit, aber eben vor allem: immer anzutreffen waren. Ich versuchte in dieser Kindheit, übervoll von der Waldburgerin, Folgendes, meistens mehrfach: an der Regenrinne hinaufklettern, mich hindurchgraben durchs dickichte Erdwerk, durch die Wand brechen, mich hinter mobilen Wänden verstecken, die Mutter bitten, mich zu decken, dem Hund befehlen, die Waldburgerin abzulenken. Aber die Blicke …

Mir schien, dass, wann immer ich an ihr vorbeiging, sich ein matter Fensterkitt in meine Körperöffnungen schob, der mich langsam ersticken wollte. Nutzlos war es auch, erst spätnachts nach Hause zu kommen, denn da stand sie noch immer und schnitt mit leeren Augen die Hecke, zupfte Unkraut oder dergleichen. Es hatte auch keinen Sinn, in aller Herrgottsfrühe aufzubrechen, denn sie war schon da und schweifte mit ihren Blicken über die gepflegten Beete, die gefegte Einfahrt, und die geschnittene Hecke, scheinbar suchend nach neuen Aufgaben. Die zwiebelnden Blicke dieser Waldburgerin, die keine andere Aufgabe hatte als eben: zu schauen, durchdrangen schmerzvoll mein Fleisch, ohne dabei Wunden zu hinterlassen. Aber habe ich je begriffen, damals?

Diese Blicke. Und in der sinnlosen Alibität der Hände ihre scheußliche Bestätigung. Nie habe ich die Waldburgerin wirklich sprechen gehört, nie konnte ich auf sie einwirken. Sie erwiderte zwar meinen Gruß, wenn ich an ihr vorbeiging und matt ein Grüßgott sagte, aber es klang automatisch, anonym, wie aus einem scheppernden Lautsprecher. Sie war das Ungreifbare, Unausweichliche meiner Kindheit, das Schlammige, dem ich mich durch Tricks immer wieder aufs Neue zu entwinden versuchte, weil man als Kind noch Hoffnung hat. Es gelang mir nicht.

Doch an dem Tag, an dem ich von zu Hause ausgezogen bin, habe ich die Frau und alle Sorgen durch sie abgelegt – erst recht als ich meine eigene Familie gegründet habe, erst recht als meine Kinder geboren wurden. Nur ab und an fühle ich mich heute noch wie beobachtet. Denn der Blick, denn der Blick ... und das Unbeschreibliche, das mich in manchen Nächten, immer noch, nahtlos in sich aufnimmt.

Ich erwache, und die ganze Welt schläft noch. Als ich mich aufrichten will, um wie an jedem Tag die Familie zu wecken, bemerke ich eine unerklärliche Wuchtigkeit um meine Hüfte herum, die es mir unmöglich macht, mich zu drehen. Im eigenen Körper gefangen, verrenke und dehne ich mich, um sehen zu können, was mich über Nacht so unbeweglich gemacht hat. Als ich die Decke zurückschlage, bemerke ich unmittelbar, dass Frau Waldburger in meinem Bett liegt, die Augen starr auf mich gerichtet und in ihrer Leiblichkeit fest in meinen Torso verwachsen. Wie ein siamesischer Zwilling entspringt sie meinem Unterleib, in V-Stellung sind wir aneinander gebunden.

Einige Minuten bleibe ich mit geschlossenen Augen in meinem Bett liegen. Vorsichtig, noch starr, wecke ich meine Frau, um sie auf den unmöglichen Auswuchs hinzuweisen. Kaum ist meine Frau wach, sieht sie mein entsetztes Gesicht und die starrblickende Waldburgerin. »Was soll ich tun?«, frage ich kühl und bedacht darauf, keinen voreiligen Schaden anzurichten.

»Weswegen?«, antwortet sie. »Das ist doch nur Frau Waldburger.« In dieser Antwort, in ihren Augen: nur Aufrichtigkeit. Ich bemühe mich, die Beruhigungen meiner Frau heiter aufzunehmen, nur um mich möglichst lange nicht dem zuwenden zu müssen, was da meinen Lenden entspringt, als wäre es immer schon so gewesen. Also raffe ich meinen unflexiblen Körper zusammen und werfe ihn hinein in diesen Tag, von dem ich nicht weiß, was er mir bringen kann, außer den entsetzlichen Blicken der Frau Waldburger, nun vollständig unausweichlich.

Bevor ich mir die Zähne putze und mich dusche, lege ich ein Handtuch über ihren Kopf, um ihr vorwurfsvolles Gesicht nicht sehen zu müssen. Aber was nützt es, was hat das Verstecken bei ihr je genützt? Irgendwann werde ich das Handtuch doch abnehmen müssen, genauso wie ich nicht immer in meinem Zimmer bleiben konnte. Und jetzt gibt es nicht einmal mehr eine Alibihandlung, die sie vollziehen müsste, um mich bestarren zu können. Ich fühle mich wund.

Als ich nach dem Duschen auf die Waage steige, gibt sie mir kein Kilogramm mehr an als an jedem anderen Tag. Die Waldburgerin, jetzt wieder unverhüllt, schaut mir stumm ins Gesicht, und ihre Augen lassen alles, was mein war, plötzlich fremd erscheinen. Mit ihr zu sprechen ist immer noch unmöglich. Über das Austauschen eines befremdeten Grüßgotts kommen wir nicht hinaus, ganz wie früher. Die Kinder spielen später mit mir, als ob nichts wäre.

Noch am selben Tag bestehe ich darauf, zum Arzt zu gehen. Der aber klopft mir nur auf alle vier Schultern und sagt beruhigend, ich solle mich nicht aufregen – denn es sei ja nur die Nachbarin.

Eine Nacht darüber geschlafen, aber es ist nichts geschehen, außer dass sie, auch jetzt am Morgen, immer noch da ist, mit starren Augen – die alte und doch nie alternde Waldburgerin.

Meine Frau hat den Geschlechtsverkehr mit mir vollzogen, als ob da keine Waldburgerin gewesen wäre, die mich doch währenddessen bewegungslos verschlungen hat mit ihrem trüben Dasein. Ich habe mich bei den Freunden beklagt, doch die haben mir nur vorwurfsvoll ein zweites Glas Bier, gedacht für die Waldburgerin, angeboten.

Meine Frau, mein Arzt, meine Freunde und auch alle sonst: Jeder hat sie angenommen als einen Teil meiner selbst. Viele Tage, bis ich mich endlich durchgesetzt hatte, weil in der Nacht kein Schlafen und am Tag kein Konzentrieren mehr war. Also hat man mich ins Krankenhaus gebracht.

Vorwurfsvolle Schwestern haben mir, erst auf ausdrückliche Bitte, die Anästhesie gesetzt, die ebenfalls nur zögerlich wirken wollte. Der Oberarzt verstand es nicht und würde es nie verstehen, wie er meinte, dass der Eingriff durchgeführt werden musste, weil es doch nur die Frau Waldburger war – warum, warum da diese komplizierte Operation überhaupt wagen? Der Chirurg schüttelt ebenfalls den Kopf, sehe ich noch, dann schlafe ich ein. Und die Waldburgerin: stumm und leer. Als ich aufwache, ist es noch früh genug, um sehen zu können, wie die letzten Operationsschritte getätigt werden und Frau Waldburger in ein großes Aufbewahrungsglas geworfen wird. Man fragt mich, ob ich sie mitnehmen wolle – ich verneine.

Als sie die Waldburgerin aber hinausbringen, kommt mir ein fast schmerzliches Gefühl in den Hals, geht es mir ganz so, als ob man mir den Zwilling fortgeschnitten hätte, der mir vorher zum Auserwachsensein gefehlt hatte. Selbst in der Distanz tut mir die Narbe an ihrem Körper noch weh.

ııı Matthias Kröner ııı

Alle haben einen Knall

Am Morgen als wir, Mitarbeiter der Sondereinheit 97312a, zu Harald Kleinschmidt, Leiter der Sondereinheit 97312b, geschickt wurden, ahnte ich nicht, wie schwierig der Auftrag werden würde. Im Regelfall verraten Menschen durch einen unbeabsichtigten Seitenblick, wo wir suchen müssen. Meist geht es dann ins Schlafzimmer. Wir heben die Decke, es knallt. Wir betreten den Kleiderschrank, es knallt. Wir wühlen im Nachttischkästchen zwischen Schlüpfern und Socken. Es knallt, knallt und knallt.

Diesmal jedoch – war es anders. Es gab keinen Seitenblick. Wir jagten ins Schlafzimmer, dann durch die ganze Wohnung, durchpflügten Schränke und Schubladen, schlitzten die Couch auf, rissen Dielen heraus und suchten in Keller und Dachboden. Doch egal wo wir auch herumschnüffelten, der befreiende Knall blieb aus. Ich sagte: »Es kann nicht sein, dass jeder in unserem schönen Land seinen Knall verrät. Nur Sie nicht! Was denken Sie, wer Sie sind!« Und: »Wir haben Zeit!«

Kleinschmidt zeigte nicht die geringste Unsicherheit. So zogen wir bei ihm ein. Wir versuchten es mit sensiblen Hunden, Fledermäusen und feinen akustischen Apparaten, die selbst minimale Schwingungen in der Umgebung aufzeichnen; ohne Erfolg. Kleinschmidt entwickelte sich von einer unangenehmen Sache zu einem dicken Aktenordner.

Auf dem Höhepunkt unserer Ermittlungen stellten wir Kleinschmidts Ferienhaus auf den Kopf, sprachen mit alten Schulfreunden und Kollegen. Wir fanden sogar seine erste Freundin – und führten sie dem Verräter vor. Es war nicht mal ein Plopp zu hören.

Nach dreimonatiger Belagerung zogen wir ab. Die Niederschrift des Berichts zog sich hin: wochen-, monatelang. Wer war Harald Kleinschmidt? Die Ausnahme von der Regel? Ein Genie? Der einzig Unbefleckte, Reine des Universums? Oder doch nur einer, der einen Weg gefunden hatte, um uns zu täuschen?

Die Fragen marterten mich. Nachts schreckte ich aus dem Schlaf. In meiner Freizeit bombardierte ich Kleinschmidt mit Mails und kratzte ›Don't fuck the firm!‹ in den schwarzen Lack seines Firmenwagens. Die Vorgesetzten im Ministerium beschworen mich, still zu halten. Ich sei ihr bester Mann, doch wenn ich nicht damit aufhörte …

Ich wollte, ich konnte nicht. Und eines Morgens begann es dann: Es knallte. Es knallte ohrenbetäubend laut. Bumm! Von da an knallte es immer wieder. Als zerplatzten Granaten im Ministerium.

Meine Kollegen beantragten die Versetzung in ein anderes Zimmer. Ich bekam schalldichte Fenster, Handwerker kleideten den Raum mit dämpfendem Schaumstoff aus.

Nach der Arbeit wälzte ich die Akten im Wohnzimmer weiter. Bumm! Nicht nur einmal bekamen wir eine Anzeige wegen Lärmbelästigung. Bumm! Meine Frau flüchtete zu ihrer Schwester ins Allgäu. Bumm! Das Leben ist eine Spirale ins Nichts, wenn man keine Erfolge vermelden kann.

Nach einem halben Jahr bestellte mich der Minister in sein Büro. Er steckte sich eine Zigarette an. »Dann lassen Sie mal hören!«

BBBBBBBBBBBUUUUUUUUUUUUU-UMMMMMMMMMMMM!!!!!!!!!!!!

Die Schallwellen waren so heftig, dass sich der Minister am Rauch verschluckte. Als der Lärm langsam abebbte, befand ich mich im Klammergriff von zwei Bodyguards.

Losgelassen hetzte ich zu Kleinschmidts Büro. Während ich es betrat, entlud sich ein wahres Donnergewitter. Aufgrund der Lautstärke schrie ich: »Ich kriege Sie noch!« Er antwortete wie ein Fisch hinter Panzerglas. Ich schrie unbeirrt weiter, von harten Schlägen umtost: »Ich kriege euch immer! Auch wenn ihr für die Taktik zuständig seid, euch in die kranken Köpfe der Delinquenten hineinversetzt, unsere Vorgehensweise kennt und solche Fälle wieder und wieder durchspielt!«

Da hörte ich ein fremdes Geräusch. Es schwappte aus Kleinschmidts Richtung an mein Trommelfell. Ich legte ein Ohr an seinen Bauch.

Da war es wieder!

Ein Grummeln. Leise Schläge.

»Ist das dein Geheimnis?«, schrie ich und tanzte um ihn herum. »Du versteckst deinen Knall im Körper? Was für eine Tarnung! Doch auf dem Schlachtfeld der Wirklichkeit, im Spinnennetz dieses Alltags ist keiner sicher: Der Staat muss über jeden Knall informiert sein!«

Am Abend ging ich triumphierend in meine leere Wohnung.

Per Mail erhielt ich die Nachricht, dass mich der Minister erneut ins Büro bestellte. ›Jetzt ist es so weit‹, dachte ich und goss mir einen steifen Whiskey ein. ›Jetzt mache ich Karriere.‹ Die Nachricht war der Ausgleich für die SMS meiner Frau, mit der sie mir sachlich mitgeteilt hatte, dass sie die Scheidung wollte.

Auf Gefühle kann ich in meinem Beruf keine Rücksicht nehmen. Wer seinen Knall versteckt oder leugnet, muss in den Wahnsinn getrieben werden.

Genau deshalb bin ich auf dieser Welt.

BUUUUUUUUUUUUUUUUUUUUUUUMMMMMMMMMMM!!!!!!!!!!!!!!!!!!!!!!!!

||| Steve Kußin |||

Aufzeichnungen eines wohlanständigen Bürgers

Nachgetragenes Vorwort
Wenn ich mich noch an meinen bürgerlichen Namen erinnern könnte, würde ich anfangen mit: »Ich bin [Vorname] [Nachname] und dies ist meine Geschichte.« Doch das kann ich nicht, ich habe ihn vergessen und meine Aufzeichnungen geben keinen Hinweis auf ihn. Aber ich bin, und ich habe eine Geschichte, und ich werde sie erzählen.

Neben meinem Namen weiß ich auch sonst nichts mehr aus meinem früheren Leben. Ich glaube jedoch, dass ich eine äußerst unzufriedene Person gewesen sein muss, jemand, dessen Absichten größer waren als seine Aussichten oder gar nicht mehr existierten. Nur so kann ich mir die Leichtigkeit erklären, mit der ich von meinem früheren Leben Abschied genommen habe. Nur so erscheinen mir die Aggressivität und die Verbissenheit verständlich, die so lange Zeit in meinen Tagebucheinträgen zu erkennen sind. Heute, um die Erfahrungen des Alters und die Verantwortung der Vaterschaft reicher, sehe ich die Dinge anders, gelassener, entspannter.

Doch nun zur Geschichte: Ich war zu Fuß auf meinem täglichen Arbeitsweg, als die Ampel rot wurde und für immer rot blieb. Als ordnungsliebender Mensch blieb ich stehen und wartete – und wartete – und wartete. Und ich begann damit, tagein, tagaus die rot leuchtende Ampel und die vielen Passanten, welche sich an ihr vergingen, zu betrachten. An diesem Ort beginnt meine Geschichte, hier soll sie enden. Sie soll so lückenhaft erzählt werden, wie das menschliche Erinnerungsvermögen momenthaft geordnet ist, wie überhaupt die gesamte Geschichtsschreibung keine kontinuierliche, sondern nur eine von Ereignis zu Ereignis sich hangelnde sein kann. Es ist dies die Geschichte eines Menschen, der seinen Weg geht, ohne einen einzigen Meter zurückzulegen; die Geschichte eines Kämpfers, der die Welt herausfordert und siegend an ihr scheitert; und es ist die Geschichte eines Mannes, welcher an der Gesellschaft zerbricht und den nur die Liebe zu einem Kind retten kann.

Es ist meine Geschichte. Ich bin.

Die rote Ampel (04. August)

Es ist etwas Ungeheuerliches vorgefallen, das in seiner Ungeheuerlichkeit wohl unerreicht ist. Ich stand soeben und stehe noch an der Kreuzung Karl-Liebknecht-Straße und Leipziger Straße, die Ampel war sehr lange auf Rot und es hatten sich, mich nicht mitgerechnet, inzwischen 51 Personen eingefunden, davon 35 auf meiner Straßenseite und 16 auf der gegenüberliegenden. Unter den Anwesenden befanden sich 20 Kinder auf ihrem Schulweg, vier davon in Begleitung eines Elternteils, zwei in Begleitung beider Elternteile; weiter zwei Frauen mit Kinderwagen (zu vermutender Inhalt: je ein Kind); dann fünf Männer – drei mit Hut, zwei ohne – und fünf Frauen – drei mit Rock, zwei mit Hose; zuletzt neun Rentner, als Gruppe auftretend.

Plötzlich schauten alle nach links. Auch ich tat dies, jedoch bloß um zu sehen, was sie dort entdeckt hatten –

doch sah ich nichts. Dann wandten sie ihre Blicke nach rechts, auch ich wandte meinen Blick dahin, konnte jedoch abermals keinen Auslöser für ihr Verhalten entdecken. Gleich darauf setzte sich die diesseitige Menschenmasse mit einem Ruck in Bewegung und drängte über die Straße, wenngleich die Ampel nicht weniger rot leuchtete als in den vergangenen fünf Minuten. Der Pulk auf der anderen Straßenseite setzte sich nun ebenfalls in Bewegung.

Was folgte, war ein einziges Schubsen und Treten, ein barbarisches Jeder-für-Sich.

Ich musste mit ansehen, wie die 35 auf die 16 Entgegenströmenden stießen und sich aus den beiden Gruppen ein Gemenge bildete, das von höchster Rücksichtslosigkeit und Unzivilisiertheit geprägt war und überdies den spärlichen Autoverkehr behinderte.

Das Gespräch (11. August)

Ich bin nun seit einer Woche vor Ort und will festhalten, dass die Ampel die gesamte Zeitspanne über rot geblieben ist. Die Passanten missachten das Ampelrot inzwischen mit einer selbstgefälligen Arroganz, die jeder Beschreibung spottet. Dieses höhnische Verhalten ansehen zu müssen, bereitet mir physische und mehr noch psychische Qualen, und ich kann und will nicht länger an mich halten, wo mir buchstäblich bald der Kragen platzt. Dieser Hochmut, diese Ignoranz, diese Verantwortungslosigkeit! Ich muss meinem Ärger Ausdruck verleihen, bevor ich explodiere, und ich weiß auch schon, was ich tun werde: Dem nächsten Rotgänger werde ich ordentlich die Leviten lesen, ihm sagen, dass es so nicht gehen kann, und ihn fragen, wo man denn hinkäme, wenn das alle so machen würden.

Da kommt auch schon ein Passant – und geht prompt über Rot.

»Es ist Rot! Ja genau, ich meine Sie, mein Herr. Schauen Sie einmal genau hin, noch genauer, bitte schön, so ist es recht: Ein Kasten auf eine Stange aufgesteckt, das Ganze wohl an einem Stromkreis angeschlossen, was das Leuchten erklären würde. Wohl mit Bedeutung dahinter, lass einmal überlegen, was nur versucht man uns zu sagen? Rot, aber das kennen wir doch noch aus der Schule, eine Signalfarbe, bedeutet doch Gefahr, oder nicht?«

Mein lieber Herr Gesangsverein, was der für ein Gesicht gemacht, wie der reagiert hätte!

»Na, nun ist ja gut, mein Guter, kein Grund zu weinen, Sie taten es schließlich nicht mit böser Absicht. Taten Sie doch nicht, oder? Ja, ich nehme Ihre Entschuldigung an, aber bleiben Sie bitte auf Ihrer Straßenseite und geben Sie das nächste Mal mehr Obacht. So ist es fein, ich verzeihe Ihnen, wischen Sie sich erst mal die Tränchen weg, das kann doch jedem mal passieren. Ja, auf Wiedersehen, ich wünsche Ihnen auch einen schönen Tag, auf Wiedersehen!«

Der Unentschlossene (14. August)

Jetzt ist es wirklich an der Zeit. Ich will, ich muss einmal einen Rotgänger tatsächlich ansprechen, ihn auf seinen Fehltritt hinweisen und gemeinsam mit ihm überlegen, wie dieser künftig zu vermeiden ist. Ich brauche nur noch einen geeigneten Passanten. – Da kommen auch schon die nächsten potenziellen Rotgänger, mal schauen, was wir darunter haben: Größer und breiter als ich ist der erste, und aus naheliegenden Gründen belehre ich keine Personen, die größer und breiter sind als ich. Die zweite Person ist ein Kind, und Kinder sind voller Vorbehalte gegenüber belehrenden Personen, ich glaube, dass Kinder im Herzen ihres Wesens nichts dazulernen wollen. Dann ist noch eine Oma dabei, aber solch alte Menschen haben ihre Schubladen bereits beschriftet – da ist kein Platz mehr für neue Erfahrungen. Die nächste Person ist eine Frau, und Frauen sind mir irgendwie unheimlich. Aber dort kommt noch jemand. Der sieht doch ganz passabel aus! – Ich muss nur noch den richtigen Moment abpassen ...

Etwa 70 Minuten später: Ich habe den Mann angesprochen, doch er hat nichts erwidert. Zunächst musste ich ganze 60 Minuten warten, bis sich der Mensch endlich bequemte, über die Straße zu gehen. So lange hat es bei noch keinem gedauert. Ich war ein paar Mal fast versucht, ihn anzubrüllen: »Na gehen Sie doch endlich über die verfluchte Straße!« – Aber meine anschließende Belehrung wäre mir dann in ihrem Aussagewert zweifelhaft vorgekommen. So geduldete ich mich, geduldete ich mich lange, bis er schließlich – er muss zuvor wohl zehnmal nach links und rechts geschaut haben – doch noch über die Straße ging. Da bemerkte ich plötzlich, dass ich die Rede an ihn noch gar nicht vorformuliert hatte. Was für eine Misere! Ich mag es nämlich nicht, wenn Leute dumm daherreden und nur, um überhaupt etwas zu sagen. Wenn sie dann herumstottern oder sich in langen Monologen ergehen, ohne auf den Punkt zu kommen, und wenn sie schlimmstenfalls noch nicht einmal wissen, was die eigentliche Aussage sein soll.

Das kann ich nicht leiden. Darum überlegte ich nun also, ermittelte den genauen Sinn, schob grammatische Einheiten im Kopf umher, gliederte Kommata hinein und wog offensives Aussagen gegen defensives Hinterfragen ab. Der Unentschlossene, wie ich ihn nannte, wurde unterdessen immer kleiner und war bald nur noch ein Punkt am Horizont. Ich war zwar mit meinen Überlegungen noch nicht ganz am Ende angelangt, konnte aber offenkundig nicht länger warten, und so rief ich mit aller stimmlichen Kraft: »Äh, rot, da!«

Ich habe im Übrigen eine sehr voluminöse Stimme, weil ich als Kind in einem Chor gesungen habe, und war deswegen einigermaßen überrascht, als der Unentschlossene nicht auf meinen Zuruf reagierte. Diese Ignoranz verdarb ihn mir gänzlich: Erst lässt er mich eine Stunde lang auf ein Gespräch zwischen zwei vermeintlich vernünftigen Menschen hoffen – und flüchtet sich dann in feiges Schweigen! Wahrscheinlich geht er jetzt nach Hause und überlegt sich eine höchst kluge Erwiderung auf meine Feststellung, mit der er morgen hier auftrumpfen will, um mein Verständigungsgesuch in ein Streitgespräch zu überführen. Vermutlich glaubt er, mich mittels seiner hinterhältigen Vorbereitung leicht bezwingen zu können. Doch es wird ihm nicht gelingen! Ich habe mir das Gesicht gemerkt, sehe die krumme Geiernase und die seltsam unmenschlichen Knopfaugen noch ganz deutlich vor mir. Wenn er ein nächstes Mal hier vorbeikommt, so soll er viel erwarten dürfen, aber nicht, mich sprechen zu hören!

Der Streuselschneckenmann (16. August)

Es ist seltsam: Die Menschen tun alle so, als hätten sie die wichtigsten Unternehmungen der Welt zu machen. Ich frage mich: Sind denn heutzutage nur noch Staatsmänner und Geschäftsfrauen auf unseren Straßen unterwegs, und können sie sich gar nicht genug damit beeilen, ihre Verbrechen zu verüben? Gibt es denn nur noch eine alles beherrschende Dringlichkeit, die gar nicht mehr hinterfragt wird, weil dafür die Zeit fehlt? Tatsache ist doch wohl, dass die meisten Menschen nichts Weltbewegendes vorhaben und allenfalls gut darin sind, sich wichtig vorzukommen – und bestenfalls auch noch darin, anderen wichtig vorzukommen. Zum Beispiel der Herr im braunen Mantel, der jetzt daherkommt und auf meine Straßenseite herüberwill. Man könnte meinen: »Oh, wie geschäftig er daherstolziert und seinen Koffer gewichtig im Lauftakt schwingt und mit seinem festen Blick etwas ganz Wichtiges, etwas ganz Dringliches zu fokussieren scheint, so dass ich ihm am liebsten aus dem Weg springen möchte, denn vielleicht hängt das Schicksal der gesamten Welt von seinem Tun ab.« Dabei geht er jeden Morgen hier vorüber, um zum Bäcker zu gelangen. Na, dem werde ich heute mal meine Meinung geigen!

Nachtrag, drei Minuten später: Ich kann mich nicht mehr an den genauen Wortlaut erinnern, aber etwa wie folgt hat sich das Gespräch zwischen mir und dem Herrn im Mantel entwickelt: »Na, wohin des Wegs?«
»Zum Bäcker.«
Das muss man sich mal vorstellen: »Zum Bäcker«, hat er geantwortet. »Zum Bäcker«, als dürfte er noch stolz darauf sein, bei Rot über die Straße zu gehen, weil er doch »zum Bäcker« will.

»Ach so! Zum Bäcker müssen Sie also, Brötchen holen wahrscheinlich, wie? Und ich hatte schon befürchtet, Sie würden die Früchte der Zivilisation für eine Nichtigkeit verraten, und wollte mich schon beschweren, dass Sie durch Ihre Tat Tür und Tor öffnen für die sittliche Verwahrlosung der Jugend, für allgemeinen Werteverfall, für Prostitution, Unterdrückung, Ausbeutung, Terrorismus, und schlussendlich: für den Wirtschaftsliberalismus im Allgemeinen!«

»Hä?«, entgegnete er.

»Will sagen: Sie sind bei Rot über die Straße gegangen.«

»Ach, wissen Sie, Sportsfreund: Was Ihnen Ihre Früchte der Zivilisation sind, das sind mir meine Streuselschnecken mit Zuckerglasur am Morgen!«

Nach diesen Worten ging er endgültig über die rote Ampel – diese Dreistigkeit muss man sich einmal vorstellen!

Die Scheuklappe und der Windling (23. August)

Nach mehreren Unterredungen zwischen mir und Rotgängern habe ich mittlerweile herausfinden können, dass sich die meisten Passanten in zwei Typen einteilen lassen.

Zuerst die Scheuklappe: Scheinbar überhört sie deine Kritik und übersieht deine missbilligende Mimik. Sie tut so, als ginge die Welt sie nichts an, und ist somit für jede Kritik unerreichbar und auf ewig zum So-Bleiben verdammt. Allerdings muss beständig ein ungutes Gefühl an ihr nagen, da sie sehr wohl gehört und gesehen hat, nur hat sie es sich nicht anmerken lassen. Sie grübelt gewiss den ganzen Tag und die ganze Nacht über längst vergangene Geschehnisse nach und überlegt sich fabelhaft geistreiche

Antworten, die sie immer weiter und weiter im Kopf hin und her wälzt, um auch die letzte rhetorische Schwachstelle auszumerzen. Indessen ist dies vergebliche Liebesmüh, denn die Scheuklappe wird ihre Kopfgespräche niemals in die reale Welt überführen können: Situationen haben nämlich im Allgemeinen die Tendenz, unwiederholbar zu sein. Und sollte sich ihr doch einmal die Möglichkeit bieten, ein Kopfgespräch in ein echtes Gespräch zu überführen, wird sie denkträge erscheinen, da sie sich der klugen Gedanken zu erinnern versucht – das erinnernde Denken jedoch niemals mit dem lebendigen Denken mithalten kann.

Der zweite Passanten-Haupttyp ist der Windling. Er will sich mit Lügen und Ablenkungen herauswinden. Ich rief erst vor drei Tagen einem Rotgänger hinterher: »Hallo, junger Mann, falls Sie es noch nicht wissen, Sie gehen da gerade bei Rot über die Straße.« Er antwortete: »Deine Mutter geht bei Rot über die Straße!« – Das hatte natürlich überhaupt nichts mit meiner Kritik zu tun. Dennoch wirkte diese Replik: Es gelang mir in der Situation nicht, eine passende Antwort zu geben. Natürlich hätte ich beispielsweise »Das hat doch gar nichts damit zu tun!« oder »Das ist eine andere Geschichte!« antworten können, doch war ich zu perplex, um darauf zu kommen. Schade, denn sonst hätte ich den Windling zur Auseinandersetzung mit dem eigentlichen Gesprächsgegenstand und damit zu Reflexionen über sein Fehlverhalten anregen können, was ihm nur geholfen hätte. Was bleibt: ein Bedauern, dass ich ihm nicht helfen konnte, und die quälende Frage, woher er meine Mutter kennt und ob sie wirklich bei Rot über die Straße geht.

Nach diesen ersten Typisierungen habe ich mich entschlossen, weitere Beobachtungen an den Passanten vorzunehmen und in ein Schema der verschiedenen Typen einzuarbeiten, das mir behilflich sein soll, die Menschen mehr zu verstehen und hierdurch die perfekte Strategie zur positiven Beeinflussung jedes Einzelnen ausfindig zu machen.

Der Unfall (25. August)

Heute ist ein Rotgänger überfahren worden. Ich kannte ihn, ich hatte ihn vor fünf Tagen davor gewarnt, dass genau das passieren könnte. Aber er hatte mich nur böse angeschaut und gemeint, dass ich mich um meinen eigenen Kram kümmern solle. Hätte er mal lieber auf meine Warnungen gehört!

Der Paradoxe (26. August)

Ich habe einen weiteren Passantentyp ermitteln können: den paradoxen Passanten. Vor ihm muss man sich in Acht nehmen, da seine einzige Absicht in der Verwirrung des Gesprächsgegners liegt. Erreicht er sie, fühlt er sich – irrtümlicherweise natürlich – als Sieger. Am Beispiel:

»Das werde ich Ihrer Frau erzählen«, rief ich einem Rotgänger hinterher. Darauf erwiderte er: »Dann werde ich Ihrer Frau erzählen, dass Sie eine Petze sind.« Darauf sagte ich: »Ich habe gar keine Frau.« Hierauf sagte der Rotgänger: »Ich weiß, hat sie mir erzählt«, und verschwand.

Diese Szene hat sich gestern ereignet. Ich habe lange über sie nachgedacht und bin, auch wegen des Gesichtsausdrucks des Rotgängers, zu dem nahezu sicheren Schluss gelangt, dass er absichtlich und bewusst Unsinn dahergeredet hat. Rückblickend habe ich dann ein paar ältere Gespräche noch einmal analysiert, Gespräche, die mich die Rotgänger vielleicht vorschnell als dumm klassifizieren ließen, so dass mir kein Mittel geblieben war, sie am Weitergehen zu hindern, weil sie für die Vernunft nicht zugänglich waren, wo ich nur den Weg der Überzeugung gehen kann. Sie alle hatten gemeinsam, dass ihre Widerrede den Gesetzen der Logik oder des chronologischen Erzählens oder anderen, weniger bekannten Regeln des Denkens und Kommunizierens widersprachen. Ich hatte all die entsprechenden Rotgänger für dumm gehalten. Jetzt aber stelle ich mir die Frage: Gibt es möglicherweise recht viele Menschen, die gar nicht dumm sind, sondern nur mit Paradoxem verwirren und sich so einer ernsthaften Auseinandersetzung entziehen? Und weiter frage ich mich: Wenn das so ist, wie ist dann angemessen auf sie zu reagieren? Theoretisch sind sie immerhin kluge Menschenwesen und verstehen meine Sichtweise sehr wohl – doch unter welchen Umständen sind die Paradoxen gewillt genug, dies vor sich selbst und mir gegenüber zuzugeben?

Das Tragische am paradoxen Typus ist übrigens: Er mag zwar lustig und überlegen wirken, tatsächlich aber ist er die Urquelle seiner eigenen, unausweichlich vorhandenen Trübsal und Verdammnis. Denn da er keinen Ernst in seine Reden hineinzupflanzen versteht, sucht er auch vergebens nach Menschen, von denen er ernst genommen wird. Daraus resultiert stets Einsamkeit, wobei der Paradoxe durchaus viele Bekanntschaften haben kann, aber keine tieferen, keine wahrhaft emotionalen Bindungen. Hieraus erwächst folgerichtig noch mehr Humor – Galgenhumor und Sarkasmus –, so dass ein unentrinnbarer Teufelskreis entsteht, in dessen Sog alles belacht wird, aber nichts mehr erfreuen kann.

Die Macht der Scheuklappen (immer noch 26. August)

Ich möchte zuerst eine Ergänzung zum Eintrag vom 23. August machen, genauer zur Scheuklappe, die jede Kritik an sich scheinbar überhört und wahrhaftig überhören will. Dieser ohnehin schon weitverbreitete Passantentypus wirkt nämlich ungeheuer ansteckend: Rotgänger, die mich anfangs angeschrien oder angelogen, die mit mir diskutiert oder mir einfach den Vogel gezeigt haben, ignorieren mich plötzlich. (Merken: über den Konfrontativen [schreien, diskutieren etc.] schreiben! Lügen ist Windling, hatten wir schon.) Und auch der Paradoxe von gestern Morgen ließ auf seinem Heimweg meine Zurechtweisung stumm über sich ergehen, verweigerte überdies den Augenkontakt mit mir sowie jedwede an mich gerichtete Gestik oder Mimik. Er ging einfach weiter, als hätte ich nichts gesagt, ja, als gäbe es mich gar nicht. Und dies ist – besonders weil es immer häufiger vorkommt – besorgniserregend: Indem sie mich ignorieren, ignorieren sie ihr eigenes Fehlverhalten und machen sich unempfänglich für jede Möglichkeit der Besserung.

Zudem stellen sich die Fragen: Wie viele Einflüsse darf ein Mensch in seinem Leben ausschließen, bevor er ereinsamt? Wie viele Lehren darf er ignorieren, bevor er verdummt? Es ist eine Seuche, diese Ignoranz, dieses Nicht-Reagieren, dieses Sich-Abschotten.

Der Zivilist (28. August)

Meine neuesten Erkenntnisse des zwischenmenschlichen Entzwischenmenschlichens beziehen sich auf den Zivilisten, wobei ich diese Bezeichnung nicht im herkömmlichen Sinne verwende. Ein Zivilist, wie ich ihn meine, ist eine Person, die an unsere Zivilgesellschaft mit ihrer Arbeitsteilung und ihren Institutionalisierungen glaubt. Im Grunde würde ich mich selbst als einen solchen Zivilisten bezeichnen, hätten mir jene Zivilisten, mit welchen ich bekannt werden durfte, nicht die schöne Bezeichnung verdorben. Denn jene Zivilisten sind absolut rückgratlose und durchtriebene Halunken, deren äußerste Gemeinheit gerade darin liegt, dass sie sich in den Deckmantel der Zivilisiertheit kleiden. Man kennt solche Figuren: Sie kosten den Zebrastreifen unter ihren Füßen aus, Schritt für Schritt, Streifen für Streifen, und nur weil ihr Fuß schon die Straße berührt hat, als die Fußgängerampel noch grün war, so meinen sie auch das Recht zu haben, in aller Gemächlichkeit die Straße zu überqueren, mögen inzwischen auch drei neue Ampelphasen begonnen und geendet haben. Es ist ihr Recht, aber dass sie ihr Recht ohne Rücksicht auf alle anderen Personen und äußeren Interessen schon fast orgiastisch auskosten, ist das Verbrechen am Recht selbst!

Sie beschweren sich auch nie direkt bei dir, wenn sie etwas stört, sondern beim Verwalter, beim Amt, beim Anwalt, bei der Polizei. Und falls sie doch in ein offenes Gespräch mit dir verwickelt werden, sind sie die sympathischsten und tolerantesten Mitmenschen überhaupt, und dies hat Methode, denn sie wollen keines einzigen Fehltritts bezichtigt werden und wollen es sich nicht mit einem der vielen Freunde, die sie heimlich hintergehen, verscherzen.

Einen solchen Menschen muss ich einmal verärgert haben, denn ein Polizist trat heute an mich heran und sagte, dass sich jemand angegriffen gefühlt habe und dass diese Person jeden Tag diese Kreuzung zu überqueren gezwungen sei und dass ich darum diesen Platz verlassen müsse, denn die besagte Person habe gemeint, ich stünde jeden Tag hier, was er, der Polizist, allerdings für übertrieben halte.

»Nein, nein«, erklärte ich daraufhin, »das hat schon alles seine Richtigkeit, Herr Wachtmeister. Ich warte hier seit einigen Wochen darauf, dass die Ampel grün wird. Ich habe aber eine Frage an Sie, Herr Wachtmeister, und darum ist es gut, dass Sie hier sind. Meine Frage lautet: Ich bin doch ein Bürger genau wie jene Person, die sich über mich beschwert hat, nicht wahr?«

Der Polizist antwortete: »Ja, natürlich sind Sie das.«

»Und ich bin doch nicht weniger Mensch als die besagte Person und habe nicht weniger Rechte und Pflichten als ebendiese, welche auch die besagte Person hat, nicht wahr?«

»So ist es«, erwiderte der Polizist.

»Meine Frage also lautet: Habe ich dann nicht genauso viel Recht, persönlich von der besagten Person vertrieben zu werden, wie sie das Recht hatte, persönlich von mir gestört zu werden?«

Nach langer Überlegung antwortete der Polizist: »Ehrlich gesagt, weiß ich nicht, ob Sie mit dem, was Sie sagen, Recht haben. Aber wenn ich in Ihre Augen schaue, dann sehe ich, dass Sie ein Mann mit Werten sind. So etwas erkenne ich, ich bin schließlich Polizist.«

»Sie tragen ja auch eine Uniform!«

»Ich trage immerhin auch eine Uniform, da haben Sie ganz Recht. Deswegen werde ich es diesmal bei einer Verwarnung belassen. Nur geben Sie beim nächsten Mal bitte einfach etwas mehr darauf Acht, wen Sie persönlich stören!«

Der Junge (02. September)

Ich war in meine Gedanken vertieft, welche naturgemäß von dem niederträchtigen Verhalten der Rotgänger handelten. Ich war ihrer überdrüssig, ihrer leichtlebigen Art, ihrer flexiblen Moral und ihrer arrogant freizügigen Weise, in der sie ihre moralische Verworfenheit auch noch zur Schau stellen. Sie scheinen sich geradezu mit ihr schmücken zu wollen. Am liebsten würde ich sie alle in einen Sack stecken und freudig drauflos hauen, doch einen solch großen Sack gibt es nicht, kann es nicht geben, denn: Alle sind Rotgänger! Nicht von Anfang an, vielleicht auch nicht mit ganzem Herzen, aber letztlich sind sie es doch. Und ich habe große Sorge, dass ein Tag anbrechen könnte, an dem auch ich nicht länger imstande sein werde, dem Strom der Masse zu widerstehen, worauf ich mich in seine Wogen werfe und jeder individuellen Verantwortung und Verpflichtung absage.

In solche Gedanken also war ich vertieft, da zupfte mir ein etwa achtjähriger Junge am Ärmel, der sich neben mir postiert hatte. »Wo ist denn die Luisenstraße?«, fragte er. Und als ich nicht antwortete, zupfte er kräftiger und fragte erneut. Da ich noch tief in meinen Überlegungen versunken war, antwortete ich: »Es ist nicht leicht, auf dem rechten Pfad zu bleiben, wenn alle anderen in die entgegengesetzte Richtung irren.« Darauf lief der Junge, ohne ein weiteres Wort zu sagen, davon.

Mit meiner Antwort habe ich ihm wohl kaum geholfen, seine Straße zu finden; aber ich bin mir sicher, dass er es fortan leichter oder zumindest schwerer haben wird, seinen Weg zu gehen.

Der Pfiffige (05. September)

Die pfiffigen Argumentationstypen sind von einem ganz besonderen Schlag. Sie sind klug, wortgewandt und häufig auf eine subtile Weise witzig. Damit sind sie den Paradoxen grundsätzlich nicht unähnlich, jedoch verlassen die Paradoxen die Pfade des legitimen Denkens und Argumentierens, während die Pfiffigen letztendlich gut durchdachte Argumente vorbringen, die den Anforderungen einer legitimen Argumentation voll und ganz entsprechen. Erst heute Morgen rief ich einem Mädchen im frühstudentischen Alter, das gerade die rote Ampel überquerte, moralisierend hinterher: »Nein, nein, nein, elend steht es um die Welt, wenn die jungen Dinger keinen Respekt mehr vor den Regeln haben, die sie beschützen sollen!« Da drehte es sich, ohne stehenzubleiben, kurz zu mir um, lächelte mich mit einem absolut echten, freundlichen Lächeln an und sagte klar und jede Silbe klingen lassend: »Danke schön.« Zunächst verdutzt, dann aber die Fassung wiederfindend, rief ich ihm hinterher: »Junges Fräulein, vielleicht ist meine Ansprache falsch aufgenommen worden, denn eigentlich hatte sie eine kritische Bemerkung, wenn Sie wollen: eine Beleidigung sein sollen.« Das Mädchen, inzwischen auf der anderen Seite angelangt, drehte sich abermals zu mir um, sah mich wieder höchst freundlich an und erklärte: »Ich weiß, von welcher Sorte Mensch die Beleidigung ausging, und deshalb weiß ich sie als ein Lob aufzunehmen. Wünsche einen selbstbewussten Tag gehabt zu haben!« Dann ging sie fort.

Den ganzen übrigen Tag habe ich kein Wort mehr gesagt.

Der Biografische und das Biografiechamäleon (07. September)

Ich glaube, dass meine bisherigen Typisierungen ein korrekturwürdiges Defizit aufweisen. Das legen die jüngsten Ereignisse nahe. Es ist eine Auslassung, ein Nicht-Bedenken, um das es hierbei geht, um genau zu sein: die lediglich eindimensionale Betrachtungsweise. Denn mag der einzelne Mensch durchaus seine Präferenz zum Windling oder Paradoxen oder einem anderen Typus haben, so ist er doch immer von seiner gegenwärtigen biografischen Situation mindestens mitbedingt. Und bedeutende aktuelle Ereignisse im eigenen Leben können die dem eigentlichen Typus entsprechenden Verhaltens-, Deutungs- und Meinungsmuster völlig überlagern, so dass der Mensch zeitweise ein ganz anderer ist. So ist es denkbar, dass eine Scheuklappe, die gerade ihren Job verloren hat und nun von mir auf ihr Fehlverhalten an der Ampel hingewiesen wird, mich körperlich anzugehen versucht. Oder dass ein Paradoxer, der tags zuvor Vater geworden ist, auf meinen Hinweis, die Ampelfarbe betreffend, lediglich antwortet: »Ich weiß, es ist Rot!«, statt mir in seiner gewohnten Unsachlichkeit mit absurder Rede Paroli bieten zu wollen.

Der Biografische ist ein äußerst schwieriger Verhandlungspartner, da man nie wissen kann, ob er lügt oder die Wahrheit spricht, und weil man ihm niemals vorwerfen darf, dass er lügt. Dies würde unweigerlich zur Beendigung des Gesprächs führen, denn wer lässt sich schon gerne als Lügner bezeichnen, zumal von einem Fremden, dem also leicht und guten Gewissens der Rücken zugewandt werden könnte? Darum gehe ich stets davon aus, dass jeder, der biografisch argumentiert, die Wahrheit spricht – ich bin jedoch davon überzeugt, dass es nicht wenige Menschen gibt, die sich hinter erfundenen (oder in ihrer Wirksamkeit übertrieben dargestellten) biografischen Ereignissen verstecken, die ihre vermeintliche Geschichte ausnutzen, um ihr rotgängerisches Fehlverhalten zu legitimieren beziehungsweise von diesem abzulenken. Jene Verbrecher, die im Gegensatz zu den richtigen Biografischen erdichten oder deutlich übertreiben, nenne ich Biografiechamäleons.

Ich möchte an dieser Stelle ein Beispiel bringen, das schon einige Tage zurückliegt, welches mir aber aufgrund seiner Absurdität Wort für Wort im Gedächtnis geblieben ist. Naturgemäß kann ich dabei aber nicht mit Bestimmtheit sagen, ob ich hier auf den Typus des Biografischen oder den des Biografiechamäleons getroffen bin. Eines Tages rief ich einem Rotgänger hinterher: »Das werde ich Ihrer Frau erzählen.«

»Ich bin eine Frau.«

»Dann eben Ihrem Mann.«

»Ich bin lesbisch.«

»Dann eben doch Ihrer Frau.«

»Die ist vor zwei Monaten an Brustkrebs gestorben.«

Wie soll man da das Gespräch wieder zum eigentlichen Thema zurückführen?

Der Neuanfang (17. September)

Ich habe schon einige Tage nichts mehr geschrieben und möchte nun den Grund hierfür nennen. Mein Notizbuch neigt sich dem Ende zu. Dies wird der letzte Eintrag sein, den es zu fassen vermag. Die letzten Seiten wollte ich für etwas ganz Besonderes aufheben, und solches hat sich in den letzten zehn Tagen nicht ereignet – dachte ich zunächst. Doch jetzt weiß ich, es hat! Jedoch so unscheinbar und über die Tage verteilt auftretend, dass ich es erst heute und rückblickend überhaupt als ein Geschehen wahrnehmen kann. Bedauerlicherweise steht am Ende dieses Vorgangs ein gebrochener Mann. Denn ich musste erkennen: Ich berühre niemanden, ich bewege nichts. Und wo die Zweifel an meinem Tun und dessen Wirkung auf die Welt schon zuvor phasenweise aufgetreten waren und nur eingedämmt werden konnten durch meinen Glauben, dass ich alle Mühen für mich und die Sache selbst auf mich nehmen müsse, da sind die Zweifel inzwischen zum ständigen Widerpart in meinem Gehirn geworden und zerlachen jedes Ideal, jeden Glauben, jeden Hoffnungsschimmer in mir. – Es ist eine Sache, gegen Windmühlen zu kämpfen, und eine vollkommen andere, zu wissen, dass man es tut!

Nicht nur, dass niemand auf mich hört, das ginge noch an, aber sie scheinen mich nicht einmal mehr akustisch wahrzunehmen. Ich rede und ich rede mir den Mund fusselig, aber niemand reagiert auf mich. Nur wenn ich mich ihnen in den Weg stelle, dann schütteln sie manchmal noch den Kopf und weichen mir aus, und manchmal sagen sie auch noch »Geh weg!« oder »Der Verrückte wieder!«, dann bin ich schon froh. Denn das bedeutet, dass ich noch existiere. Aber was ich zu sagen habe, das will niemand hören. Sie wollen mich nicht verstehen, es ist ihnen wichtiger, dass sie ankommen. Und wo ich das schon immer wusste, aber zunächst noch ändern zu können glaubte, beobachte ich mich inzwischen öfter bei Gedankengängen, die ihnen Recht geben wollen. Denn es ist nicht in Ordnung, bei Rot über die Straße zu gehen, aber es ist auch nicht rechtens, unentschuldigt seiner Arbeitsstelle fernzubleiben! Es gibt da Konflikte, die darf man nicht einfach ignorieren. Hatte ich eine Arbeitsstelle? Ich kann mich nicht mehr erinnern. Ich weiß auch meinen Namen nicht mehr. Ich habe schon mehrfach gehört, wie mich Leute »Ampelmann« genannt haben, doch das ist wohl kaum mein richtiger Name. Zudem ist er irreführend: Es geht mir gar nicht um die Ampel, es geht um das Prinzip, es geht um Respekt und um Ordnung. Die Ampel ist nur ein Beispiel. Das verstehen sie nicht, darum sehen sie die Ampel nur als die Ampel und mich nur als einen Verrückten. Und ich, wie sehe ich mich? Bin ich noch derselbe rechtschaffene Mensch, dem Rot Grund genug ist? Habe ich in der Vehemenz meiner Überzeugung womöglich das Denken verlernt? Bin ich angekommen oder zurückgeblieben?

Solchen Gedanken also hing ich nach. Aber in diesem Moment tiefster Niedergeschlagenheit hörte ich eine Stimme ganz nahe sagen:

»Da kommt einer!«

Ich schaute mich zu dem Sprecher um, es war der vielleicht achtjährige Junge. Er beobachtete einen Mann, der auf die Ampel zukam. Auf unserer Seite. Wir beide verhielten uns still. Der Mann kam an, dann wartete er eine Weile. Schließlich betrat er die Straße.

»Papa?«, wandte sich der Junge an mich und hatte dabei seine Stimme verstellt, so dass er noch jünger klang. »Warum geht der Mann bei Rot über die Straße? Ist das ein böser Mann?«

Kurz überwältigte mich ein Grinsen, doch hatte ich es bereits unterdrückt, als sich der Mann zu uns umdrehte. Ich sagte: »Ja, mein Kind, das ist ein böser Mann, dem ist es egal, was er vor Kinderaugen macht.« Der Mann schaute ganz beschämt nach unten, nur für einen Moment zwar, doch ganz deutlich. Dann setzte er seinen Weg scheinbar unbeirrt fort, tat gerade so, als habe er das Gespräch zwischen Vater und Sohn nicht gehört. Doch das hatte er! Er hatte reagiert. Und ich hatte sie ganz klar bemerkt, diese Viertelsekunde, in der er überlegt hatte, ob er sich entschuldigen oder so tun sollte, als habe er von alledem nichts mitbekommen. Nun, er hat sich für letzteres entschieden, er mag auch glauben, uns getäuscht zu haben, eines konnte er jedoch nicht: sich selbst täuschen und die Überlegungen, die wir in ihm angestoßen hatten, einfach so abtun. Wie hilflos er mir in diesem Moment erscheint, wie schwach, da er gegen solche Geschichten nicht poltern, nicht argumentieren, sie nicht relativieren kann, sondern nur klein beigeben kann und so tun, als hörte er nichts, als sähe er nichts.

Später kam eine Frau und ging bei Rot hinüber. Ich sagte zu dem Jungen: »Schau nicht hin, du darfst nicht sehen, was die Frau da macht! Deine Schwester ist wegen so etwas in den Himmel gegangen.«

Als sich die Frau umblickte, sah sie, wie ich hinter dem Jungen stand und ihm die Augen zuhielt. Unter meinen Handflächen spürte ich seine heißen Tränen – welch schauspielerisches Naturtalent dieser Junge doch ist! –, und als die Tränen ihren Weg unter meinen Handflächen hervor auf seine Wangen, dann hinunter zum Kinn und auf sein Hemd fanden, da stolperte die Frau über die Bordsteinkante auf der anderen Seite und fiel hin. Ich sagte, so laut, dass sie es hören konnte, und so leise, dass es natürlich wirkte: »Dabei hatte ich eurer Mutter versprochen, dass ich auf euch aufpassen würde!« Da fing die Frau ihrerseits an zu weinen. Daraufhin fing auch ich an zu weinen. Sie rief: »Es tut mir leid. Es tut mir so leid!« Ich schluchzte: »Sie können ja nichts dafür! Sie waren doch nicht dabei.«

Im Anschluss war ich sehr erschöpft. Ich setzte mich nieder, und der Junge setzte sich dicht neben mich. Er heißt Tim. Er ist neun Jahre alt. Er will etwas in mein Tagebuch schreiben. Ich gebe es ihm.

Hallo ich bin Tim. Ich bin 9 Jahre alt. und ich wohne in Gutenbergstraße 11 im zweiten Stock. Meine Eltern streiten immmer, ich höre das ganz laut. Heute bin ich zum Ampelman gegangen. Er ist mein neuer Papa. Wenn ich groß bin werde ich Verkerspolizist. Jezt muss ich aufhören das Buch ist zu Ende. Tschüssi. Tim

||| Beja C. Garduhn |||

Die Kür des Siegers

Ja, ich dich auch. Immer. Schon immer. Lass andere leben, wie sie wollen, wir haben uns. Klar, der Tod wird uns trennen, irgendwann. Aber daran will ich nicht denken.

Wie denn, leben ohne sie? Wie sollte das gehen? Sie war immer für mich da. Ist doch gut, wenn man sich kennt und vertraut ist, auch mit den Schwächen. Wir sind doch alle Menschen. Ich, zum Beispiel, beiße mir die Nägel kurz. Und mit den Jahren habe ich ordentlich an Gewicht zugelegt. Da sagt sie auch nichts zu. Könnte ja meckern, dass ich weniger essen soll. Nee, nee, die freut sich, wenn's mir schmeckt.

Und sie wäre doch sonst auch allein. Das könnte ich gar nicht zulassen. Das wäre doch herzlos. Nee, mit mir nicht. Lass sie sein, wie sie ist, das kann man mit mir nicht machen. So einer bin ich nicht, ich nicht. Man muss die Dinge nehmen, wie sie sind, wenn man gut leben will. So einfach ist das.

Aus der Küche höre ich sie pfeifen. Kein melodisches Flöten, eher so ein Zischen über die vorgeschobene Unterlippe. So wie unverdaute Luft.

Manchmal hatte ich mir eine andere gewünscht. Drei, vier Mal sogar einen Versuch gestartet. Ich erinnere mich an Carmen, sie zog und zerrte an meinen Nerven. Immer raus hier aus der Wohnung, sie würde ersticken. Und Elke war auch nicht besser. Dieser forschende Blick – als gäbe es Abgründe in mir zu entdecken. Mit Natascha war es was anderes, von Anfang an. Etwas Besonderes. Sie tut mir gut. Wenigstens einmal die Woche. Ich kann nur mittags, nach dem Essen. Dafür verschiebt Natascha ihre Mittagspause.

In der Küche pfeift es. Wie ein asthmatischer Wasserkessel. Fehler haben wir eben alle.

Das Pfeifen gehört in mein Leben. Ich muss es nur aushalten. Einmal pro Minute mindestens. Manchmal kann ich es überhören. Ich muss mit ihr zurechtkommen.

Manchmal faucht es in meinem Ohr, als lege sie es drauf an. Von der Küche her zischeln die Gase aus ihren gestülpten Lippen. Wirbeln an meinen Zimmerwänden hoch und kratzen am Putz. Er reißt und bröckelt und rottet sich zu Klümpchen in meinen Adern zusammen. Besonders in den Beinen. Ich muss mir gegen die Beine schlagen, damit das Blut wieder fließt. Die Wände knacken und beginnen sich zu lösen.

Ich schaffe es trotz der versteiften Beine bis an die Tür und höre schon, wie ich schreie: »Hör auf damit! Wirst du wohl, verdammt ...«

Endlich hab ich die Tür aufgerissen und schnappe nach Luft. Gleich schrei ich sie an. Gleich, wenn noch etwas mehr Sauerstoff in mein Blut gelangt ist.

Ich zerre mir das Hemd von der Brust und höre mich ächzen: »Willst du wohl ... endlich ... verdammt ...«

»Berti, Liebling, da bist du ja.«

Wie Erbsen kullern die Hemdknöpfe über den Boden. Sie schaut mich an, ihre sonnigen Augen. Hebt die Hand zu meinem geknickten Kopf.

Hinter mir brechen die Wände gegeneinander. Nicht auszuhalten dieser Lärm.

»Essen ist fertig.« Ihre Augen strahlen. »Königsberger Klopse.«

Staub brodelt auf. Wallt mir den Rücken hoch, ich greife nach hinten und ziehe die Tür zu.

Ich strahle auch. Königsberger Klopse. Was soll die Schutthalde in meinem Zimmer sie scheren. Seit Jahren kocht sie mein Lieblingsessen. Jeden Tag. Mit glattgestrichelten Haaren stemme ich meinen Körper hinter ihr her.

Eine Zeit lang hatte sich Günther in unser Leben gemischt. Er schimpfte, sie würde zu viel von mir verlangen, viel zu viel. Nachts lag er bei ihr im Bett.

Ich erwischte sie hier in der Küche. Er hielt sie von hinten, und ich dachte im ersten Moment, sie kotzt in die Spüle. Wie Seifenschaumfetzen spritzten sie auseinander. Soll ich vielleicht anklopfen, wenn ich in die Küche will? Ich wünschte Günther die Krätze an den Hals. Dann lag wieder ich neben ihr.

Es grummelt im Bauch. Mein Magen knurrt. Nicht so laut wie die gezischten Pfiffe. Ich kaue an meinem sechsten Klops.

»Einen schaffst du schon noch.« Sie schiebt mir die Serviette auf dem Schoß zurecht und streift meine vorquellenden Fingerkuppen. »Ist doch dein Lieblingsessen.« Ein Luftstoß aus dem Magen überfällt sie und entlädt sich durch ihre gespitzten Lippen.

Günther hat sie nie sein Lieblingsessen gekocht. Ich lächle in die graue Sauce.

Ein Haar klebt am Tellerrand. Ein langes, von ihr. Jeden Dienstag fahre ich sie zum Friseursalon. Dauerwelle hat ihre immer noch füllige Haarpracht nicht nötig, nur

Färben und Legen. »Ist dir auch noch nicht langweilig, Berti?« Ach, woher. Ich vertreibe mir die Zeit und stöbere in Illustrierten. Danach gehen wir ins Café und gönnen uns zum Cappuccino ein Likörchen. Ihre Haarwellen glänzen und noch viel mehr ihre Augen. Blau und schimmernd wie heiße Luft im Sommer. Vielleicht auch wie die dunklen samtigen Stiefmütterchen, die wir jedes Jahr vor den Hauseingang pflanzen. Sie gräbt das Pflanzloch und ich lasse den warmen Strahl aus der Gießkanne laufen.

Für meinen Haarkranz brauche ich keinen Friseur. Das erledigt sie mit der Küchenschere. »Wo du noch Haare hast, da sind sie aber kerngesund.« Dem einen fallen sie spät aus, dem anderen früh. Ich esse noch einen Klops und denke an die Wände in meinem Zimmer. Ruinen, vor denen ich in ihre Küche flüchte.

»Schön, wie's dir schmeckt.« Ein voluminöser Pfiff. Sie sitzt schon beim Pudding. Ein paar Löffelchen, sie isst nicht viel. Dann schaut sie zu, wie ich kaue. Lächelnd, einen Finger hat sie an die Lippe gelegt. Wie Natascha auf den Fotos im Schaukasten. Manchmal trotte ich nur vorbei, aber meistens zieht es mich hin, und ich steh davor und schau sie mir an. In meiner freien Stunde, auf dem Weg zum Spielplatz.

»Nach dem Essen legen wir uns gleich hin.«

»Wir?«, frage ich und zernage eine Kaper. »Ich wollte ein bisschen raus, zum Verdauen.« Jetzt sitzen die Mütter auf den Bänken. Sie unterhalten sich und lachen. Die Kinder sausen die Rutsche runter und haben auch viel zu lachen.

»Wir können ja später noch raus. Zusammen.« Mit dem nächsten Pfeifton löst sich ein Puddingstückchen von ihrer Zunge und spritzt auf meine Kartoffeln.

Reglos sehe ich zu, wie winzige Bläschen auf dem Speiserest zerplatzen. Meine freie Stunde. Die Klopse wühlen mir im Magen. Ich kann nichts mehr essen. Ich hätte so gern die Mütter auf der Bank belauscht und die gelenkigen Kinder gesehen. Ich schäle das Puddingstückchen von den Kartoffeln und streife es an der Serviette ab. Sie seufzt und massiert ihre Stirn. Hätte ich's etwa schlucken sollen?

»Nein, nein, immer diese Sorge, wenn du allein unterwegs bist. Damit muss Schluss sein!«

Schluss? Die Klümpchen in meinen Beinen sammeln sich zu einer Armee. Und Natascha? So was braucht doch ein Mann. Sie hat keine Ahnung. Der Saft wird sich verdicken. Er wird mir die Nerven vergiften. Ich starre sie an.

Ihre Augen sind halb geschlossen und schimmern milchig. »Musstest du dir wieder die Nägel blutig kauen?«

Die Kinder rennen zu ihren Müttern. Sie wimmern und zeigen mit sandigen Fingern auf mich. Ja, ja. Die Mütter nicken. Der arme Junge.

Ich fische noch einen Klops aus dem Topf und lasse ihn auf den Teller platschen. Auf der Tischdecke gestaltet die Sauce ein Muster aus grauen Flecken.

»Ich bin erwachsen.« Meine Stimme zittert. »Kann tun, was ich will.« Die Lust, wenn es da unten quillt. Sie verlangt nach Natascha. Wenigstens einmal die Woche. Schluss?

Sie zieht ihr Taschentuch aus dem Ärmel und betupft die Flecken. »Ach, so ist das?« Hin und her hüpft das Taschentuch. Segelt über den Tisch und landet lasch in meinem Teller.

Ich stopf mir den Mund voll. Das Taschentuch in der Sauce sieht aus wie einer der Königsberger. Mein neunter

Klops. Ich kaue und schmatze laut, damit ich das Pfeifen nicht höre.

Sie erhebt sich und zieht den Topf vom Tisch. Pfeif, pfeif, pfeif. Jetzt hab ich nichts mehr zu schmatzen.

In meinem Zimmer bricht vielleicht gerade die Decke runter. Meine Beine sind starr. Ich kann nicht mehr zu mir zurück. Ich kann auf dem Spielplatz schlafen. Wenn die Kinder nach Hause gelaufen sind. Hand in Hand. Wenn sie in ihren Betten liegen. In stillen Zimmern mit dicken Wänden.

Zu Natascha kann ich nicht. Nicht ohne einen Termin. Und nie länger als eine halbe Stunde. »Ohne dich ... ach, Natascha, du bist doch die einzige ...« »Schscht ... Zeig's mir doch, na komm, Großer, gib's mir, los, los, böser Junge!«

»Solange der Herr seine Beine unter meinen Tisch setzt, wird gehorcht.« Sie hält mir den Pudding entgegen.

Gehorchen. Schluss mit Natascha, vergiftete Nerven? Ich zerteile ihr Fleisch. Zwänge mich rein, wuchtig und gnadenlos. Dann muss ich bald fertig sein. Kein Problem. Die prickelnden Adern, wenn ich ströme. Könnten Wände versetzen.

Als ich den Mund öffne, brüllt mein Bauch. Die Klümpchenarmee marschiert. Ich stoße mich hoch und trete den Stuhl zur Seite.

Der Pudding klatscht gegen die Wände. Was denn noch? Was will sie denn noch von mir? Sie zuckt und hält sich die Ohren zu. So kann sie ihr Pfeifen nicht hören. Aber ich muss es. Jeden Tag, jede Minute. Würde sie nur stöhnen wie Natascha, ächzen und seufzen, ihr Becken schwingen ... An der Tapete zittert der Glibber.

Ihre Augen glitzern. So kennt sie mich nicht. Erwachsen. Ich spüre die Wut.

Sie wendet sich ab. Buckelt, hinterlistig, duckt sich zur Tür.

Ich weiß ihren Plan. Behalte sie eisern im Blick. Die Armee erwartet das Kommando.

Dann schnellt sie los. Will mir entwischen. Im Galopp aus der Küche.

Ho, ho. Das Reh im Sprung! Ich strecke den Arm aus. Die Kinder klatschen. Noch vor der Tür hab ich's gefangen. Der Jäger packt dich fest im Nacken.

Sie kreischt. Kreischt ein Reh? Schnauze, verdammt! Günther hat's gewusst. Lass den Jungen in Ruh. Lass mich endlich in Ruh!

Spielplatz. Kindergeburtstag. Disco. Alles nix. Nix für den Jungen, das sensible Kerlchen. Auf ihn muss man ständig ein Auge haben. Kann's nicht ein böses Ende nehmen, weiß man es denn?

In seinem Zimmer darf er spielen. Das ist sein Reich. Er kann sich so gut mit sich selbst beschäftigen. Ein lieber Junge. Anständig erzogen.

Man kann ihn auch gut mitnehmen. Fabelhaftes Betragen. Sonntagsausflüge zum Dom, in den Zoo. Der neue Anzug steht ihm prima. Mit dem Bus auf Kaffeefahrt. Siehst du, wie die Leute herschauen? Ein Dampfkochtopf, zwei neue Bettdecken.

Und was für ein guter Esser. Nicht mäkelig. Man kann ihm alles vorsetzen. Und wie er sich artig bedankt. Für sein Lieblingsessen, jedes Mal.

Königsberger Klopse. Danke. Bis der Hintern die Hosen sprengt!

Ist es das, was du willst?

Ich geb's dir. Ich gebe dir alles.

Wie er gehorcht, der Junge. Ha, ha, bis die Wände wackeln!

Stille, endlich mal. Endlich hat sie das Gekreische eingestellt und das ekelhafte Röcheln. Kein Zischen, kein Pfeifen, endlich Stille. Ein zahmes Reh. Ganz brav. Mit diesem glänzenden Fell. Wann müssen wir eigentlich wieder zum Friseursalon? Mit einem Likörchen hinterher?

Ich wühle mich von hinten mit beiden Händen durch die Haarwellen. Der Nacken riecht nach Pudding. Und ... hat er Pudding gehabt, der Junge, hat er? Nein? Aber warum nicht? An den Strähnen lässt sich ihr Kopf nach hinten rupfen. Ach ja, weil der Pudding an die Wände musste. An die verdammten Wände!

Wie Haare sich halten, jung und elastisch! Klammern sich fest mit zähen Würzelchen und reißen nicht ab. Wie wär's mal mit Winseln? Ach, Berti, ich hab dich so lieb, so lieb. Vielleicht winselt ein Reh?

Ich dich doch auch, immer, schon immer – und ich lass dich nicht los, nie mehr! Zwei Finger kämpfen sich vor, betreten die Stirn, die fettige Haut. Und rutschen gleich aus. Schlittern nach links und rechts, wie Kinderfüße auf Eis. Mein siebter Geburtstag, Kuchen und Kinderkaffee. Ohne Kinder, aber mit Schlittschuhen auf dem Gabentisch. Muss sich bewegen, der Junge, hat der Doktor gesagt. Ich stolperte am Rand des zugefrorenen Gewässers entlang.

In der Mitte des Sees schwangen die anderen Kinder ihre Füße über das Eis, Hand in Hand, die Jacken gebläht. Die Kufen ihrer Schlittschuhe malten herrliche Bögen und ließen das Eis singen. Verzückt lauschte ich den reinen Tönen.

»Nun, Herbertchen, versuch's noch mal, sonst wirst du kalt – nur nicht weg vom Ufer!«

Dort stand sie, den Becher der Thermoskanne in der Hand. Zertrat mit den Stiefeln das gefrorene Gras und ließ mich nicht aus den Augen. Ich stakste auf den Schlittschuhen über das Eis, wo es vom Ufergras picklig war und von erfrorenen Wellen. Ich konnte es nicht zum Singen bewegen.

Immer noch picklig, wie damals. Die Ekeldinger auf ihrer Haut. Ich drücke die Nägel rein, quetsche die fetten Hubbel, bis sie wegspritzen. Ach, jetzt geht's besser! Noch etwas langsam vielleicht, aber schon bald bringt die Übung Routine. Mit herrlich akkuraten Strichen fahre ich über die Stirn, gefällt dir das auch? Du sagst nichts, wenn auch sogar Bögen gelingen. Von Schläfe zu Schläfe in sauberen Achten, bist du nicht stolz? Alle stehen und schauen mir zu. Schneller, immer schneller laufe ich, im schönen neuen Anzug. Mein Halstuch flattert hinterher. Wie bei den Eisprinzen in den Fernsehsendungen, die wir uns beide so gern anschauen. Das Gras knistert gar nicht frostig. Es legt sich flach unter meine Nägel, wenn ich es mit dem Strich nehme. Wie oft habe ich vom Klo aus zugeschaut, wie du die Augenbrauen gebürstet hast. Bis sie blank und geschmeidig waren.

Wehe du störst mich. Ich warne dich, kein Mucks! Denn ich kann es hören, wie es singt, das Eis. Das ist die Kür, mit der ich siege. Ich, der Eisprinz! Federleicht gleite ich, wie Schweben, so schön.

Wenn ich fester drücke, schiebe ich Falten vor mir her. Wie ein Schiffchen im See die Bugwellen. Oder ein Schwimmer das blaue Wasser. Schade, dass ich nicht schwimmen kann. Soll doch so gut für den Rücken sein. Ihr würde die Bewegung auch guttun. Aber was kann nicht alles passieren! Fünfzehn Minuten bis zum Hallenbad. Allein lass ich sie nicht gehen.

Wenn ich sie fahre? Und abhole, wenn ich fertig bin bei Natascha? Vor unserem Hauseingang pflücke ich Stiefmütterchen, und die schenke ich dann Natascha. Wenn ich einen Termin erhalte.

Ob Natascha überhaupt Stiefmütterchen mag? Die dunklen mit den samtigen Blütenblättern? Meine Augen sind blau, von ihr geerbt, aber klein. Versunken im Speck. »Klößchen«, sagt Natascha. »Klößchen, nun zeig, was du kannst!«

Ich kann gut stoßen. Das weiß Natascha. Am besten von hinten, so kennt sie mich. Wenn sie in ihrer Teeküche die Beine spreizt und sich über die Spüle beugt.

Aber sie stöhnt nicht. Ächzt und seufzt nicht wie Natascha. Das macht mich wild.

Ich zerre sie immer fester, ganz in mich rein. Ins weiche Fleisch. Ich weiß doch, dass sie es mag. Ich hab sie ja mit Günther gesehen, die Hure.

Willst du nicht winseln, mein Flittchen? Mit Zeige- und Mittelfinger drücke ich auf die Stiefmütterchenaugen. Victory. Wir haben gesiegt. Du hast alles von mir! Warum winselst du nicht vor Freude?

Warum, warum, warum? Ich gebe dir mein Bestes. Du solltest dankbar sein!

Noch mehr? Du willst immer mehr? Ich hole aus. Sie klatscht in mein Fett. Ich kann noch mehr!

Immer mehr. Ich bin der Jäger, der Eisprinz, der Sieger. Ich klammere mich an den Halsfalten fest und stoße. Na bitte! Noch fester. Wir sind eins. Das waren wir immer. Sie wächst aus mir heraus. Die stille Blume mit den Muttermilchbrüsten. Ha, wie ich flute! Übers singende Eis.

Aber du? Warum singst du nicht? Keinen Ton durch die schlappe Gurgel? War ich nicht gut?

Soll ich dich durch die Küche hetzen? Bis du winselst? Bis du singst? Bis du in die Spüle kotzt?

Sie rührt sich nicht. Na los, zeig mir, wie du springst! Das schlaue Reh, es stellt sich tot. Lässt das Kinn zwischen den Brüsten baumeln. Mutterreh.

Vor der Rutsche drängeln sich die Kinder. Ich sehe sie vor mir, mit ihren hitzigen Backen, und höre bis hier, wie sie mich rufen. Eins nach dem andern hebe ich auf und helfe ihm hoch aufs Gestell. Die Mütter fächeln sich Luft zu. Guter Junge. So ein schöner Sommertag.

Im Kochtopf schwimmt noch ein Klops. Ich stopfe ihn in mich rein. Den letzten.

ıııı Harald Darer ıııı

Ein Hundeleben

»Entschuldigen Sie, ist das mein Hund?«, ruft Herbert nach einigen Minuten, in denen niemand von ihm Notiz genommen hat, über den Ladentisch nach hinten und berührt mit seinem ausgestreckten Zeigefinger leicht die geschlossene Holzkiste, die auf der abgewetzten Tischplatte abgestellt ist.

»Ja, der gehört Ihnen«, sagt der überraschte Ladenbesitzer, dessen Kopf zwischen zwei zugezogenen Vorhängen auftaucht. Die Hände an seinem grauen Arbeitsmantel abwischend, tritt er durch die Vorhänge an die Verkaufstheke und sagt: »Ich war so in die Arbeit an einem Meerschweinderl vertieft, dass ich Sie gar nicht hereinkommen gehört habe.«

»Das macht nichts, ich habe derweil Ihre Vitrine bewundert.«

Der Ladenbesitzer greift sich die Holzkiste, sagt: »Kommen Sie bitte kurz mit nach hinten«, und verschwindet mit der Holzkiste hinter den Vorhängen. Herbert folgt dem alten Mann.

»Dann schauen wir mal«, sagt der Alte, schiebt das Meerschweinderl mit aufgeschlitztem Bauch, die Holzwolle und das Skalpell auf der massiven hölzernen Werkbank zur Seite, holt den Hund, einen Mops, aus der Kiste und stellt ihn mittig auf die Werkbank. Er streicht dem Mops über die Schnauze und sagt: »Ich habe ihn, eigentlich war es ja eine Sie, so gemacht, wie Sie es wollten. Liegend, den Kopf auf den Pfoten.«

»Sie sieht wirklich echt aus, als würde sie jeden Moment das Kopferl heben und die Zunge rausstrecken.«

»Ich muss auch sagen, die Arbeit ist mir gut gelungen. Vor allem die Augen mit den blauen Pupillen, stimmts? Da hab ich meinen Glaserer ordentlich sekkieren müssen, bis ich zufrieden war.«

»Nein, sehr schön ist sie geworden, die Gerlinde, sie wird gut hineinpassen in ihr Körbchen.«

»Ach, Gerlinde hat sie geheißen, ein ungewöhnlicher Name für einen Mops.«

»Zur Erinnerung an meine Frau, wissen Sie.«

»Oh, haben Sie sie nach Ihrer verstorbenen Frau benannt? Mein Beileid.«

»Nein, nein, sie ist meine Frau gewesen.«

»Wie bitte?«

»Der Mops. Er ist meine Frau gewesen.«

»Ich versteh' nicht ganz.«

»Ist eine traurige Geschichte. Am Abend legen wir uns ins Bett, die Gerlinde und ich, sie liest noch ihren Konsalik vor dem Schlafen, und am nächsten Morgen, wie ich aufwache und rübergreif zu ihr, schaut da der Mops aus dem seidenen Pyjama der Gerlinde.«

»Das kann ich ja kaum glauben!«

»Das glaub ich ihnen, das glaub ich ihnen, dass Sie das kaum glauben können. Ich habe es auch nicht glauben können, und die Gerlinde erst, die hat es überhaupt gar nicht glauben können, eine Wut hat die gehabt!«

»Das tut mir wirklich sehr leid. Was nicht immer alles daherkommt, nicht?«

»Wem sagen Sie das? Am Vortag haben sie mir noch das Auto abgeschleppt, und ich hab mich am Abend bei der Gerlinde darüber beschwert, und sie hat gesagt ich soll die

Goschc halten, wegen dem Konsalik, und ich war beleidigt auf sie und hab mir gedacht, sie soll scheißen gehen. Wie sie dann in der Früh ein Mops war, hab ich direkt ein schlechtes Gewissen gehabt.«

»Aber bitte, da können Sie doch nichts dafür, dass Ihre Frau ein Mops geworden ist!«

»Man macht sich halt Vorwürfe, wenn einem das passiert.«

»Sicher, sicher, dafür, dass Sie sich gedacht haben, sie soll scheißen gehen, aber fürs Mopswerden doch nicht.«

»Ich hab halt gemerkt, wie sie sich gekränkt gefühlt hat, weil ich ihr dann kein Busserl mehr gegeben hab, aber sie sehen ja, wie sie ausgesehen hat, mir hat gegraust vor dem Mopsmund!«

»Das versteh ich, das versteh ich, ich würde auch nicht gerne mit einem Mops busserln müssen, grauslich stell ich mir das vor.«

»Ja eben, und das hat sie gemerkt, dass ich sie nicht mehr gewollt hab. Zornig ist sie geworden, ununterbrochen angeknurrt und angekeift hat sie mich, ein richtig renitentes Hundsviech war sie, das kann ich Ihnen sagen!«

»Das merken sie sofort, die Frauen, wenn man sie nicht mehr will, ich kenn das.«

»Vor allem, wo sie doch immer so eitel war, wo sie doch erst beim Schönheitschirurgen gewesen ist vorher, die Gerlinde, und sich das Gesicht liften und die Brüste straffen hat lassen.«

»Nicht zu vergessen, was das kostet!«

»Sie sagen es, ich darf gar nicht daran denken, alles umsonst! Zuerst hat sie ein faltenfreies Gesicht und zwei straffe Möpse gehabt, und dann ist sie ein einziger faltiger Mops geworden.«

»Da hat das Schicksal doppelt hart zugeschlagen, da hätte ich wirklich nicht mit Ihnen tauschen wollen, wirklich nicht.«

»Ja, was hätt' ich denn machen sollen? Die Scheidung einreichen? In guten wie auch in schlechten Zeiten, heißt's doch.«

»Sie sind wirklich ein treuer Mensch, da zieh ich meinen Hut.«

»Danke. Aber ich hab sie dann nicht mehr ins Schlafzimmer lassen können, weil sie mir vor lauter Wut immer ins Bett gebrunzt hat. Dann hab ich ihr ein schönes Körbchen gekauft.«

»Eine nette Geste von Ihnen.«

»Eigentlich haben wir dann eine harmonische Ehe führen können, weil sich die Gerlinde auch mit dem Mopssein arrangiert hat. Ist ja nicht immer das Schlechteste, so ein Hundeleben.«

»Da sind Sie ja heutzutage schon eine echte Ausnahme gewesen, dass die Ehe gehalten hat, und dann auch noch harmonisch!«

»Da haben Sie Recht. Zum Schluss war sie dann aber schon depressiv. Leider ist sie einmal beim Gassigehen von einem Rauhaardackel vergewaltigt worden, das hab ich nicht mehr verhindern können. Von da an ist sie dann meistens nur noch so, wie Sie sie jetzt so schön hergerichtet haben, in ihrem Körberl gelegen.«

»Jetzt bin ich richtig froh, dass mir die Arbeit so gut gelungen ist.«

»Ich auch, wo sie doch in dieser Position gestorben ist, die Gerlinde. Friedlich im Schlaf, nachdem der Tierarzt die Einschläferungsspritze gesetzt hatte.«

»Ist sie denn krank gewesen?«

»Das nicht, nur leider hat sie meiner neuen Freundin ins Waderl gebissen, aus Eifersucht. Da hab ich sie dann müssen einschläfern lassen. Gern hab ich das nicht getan, das könnens' mir glauben!«

»Die Entscheidung hätt' ich nicht treffen mögen!«

»Ja, das war wirklich schwer. Aber als mir meine Neue dann gesagt hat, ich könne mir ja auch von dem Mops einen blasen lassen, wenn ich will, da ist mir die Entscheidung etwas leichter gefallen.«

»Ja, ja, jeder hat sein Pinkerl zum Tragen.«

»Sie sagen es, genauso ist es.«

»Soda, ich hab Ihnen Ihre Gerlinde wieder schön eingepackt«, sagt der Alte und schiebt die Holzkiste, dabei über seine Brille schielend, zu Herbert.

»Tun Sie's einfach einmal im Monat abstauben. Einmal im Jahr können Sie's auch mit dem Spezialshampoo waschen, das ich Ihnen dazugegeben hab. Das schenk ich Ihnen.«

»Vielen Dank, auf Wiederschaun.«

»Auf Wiederschaun, und richten Sie Ihrer Freundin schöne Grüße von mir aus.«

»Mach ich, dankeschön.«

Nachdem er bezahlt und dem Alten mit den Worten »Für Sie!« einen Extra-Geldschein zugeschoben hat, klemmt Herbert seine verpackte Gerlinde unter den Arm und verlässt das Geschäft.

Der Alte wartet, bis er draußen ist, wartet auch noch das angedeutete Winken Herberts durch das Schaufenster ab, das er mit einem Kopfnicken erwidert, dann geht er zurück in seine Werkstatt. Dort setzt er sich auf einen Schemel und fährt konzentriert damit fort, dem Meerschweinderl mit dem Skalpell das Fell von den Beinchen zu lösen.

‖‖ Ulf Großmann ‖‖

Imperium in imperio

Er war übersichtlich, praktisch und klar strukturiert, mit hellen schnörkellosen Möbeln versehen. Doch niemand hatte seinem Bereich je die gebührende Beachtung geschenkt. Seiner klaren Ordnung, die hier herrschte. Seinem kleinen Staat im Staate, wie Herr Jochen Sommer sein Büro im Ministerium gern nannte. Hier sortierte er die Post. In letzter Zeit sehr wenig. Etwas war faul im Staate.

Herr Sommer war noch keine vierzig. Viele hielten ihn für älter. Ihm schmeichelte dies. Mit der Ausbildung war er in den Staatsdienst eingetreten. Hatte ihn nicht mehr verlassen.

Im Zimmer roch es nach Kaffee und seinen Schuhen, die er morgens neben dem Schreibtisch abstellte, um mit seinen Füßen in die bequemeren Birkenstock-Sandalen zu schlüpfen. Sein Blick streifte durch den Raum, den er gleich verlassen musste. Dreizehn Jahre. Der Geschäftsverteilungsplan des Ministeriums und damit auch der seines Lebens hatte sich verändert. Sie wissen nicht was sie tun, lautete seine Meinung. Er war Staatsdiener, schon immer gewesen. Jetzt hatten sie ihn de facto als Dienenden entlassen.

Ein Kollege hatte schlecht gescherzt: »Sie sind jetzt ein freier Mann mit Versorgungsgenuss, können tun und lassen was Sie wollen.«

Nein! In diesem Staat wollte er nicht mehr bleiben. Auswandern oder einen eigenen Staat gründen? Er belächelte sich selbst für diese Gedanken.

Am kommenden Tag würde sein einstweiliger Ruhestand beginnen, wegen gesundheitlicher Probleme. Eine Farce. Bis zum Schluss hatte er sich gewehrt. Erfolglos.

Mit psychologischen Gutachten hatten sie ihn aus dem Amt hinausgedrängt. Er ging, aber er würde es seinen Widersachern nicht vergessen. Diese Referenten, Ministerialräte und Ministerialdirigenten würden von ihm hören. Und nicht nur hören. Ihnen sollte einiges vergehen.

Und der Minister. Nein! Einen Minister griff man nicht an.

Vielleicht wusste der nicht einmal von der Ungerechtigkeit, die hier stattfand.

Herr Sommer hatte die Post geöffnet und teils selbstständig bearbeitet, um zu helfen. Wie amtlich sich verbiegend hätten diese Kerle ihre Schreiben formuliert. Sich gewunden und Kompromisse geschlossen. Er hatte Nägel mit Köpfen gemacht. Klare Ansagen auf dem kürzesten Dienstweg.

Das Telefon klingelte. Er nahm ab.

»Natürlich gebe ich meine Karte und den Schlüssel ab«, schrie er. »Sie kriegen ja alles!«

Herr Sommer knallte den Hörer auf. Jetzt durften ihn schon die Pförtner belehren. Wütend schlug er in die Luft. Stand auf, wechselte die Schuhe, drehte eine Runde durch den Raum, zog sein Jackett an. Öffnete seine Aktentasche. Legte die Sandalen hinein. Entnahm seine Frühstücksschnitten, die er noch nicht angerührt hatte. Ihm war der Appetit vergangen. Käse. Das passte. Er legte das Paket auf die Heizung und drehte diese auf Maximalstufe.

Mit einem freundschaftlich-loyalen Klopfen auf den Schreibtisch verabschiedete Herr Sommer sich von seinem Büro. Straffte sich.

Kerzengerade verließ er den Raum; gestattete sich nunmehr keinen Blick zurück. Sie hatten es nicht anders gewollt.

Zu Hause roch es nach Schweinebraten und Sandra. Seine Frau hatte sein Lieblingsgericht gekocht.

Er konnte sich nicht darüber freuen. Noch hatte er seine Amtsenthebung nicht verdaut.

Lustlos aß Sommer, kaute wie ein Roboter die Fleischstücke. Seine Frau nahm er kaum wahr. Sie stellte in seinem bleiernen Zustand nur eine Beilage zu der unschönen Fehlerhaftigkeit des Tages dar. Als er dies feststellte, versuchte er sich gerechtigkeitshalber auch auf die Beilage zu konzentrieren.

Sie hatten geheiratet, als er sich in der Ausbildung befand. Sie bewunderte damals seine korrekte geradlinige Art. Seine Ernsthaftigkeit, die ihn von den anderen Jungs abhob. Das hatte sie ihm nach der Hochzeit gesagt. Noch immer hieß er diese Art der Auswahl gut. Die richtige Entscheidung. Er hatte sie ganz angenehm gefunden und gewusst, dass es für Verheiratete Zuschläge bei der Entlohnung im öffentlichen Dienst gab.

Mit kühlen Blicken sah er ihr zu. Soße tropfte von ihrer Unterlippe. Ein wenig Stil und Schliff fehlten ihr.

Sie begann mit halbvollem Mund zu sprechen.

»Jetzt wird es knapp mit dem Geld«, sagte sie. »Ich werde mich wohl nach einer Arbeit umsehen müssen.«

Sommer legte Messer und Gabel akkurat ab. Schluckte ein kleines Fleischstückchen. »Wenn wir uns einschränken, reicht die Versorgung.« Er wischte sich über die trockenen Mundwinkel und legte die Serviette mit zwei Fingern neben den Teller. »Außerdem werde ich sicher bald wieder eine entsprechende Position wahrnehmen.«

»Bald?«

»Ja.«

»Was ist bald?«

»Alles dauert seine Zeit.«

»Und wir hocken hier den ganzen Tag beieinander?«

»Vorerst.«

»Du wirst dir schon was ausdenken.« Sie zog einen Flunsch, den Sommer jedoch nur beiläufig wahrnahm, weil sich in ihm etwas bewegte: Bei ihrem letzten Satz war ihm die Lösung für seine weitere Existenz in den Kopf geschossen. Ein Bund. Ein Staat.

»Wir gründen einen Staat«, erklärte Sommer, erhob sich vom Stuhl, griff die Gabel, stieß sie auf den Teller, hielt sie dann, mit einem Stück Fleisch an der Spitze, in die Höhe. »Wir sind das Volk. Wir können etwas ganz Großes schaffen.«

»Wie?«

»Hier!«

»Hier? Einen Staat?«

»Ja.« Er ließ sich wieder auf seinen Stuhl sinken, streifte das Fleisch von der Gabel und legte diese sorgsam neben dem Teller ab.

»Komm erst mal zur Ruhe, Jochen.« Sandra griff nach seiner Hand. »Du musst auch weiter zum Psychologen.«

Er schüttelte sie ab. Sprang auf, ging um den Tisch: »Alle drei Jahre finden Wahlen statt.« Er verfiel in einen Marschschritt. »Gesetze regeln das Zusammenleben. Alles bekommt eine neue Ordnung.«

»Wir leben hier zu zweit.«

Sommer marschierte weiter. »Eine Auflösung der Regierung ist nur mit einer Zweidrittelmehrheit möglich.«

Sie lachte. »Sei mal locker.«

Er stimmte in ihr Lachen ein. »Ist bloß ein Spiel. Mach mit! Wenn doch noch Kinder kommen, erhalten auch diese das Wahlrecht. Ausgeübt wird es vom zuständigen Erziehungsberechtigten.« Er blieb stehen. »Bei einem Jungen von mir. Bei einem Mädchen werden wir uns einig werden.«

»Noch sind keine Kinder da. Es gibt da bestimmte Voraussetzungen.«

»Die schafft die Politik«, sagte er. Er dachte nicht an menschliche Organe, nur an Staatorgane. »Es wird der erste vollkommene Staat.«

»Gut«, sagte Sandra. »Hast du einen Wunsch, was ich morgen kochen soll?«

Sommer antwortete nicht. Er drehte sich von ihr weg, machte eine entsprechende Gesprächsnotiz. Ihr ›gut‹ wertete er als Einverständnis zu seinem Vorhaben.

Er stand auf und ging ins Kinderzimmer, das er als Arbeitszimmer nutzte, wo er die Notiz auf dem Schreibtisch ablegte.

In diesem Zimmer würde die Regierung sitzen. Hier war der künftige Regierungssitz. Er nahm auf dem Drehstuhl Platz und erblickte sich aus der Bewundererperspektive: von vorn unten.

Ja. Sommer rechnete sich große Chancen auf das Amt des Präsidenten aus. Er war ein Mann mit Visionen und besaß auch die nötige praktische Erfahrung. Seine Politik konnte sich auf alle Bereiche ausdehnen und interdisziplinär befruchtend wirken. Das war gerade beim Entstehen eines neuen Staates und der damit verbundenen Transformationssituation der Gesellschaft notwendig. Da waren Leute wie er gefragt.

Hastig lief er durch die Wohnung, notierte wichtige Dinge in sein Notizbuch. Brabbelte vor sich hin.

Sandra hatte sich in die Küche zurückgezogen. Kam erst wieder hervor, als der Fernseher lief.

Sommer saß in seinem Fernsehsessel, schaute mit leerem Blick auf den Bildschirm. Nur selten bewegte er den Kopf. Tapfer ignorierte er alle Störungen um sich herum. Er war Politiker, ein neues System entstand. Ein großer Schritt voran. Seine Ideen verbannten jeden Zweifel.

Gleich nach der Tagesschau ging er zu Bett, glättete sorgfältig die Decke über seinem Körper. Er konnte keine mediale Ablenkung gebrauchen. Von den meinungsmachenden Marionetten ließ er sich nicht beeinflussen.

Als Sandra kam, stellte er sich schlafend. In seinem Kopf arbeitete es.

Später schlief er ein. Doch selbst in diesem Zustand gab es weiter Gedanken – und auch die drehten sich nur um seinen Staat: Gekrönt und mit Reichsapfel und Zepter versehen blickte er in eine strahlende Morgensonne. Als die zu große Krone über seine Stirn herunterrutschte, ihn erblinden ließ, und er in ein imaginäres Loch fiel, wachte er auf.

Er sah um sich. Schüttelte den Falltraum ab und döste von prächtigen Zukunftsbildern umgeben weiter.

Am Morgen stand Sommer ebenso zeitig auf, als wenn er seinen Dienst im Ministerium hätte antreten müssen. Er war voller Vorfreude auf diesen Tag und seine epochalen Folgen.

Er duschte kalt und kleidete sich mit der gegebenen Sorgfalt an. Weißes Hemd, schwarzer Anzug. Dreimal knotete er die Krawatte neu. Dann war er zufrieden. Er betrachtete seine Fingernägel. Sauber.

Sein Hirn arbeitete unermüdlich an der Zukunft.

Staatsgründung und Wahl standen an. Er hatte verschiedene Szenarien entworfen, evaluiert, verworfen, wieder entworfen und so weiter und war schließlich zu einem befriedigenden Ergebnis gelangt. Auch ein ungefährer Zeitplan stand schon.

Müde, aber zufrieden trank er seinen Kaffee. Sommer stellte die Tasse ab. Lehnte sich zurück. Seine ganze Gestalt erschlaffte. Er ließ sich vor der Bewältigung der anstehenden Aufgaben noch einmal kurz gehen.

Als seine Frau das Zimmer betrat, straffte er, auf die notwendige Außenwirkung achtend, den Körper.

Sandra fragte: »Was wollen wir heute unternehmen? Es ist dein erster Tag im Ruhestand.«

Sommer ignorierte die Frage. Solcherart wollte er kein Gespräch an diesem Tag beginnen. Er war nicht mehr im Ruhestand. Er hatte eine Aufgabe, und wenn alles glattlief, war er am Abend der designierte Führer einer Regierung. Der Präsident seines Staates.

Er erhob sich und ging in sein Zimmer, sah auf die Gesprächsnotiz vom Vortag: ›gut‹.

Alles in Ordnung. Auf sein Gedächtnis konnte er sich verlassen.

Zurück am Frühstückstisch, verkündete er, dass der Tag, nach Sichtung der gestrigen Unterlagen, keine Unternehmungen neben der Staatsgründung und der damit einhergehenden Wahl zuließ.

»Ach, der Quatsch von gestern«, sagte Sandra.

Unauffällig zog er sein Notizbuch aus der Jacketttasche, legte es unter der Tischplatte auf seinem rechten Bein ab und machte sich eine Aktennotiz. Die Bemerkung seiner Frau hatte ihm nicht gefallen. Er schrieb einen kurzen Vorfallsbericht. Darunter notierte er: ›Subversiv; im Auge behalten.‹ Dann schloss er das Buch, steckte es ein. Wandte sich an Sandra: »Du hast gestern dein Einverständnis erklärt.«

»Du hast von einem Spiel gesprochen.«

»Keine Diskussion.«

»Du bist mit deinem Gedächtnis nicht gerade im Einklang.«

»Hast du einen Beweis für die Unrichtigkeit der Tatsache, dass du dein Einverständnis erklärt hast?«

»...«

»18 Uhr ist der erste Wahlgang«, sagte Sommer und erhob sich betont staatsmännisch. Die Anmerkungen von Sandra waren obsolet.

Im zukünftigen Präsidentenzimmer brachte er seinen ungefähren Tagesablaufplan zu Papier, wobei ihn das ›ungefähr‹ störte. Doch in diesem Haus gab es ein paar Unsicherheitsfaktoren. Und die würde er erst nach und nach beseitigen können.

Zurück im Wohnzimmer, sah er seine Frau auf der Couch. Sandra war immer noch im Schlafanzug, lackierte gerade ihre Fußnägel rot. Sie warf ihm einen imaginären Kuss zu.

»Wir gründen einen Staat«, sagte er.

»Du wiederholst dich.«

»Damit alle im Raum es verstehen.« Er straffte den gestrafften Körper nochmals. »Schließlich wollen sie ja Mitbürger werden.«

»Du bist so utopisch heute«, sagte sie sehr laut, sehr lächelnd, während sie noch auf ihre Zehen blickte. Dann sah sie ihren Mann an. »Warum sollten wir?«

»18 Uhr. Freie Wahl. Bisher gibt es einen gewissen Herrn Sommer als Kandidaten.«

Sandra schaltete schnell: »Und eine Frau Sommer.«

Die Antwort ließ sein Gesicht für den Moment zu einer Maske erstarren. »Du willst gegen mich?«

»Demokratie.«

»In Ordnung«, sagte Sommer. »Ich muss dich aber auf deine fehlende Qualifikation hinweisen.« Er musterte sie anteilnehmend. »Leider.«

»Es ist unser Staat«, sagte sie.

»Mit Nagellack wird man ihn kaum an die Spitze bringen.«

»Mit Haarspaltereien auch nicht.«

Sommer fand keine Erwiderung. Das war dummfrech. Er verließ das Wohnzimmer. Seine Hand ergriff das Notizbuch in der Jacketttasche. Sie würde ihm seine Vision eines politischen und familiären Erfolgs nicht kaputt machen.

Die Wahlurne fertigte er aus einem Schuhkarton, den er an jeder Seite am Deckelaufsatz mit Kerzenwachs versiegelte, um eine mögliche Wahlmanipulation auszuschließen. Die Wahlvorschläge auf den Wahlzetteln ließen zwei Möglichkeiten zu. Zu kumulieren oder zu panaschieren war ausgeschlossen. Direktwahl.

Das Wahllokal richtete er, mit Hilfe zweier Stühle und eines Bettlakens, in einer Ecke der Wohnstube ein. Wahlbeobachter waren in dieser astreinen Demokratie nicht nötig.

Doch um ganz sicherzugehen, stellte er ein Foto seiner geschätzten Mutter in die Schrankwand. Ihre Augen waren direkt in die Wahlkabine gerichtet.

Sandra stand schon vor Öffnung des Wahllokals im Raum. Sommer nahm es befriedigt zur Kenntnis.

Die Wahlberechtigten gaben zu hundert Prozent ihre Stimme ab.

Unter allen vier Augen der Bevölkerung des künftigen Landes erfolgte die Stimmauszählung.

Es ergab sich eine Fünfzig-fünfzig-Situation, die niemand auf der Rechnung gehabt hatte. Zumindest hatte Sommer sie nicht für möglich gehalten. Ein Loyalitätsproblem.

Der Landeswahlleiter zählte noch einmal nach. Das Ergebnis blieb dasselbe.

»Sandra, hast du eine Ahnung, was du hier tust?«, fragte Sommer.

»Ich?«

Sommer besah sich nochmals die Wahlzettel – und beanstandete die übertrieben weit geführten Kugelschreiberstriche auf einem von ihnen. Die Striche konnte er als Landeswahlleiter nicht einfach so anerkennen.

»Wahrscheinlich ungültig«, erklärte er. »Der Kandidat Jochen Sommer übernimmt erst einmal den Vorsitz einer Übergangsregierung.«

Sandra schüttelte den Kopf, sah ihren Ehemann dabei nicht an. Der Teppich schien interessanter zu sein.

Sommer registrierte es, verschob die Bewertung der Situation aber auf später. Er war eine Amtsperson. Contenance. Restriktives Handeln zum geeigneten Zeitpunkt.

»Abendbrot«, sagte Sandra.

»Staatsbankett«, erwiderte Sommer.

Sie ging auf die Neudefinition der Mahlzeit nicht ein, deckte wortlos den Tisch. Interessiert sah er ihr dabei zu.

Am Anfang ihrer Beziehung hatte er bewundert, wie sie jedem selbstbewusst gegenüberstehen hatte können, keinem Blick ausgewichen war. Und sich gefreut, dass sie ausgerechnet ihn genommen hatte, ihn, der schon damals kaum einem Blick standgehalten hatte, vor allem wenn er von oben kam.

In letzter Zeit sah sie oft zu Boden oder an die Wände, wenn er mit ihr sprach. Das war ihm schon länger aufgefallen. Und bislang mochte es ja, bei aller Unschönheit, auch noch tragbar gewesen sein. Doch es war keine Art, mit einem Staatsoberhaupt umzugehen. Musste nun anders werden. Es war nicht länger zu tolerieren, auch nicht bei einer Übergangsregierung. Eigentlich zumindest. Aber gut. Sie würde auch seine Stellvertreterin im Amt sein. Da musste er vielleicht erst einmal ein Auge zudrücken. Auch wenn sich ihr Stolz zum völlig falschen Zeitpunkt zeigte. Sollte sie ihn eben vorerst behalten.

Die gefüllten Eier sahen köstlich aus und sein Lieblingskäse stand auf dem Tisch.

Sommer nahm Platz.

Sie aßen gemeinsam, in schweigendem Einvernehmen.

Er hielt an seiner Vision fest. Staatlich und familiär.

Nur mit Sandra konnte er glücklich sein. Präsident Sommer und Frau. Die Republik der Triumphe, der glücklichen Beziehungen und der politischen Erfolge von Herrn Jochen Sommer – und Frau.

Am späten Abend teilte er als Landeswahlleiter das offizielle Ergebnis der Wahl mit. Eine Stimme war tatsächlich ungültig und wurde deshalb nicht gezählt.

Sommer war somit designierter Präsident der Republik Sommer. Sobald die konstituierende Sitzung der Regierung stattgefunden hatte, würde er diplomatische Beziehungen zu anderen Ländern anstreben.

Da würden manche ehemalige Kollegen unintelligent aus der Wäsche blicken, wenn er die diplomatische Vertretung wahrnahm und ihre Unfähigkeit mit Schweigen strafte!

Er würde genauestens prüfen, wer noch mit ihm verkehren durfte.

»Völker der Welt«, sagte er. »Schaut auf diesen Staat und die von ihm ausgehende neue Epoche in der Geschichte des Staatswesens!«

Sandra nickte. Oder nicht? Er beharrte für sich auf dem Nicken.

Dann ging sie, seit Wochen das erste Mal, vor ihm zu Bett. Er nahm es ihr nicht übel. Der Tag hatte viel Neues gebracht. Das musste das Volk erst verarbeiten. Und ein ausgeschlafenes Staatsvolk war prinzipiell zu begrüßen.

Sommer überlegte, ob er nicht vielleicht im Regierungszimmer nächtigen, die Amtsgeschäfte sofort aufnehmen sollte. Er legte sich dann aber ordnungsgemäß neben Sandra ab.

»Die Regierung muss sich konstituieren«, sagte er am nächsten Morgen.

Sandra antwortete nicht.

Er schrieb wichtige Worte auf Zettel, während er den Kaffee kühler blies. »Und diplomatische Beziehungen zu anderen Ländern müssen wir in Betracht ziehen.«

»Ich muss einkaufen«, sagte Sandra.

»Wie bitte?« Entgeistert sah Sommer seine Frau und Mitbürgerin an.

»Brauchst du was?«

»...«

»Ich geh einkaufen«, sagte sie in akustischer Zeitlupe.

Sommer erkannte wieder eine Spur Subversivität.

»Hast du ein Einkaufsvisum?«, fragte er. »Für die Aus- und Einreise?«

»Was?«

Sommer schob seinen Kaffee weg und ging in sein Zimmer. Es dauerte eine Weile, bis er wieder in der Tür erschien.

»Komm her!«, sagte er und hielt ein abgestempeltes Schreiben in ihre Richtung. »Ich habe das Visum ausgefertigt.«

»Ich kriege auch ohne den Wisch meine Kartoffeln.«

»Aber du kommst nicht zu ihnen!«

Sandra wollte eigentlich nicht streiten, wie sie erklärte. Doch sie brauchte Kartoffeln, weil es die später mit Quark geben sollte. Und sie fand den Visaquatsch übertrieben.

»Gewisse Formalitäten müssen eingehalten werden«, betonte Sommer.

Nach einem kurzen Wortgefecht gab Sandra auf.

Mit ernster Miene übergab er ihr das Visum.

Fast während des gesamten Tages beschäftigte sich Sommer in seinem Präsidentenzimmer mit den Vorbereitungen für die Amtsgeschäfte. Sandra sah er praktisch nur zu den Mahlzeiten.

Mittags aß sie stumm, während er allgemeine politische Dinge erläuterte.

Am Abend legte er ihr die bevorstehenden enormen Herausforderungen konkret dar:
- Beseitigung der die Regierung hemmenden Einflüsse
- Transformation der gewachsenen Verhältnisse
- Aufbau einer nachhaltigen Staatsplanung
- Elitenförderung
- und und und

Sie unterbrach ihn nicht ein einziges Mal, aß wieder, ohne auch nur ein Wort zu verlieren. Ob dieser konsequenten Stille selbst bei diesen gewichtigen, faszinierenden und drängenden Themen war Sommer innerlich fassungslos.

Die nächsten Tage verliefen ereignisreich.

Er gab eine Regierungserklärung ab, der Sandra beiwohnen musste.

Verfeinerte die Methoden der Kontrolle. Die Visa für die Ein- und Ausreise gab er getrennt aus. Und immer wieder betonte er den Führungsanspruch des Präsidenten.

Sandra konnte seinen euphorischen Eifer offenkundig nicht teilen. Nur widerwillig holte sie sich ihre von Staats wegen notwendigen Dokumente.

Sommer verbrachte, durch seine Position als Staatspräsident, die meiste Zeit im Büro der Regierung. Bei wichtigen

Entscheidungen zog er, wenngleich nicht immer ganz von der demokratischen Staatskunst überzeugt, auch den Rest der Bevölkerung heran. Schließlich war die Republik Sommer eine lupenreine Demokratie. Das Volk nickte die präsidialen Entscheidungen fast immer widerspruchslos ab. In Einzelfällen jedoch gab es kleine Staatskrisen wegen einer Pattsituation. Zum Beispiel als Sommer das Gesetz zur Neuregelung der Schlüsselgewalt bekanntgab, welches ihm das absolute Schlüsselrecht zusicherte. Doch dann hatte der Regierungschef das letzte Wort und konnte so die Situation bereinigen, auf Grundlage der sogenannten Präsidentenrichtlinienkompetenz. Sie war in der ersten Regierungserklärung, in der es um Regierungsverantwortung gegangen war, verlautbart worden.

Das Staatsvolk versuchte er, soweit möglich, im Land zu halten. Er verweigerte es immer wieder, Anträgen stattzugeben, den Staat für kurze Zeit zu verlassen. Er zweifelte die Notwendigkeit von Auslandsbesuchen nämlich a priori an.

Doch gelegentlich, wenn das Volk allzu sehr drängte, gab er auch nach. Wie erwartet, führte das jedoch zu Problemen: Zum Beispiel verlangte Sandra eines Tages plötzlich Geld von ihm, nachdem er wieder mal widerwillig ein Visum ausgestellt hatte. Er griff nach seiner Brieftasche – und stieß auf eine noch nicht geregelte Angelegenheit. Er steckte die Brieftasche zurück. Sah Sandra schweigend an.

»Ich muss einkaufen«, sagte sie. »Wir müssen schließlich essen.«

»Erst wenn der Staatshaushalt verabschiedet worden ist«, entgegnete Sommer.

»Na dann«, antwortete sie. »Ich wollte sowieso mal wieder fasten.«

Sommer war stolz, als es kein Abendbrot gab. Ein Staat ohne einen geordneten Haushalt kann schließlich nichts ausgeben. Dafür hungerte er gern. Aber das Magenknurren störte. Noch in der Nacht begann er mit der Ausarbeitung des Haushaltsplanes für die nächsten zwei Jahre.

Am Morgen erlitt er einen leichten Schwächeanfall. Die Tätigkeit des Präsidenten forderte ihn offensichtlich mehr, als er ursprünglich gedacht hatte. Und das Auslassen von Mahlzeiten tat ein Übriges. Doch er musste seine Pflichten erfüllen, ihnen Genüge tun. Das war er seinem Lande, seinen Wählern schuldig.

Nach einer halben Stunde, die er schwer atmend auf der Couch verbracht hatte, rief er Sandra zu sich.

»Pflichtaufgaben können und müssen auch ohne Haushaltsplan erfüllt werden«, verkündete er generös. »Sie werden dann eben nachträglich eingearbeitet.«

»Und?«

Lächelnd übergab er ihr 50 Euro.

Sandra nahm sie, zeigte ihr Visum und ging.

Jetzt funktionierte der Staat erst mal wieder. Es gab eben für jedes Problem die adäquate Lösung.

Nachdem Sommer sich erholt hatte – am kommenden Tag fühlte er sich schon wieder ganz hervorragend – engagierte er sich noch mehr als zuvor. Er vergab nötig erscheinende Visa. Erließ Verordnungen zu einem geregelten Miteinander im Staat. Erstellte Konzepte für neue Gesetze. Und ab und an versuchte er das Volk mit aufmunternden Reden über die Zukunft zu motivieren. So arbeitete Sommer fast rund um die Uhr. Opferte sich auf.

Sandra aber wurde immer unzufriedener.

Als Staatsoberhaupt fragte er schließlich gewissenhaft nach.

»Ich werde mich von dir trennen«, sagte sie daraufhin. »Erst wollte ich noch wegen deiner Gesundheit ...« Sie schnäuzte in ein Papiertaschentuch. »Nein. Ich ziehe aus.«

»Das besprechen wir in der nächsten Sitzung«, sagte Sommer.

Es war nicht das erste Mal, dass sie von Trennung sprach. Doch diesmal klang es für ihn bedrohlicher als sonst. Von Art und Tonlage her, und besonders weil sie jetzt nicht mehr nur seine Frau war, sondern auch zum Staatsvolk der Republik gehörte, ein wesentlicher Bestandteil von ihm war.

Sommer dachte nach: Ein Jahr musste es her sein, dass sie zuletzt den Beischlaf vollzogen hatten, ihr Ehebett diente ausschließlich noch der Erholung. Das war unbedingt zu ändern. Um die Bindung seiner Frau zu stärken und neue Staatsangehörige zu zeugen. Im Sinne der Staatserhaltung und des demographischen Faktors. Außerdem mochte und brauchte er Sandra.

Natürlich musste bei diesem Plan auch ein Teil seines Körpers einfach mitspielen. Er hätte nie zu diesem Neurosenklempner gehen dürfen. Und er musste diese Psychotabletten wirklich weglassen. Mit ihnen hatte diese Hängepartie im Bett doch erst begonnen. Deswegen hatte er sie ja auch gleich wieder absetzen wollen. Aber Sandra war damals der Meinung gewesen, dass seine psychische Gesundung wichtiger war als der Sex. Jetzt musste er endlich handeln, als Ehegatte, vor allem aber als Staatsoberhaupt und als einziger zeugungsfähiger Mann der Republik.

»Es wird Veränderungen geben«, sagte er.
»Ich ziehe aus«, sagte sie.
»Die Familienpolitik ist ein wichtiger Punkt.«
»Andere Männer werden mich als Frau und nicht als Mitbürgerin betrachten.«
»Ja. Das wird als Tagesordnungspunkt II besprochen. Also das Vorhaben der nicht praktikablen Trennung.«
»Der Beschluss der Trennung«, sagte Sandra. »Wann ist diese Sitzung?«
»Morgen. 14 Uhr.«
»Da kann ich nicht. Habe ich einen Frisörtermin.«
»Ohne Visum?«
»Auch ohne Visum.«
»Nicht praktikabel.«
»Ich kann nicht wieder absagen.«
»Du kannst.« Er hüstelte, griff nach ihr. »Hiermit stelle ich dich unter Arrest, da deine Anwesenheit bei der morgigen Sitzung unbedingt erforderlich ist.«
»Ich gehe, mit oder ohne Visum«, sagte sie laut. »Auch Einkaufen oder ins Café, ich mache, wozu ich gerade Lust habe.«
»Nein«, sagte er.
»Ich gehe«, sagte sie. »Und zwar sofort.«
Das Hochgefühl der vergangenen Tage, kraft dessen er den perfekten Staat entstehen sah, erhielt einen herben Dämpfer. Es war kein guter Tag für Präsident Sommer.
Er musste handeln. Er drängte Sandra ins Schlafzimmer.
»Was hast du vor?« Ihre Augen flackerten. »Ich will nicht ins Bett.«

»Auf Grund der derzeitigen Situation wird dieses Zimmer mit sofortiger Wirkung als Staatsgefängnis der Republik genutzt«, verkündete er.

»Hör auf!«

»Bis zur Klärung des Trennungssachverhaltes wirst du wegen Fluchtgefahr festgesetzt.«

Sommer stieß Sandra aufs Bett, ging hinaus, zog den bereitgehaltenen Schlüssel aus seiner Jacketttasche und ... kehrte noch einmal zurück und konfiszierte das Handy, das auf dem Nachttisch lag. Ging wieder hinaus und verschloss die Tür.

»Meinst du das etwa ernst?«, schrie Sandra.

Sommer legte das Handy auf der Flurgarderobe ab und raufte sich die Haare. Dann antwortete er laut: »Ja.« Lief danach in Gedanken versunken nervös immer wieder zwischen Flur und Wohnzimmer hin und her.

Sandra war sehr unzufrieden – das konnte er sich nicht schöndenken –, zum Glück aber noch unter Kontrolle. Doch wie waren solche Themen anzugehen? Er konnte weder auf seine Frau noch auf die Staatsbürgerin Sandra Sommer verzichten.

Der Staat musste es richten! Doch wie? Zwar befand sich die Verfassung schon in der Entwurfsphase, doch bis zu ihrem endgültigen Ausformulieren und ihrem Inkrafttreten würde es noch einige Zeit brauchen. – Aber eine Notverfassung ließ sich recht schnell erstellen! Er fertigte sie innerhalb der nächsten Stunden aus. Verabschiedete sie, trug sie laut und deutlich vor und heftete sie über das Schlüsselbrett.

Der Staat war in der gerade entstandenen Krise wieder handlungsfähig. Konnte die Belange der Bevölkerung klären.

Zufrieden verschränkte Sommer die Arme vor seiner Brust und ging im Wohnzimmer auf und ab.

Da klopfte es plötzlich von innen an die Tür des Staatsgefängnisses.

»Bitte?«, fragte er.

»Ich schiff mir gleich in die Hosen«, schrie Sandra. »Lass mich verflucht nochmal raus!«

Ihre Ausdrucksweise missfiel ihm. Aber er konnte den Beweggrund für sie nachvollziehen.

Er öffnete das Gefängnis, die Zelle, und eskortierte die Inhaftierte zur Toilette. Schloss die Tür hinter ihr und wartete.

Er hörte dem Plätschern, das bei der Verrichtung der Notdurft entstand, zu. Sie hatte wirklich dringend gemusst.

Nachdem sie den Sanitärbereich wieder verlassen hatte, wollte er Sandra zurück in den Arrest bringen. Ein Toilettengang war schließlich kein Freispruch.

Sie sah das anders. Mit den Worten »Ich bin keine Verbrecherin!« verwahrte sich Sandra gegen das erneute Einschließen.

»Ich könnte dir einen Plastikeimer zur Verfügung stellen«, schlug Sommer vor. »Dann müsstest du nicht mehr ...«

»Hast du deine Tabletten genommen?«

»Mit dir ist kein Staat zu machen«, stellte er fest und fasste sie am Arm.

Sie schlug nach seiner Hand. Er ließ sie los. Sie versuchte zu flüchten.

Die Flucht endete an der abgeschlossenen Wohnungstür. Sandra drehte sich um, sah zum Schlüsselbrett, sah zum Präsidenten. Der hatte sich kaum bewegt. Mit ernster Miene holte er den Schlüssel aus seiner Hosentasche und zeigte ihn ihr. »Du hast kein gültiges Visum.«

»Dann gib es mir!«

»Nein!«

»Warum?«

»Die Trennungsgedanken! Der Staat braucht dich.«

»Ich pfeif auf deinen Staat. Werde mit deinen Akten glücklich. Ohne mich!«

Sommer lachte über den schlechten Witz – und weil er jetzt eine verfassungsmäßig fundierte Begründung für ihren Arrest hatte. »Laut Artikel 7 Absatz 2 in Verbindung mit Artikel 4 der Notverfassung hast du mit der Verunglimpfung des Staates eine Straftat begangen«, erklärte er.

»Wie bitte?«

»Das genaue Maß der dich betreffenden Rechtsfolgen kann erst durch eine ordentliche Verhandlung vor dem Gerichtshof bestimmt werden. Bis dahin ...« Ernst sah er Sandra an, dann auf die Schlafzimmertür. »Es geht nicht anders, jetzt noch weniger als zuvor schon.«

»Du musst morgen zum Arzt«, sagte sie. »Und nimm die Tabletten!«

Hart fasste der Staatspräsident und Vollzugsbeamte die Staatsbürgerin am Arm, dann führte er sie ins Gefängnis. Verschloss die Tür und reagierte nicht, weder auf Klopfen noch auf skatologische Äußerungen.

Seine Frau war ein Problem. Die Staatsbürgerin Sandra Sommer war ein Problem. Sein drittes Problem hatte mit diesen beiden zu tun: die Zukunft der Grenzsicherung.

Die Republik konnte sich keine abwandernden Bürger leisten. Schon gar nicht, wenn es sich um die Frau des Präsidenten handelte. Ein energisches Durchgreifen angesichts der Lage des Landes war gemäß den politischen Erfordernissen unausweichlich. Gleichzeitig war sein Staat aber auch ein sozialer Staat. Also beschloss er, Sandra vor dem Einschlafen etwas zugutekommen zu lassen. Eigenhändig schmierte er ein Wurstbrot, dann ging er zu ihr in die Zelle, um es ihr zu geben.

Sie schlug es ihm aus der Hand.

Sie drohte damit, zum Fenster hinaus zu schreien und so Hilfe anzulocken.

Sommer blickte nachdenklich auf die Fenstergriffe. Dann sah er sie an und sagte: »Ich müsste dich dann leider am Bett fixieren.« Dabei kniff er seine Augen zusammen, sah aus den Schlitzen wie ein Raubtier auf seine Beute. Sandra schüttelte den Kopf.

Er ging hinaus und schloss die Tür. Verschloss die Tür. Legte sich auf der Couch schlafen.

An den folgenden Tagen jagte eine Staatskrise die nächste. Die Präsidentengattin fiel durch ihre subversive, beinah schon anarchistische Einstellung mehrmals unangenehm auf. Sie verweigerte klare Aussagen und Stellungnahmen sowie praktisch jegliche Form der Zusammenarbeit. Verunglimpfte das Staatsoberhaupt mit drastischen Äußerungen. Immer wieder musste Sommer die Sitzungen und Verhandlungen zur Zukunft des Staates, zur Weiterbehandlung seiner Frau und Mitbürgerin verschieben oder sogar abbrechen. Er sah sich genötigt, ihren Arrest aufrechtzuerhalten.

Trotz allem zeigte er sich weiter großzügig: Sandra bekam Freigänge, wenn sie das Staatsgebiet auch nicht verlassen durfte. Und er nahm die Mahlzeiten meist mit ihr ein, bereitete sie sogar zu.

Doch sie war ein Unsicherheitsfaktor. Da war er sich sicherer als je zuvor. Er war gezwungen, die Staatsgrenzen weiter abzudichten: Er brach von den beiden Schlafzimmerfenstern die Hebel ab, damit sie sich nicht mehr öffnen ließen. Auch wenn Sandra für einen Fluchtversuch aus dem zweiten Stock nicht sportlich genug schien, hätte sie doch, wie angedroht, unerlaubten Kontakt nach außen aufnehmen können.

Das hatte sie auch gerade erst versucht, wenn auch auf anderem Wege: Von ihm unbemerkt hatte sie das Handy beim Toilettengang an sich genommen. Als er sie dann sprechen gehört hatte, war er natürlich sofort ins Bad gestürmt und hatte es ihr abgenommen. Doch zu spät: Der Hilferuf hatte bereits stattgefunden, die wesentlichen Informationen zur Lage waren übermittelt. Und nun traf wahrscheinlich der angeforderte Beistand ein. Das ließ zumindest das Klingeln an der Tür vermuten. Nach dem zweiten Ding-Dong und einem Blick durch den Spion öffnete Sommer die Tür.

»Was ist hier los?«, begrüßte Sandras Schwester Eva den Präsidenten, den sie schon als Mann ihrer Schwester nicht leiden mochte. Ihr rechter Fuß stellte sich hinter die Schwelle.

»Nichts.« Jochen hob die rechte Hand wie zum Schwur.

»Sandra?«

»Schläft noch.«

»Das klang am Telefon anders.«

Sommer versuchte die Situation herunterzuspielen, zu erklären. Verhedderte sich immer wieder. Endete: »Und was willst du?«

Eva sagte es. Sie wollte Sandra befreien, und später würden sich Ärzte und Staatsanwälte mit ihm beschäftigen. Sie hatte ihn schon immer als gestört eingeschätzt, ließ sie ihn wissen.

Ihre Vorhaltungen ertrug er mit Gelassenheit, ihre Anschuldigungen mit stoischer Ruhe. Er kannte ihren destruktiven Redefluss. Betont gelassen blieb er in der Tür stehen, versperrte ihr so weiter den Weg. Hoffte sie durch Nichtbeachtung zum Weggehen zu bewegen.

Doch Eva ließ nicht locker. Bestand darauf, ihre Schwester sofort zu sehen. Wurde lauter. Jochen hörte eine Wohnungstür im Haus. Aufsehen konnte er nicht gebrauchen. Er bat Eva herein.

Sie bedrängte ihn gleich weiter. Wollte ihre Schwester sofort mitnehmen, von ihrem Mann befreien. Drohte mit der Polizei.

Da wusste er, was er zu tun hatte. Er führte die Besucherin zur provisorischen Arrestzelle. War dabei freundlich, fand es auch wirklich gut, dass sie jetzt hier war. Vermutlich hatte sie noch nichts rumerzählt. Auf die Außenwirkung wurde in ihrer Familie sehr geachtet. Ein Punkt, der auch immer für Sandra gesprochen hatte. Sollte die Familie sich doch mal in die Arme nehmen! Fest stand: Er konnte jetzt weder Sandra noch Sandras Schwester die Ausreise erlauben. Die Folgen einer Ausreise konnten katastrophal für den noch jungen Staat sein. Er erklärte Eva, dass es für alles immer eine Lösung gebe, während er den Schlüssel langsam von außen ins Schloss der Arrestzelle steckte. Dass sich alles klären würde und dann würden sie über den heutigen Tag und das Missverständnis herzhaft lachen.

Eva zeigte sich nicht interessiert an seinen Erläuterungen, wollte offenbar nur ihre Schwester schnellstmöglich sehen. Hörte nicht hin, schnitt ihm sogar die Worte ab. Und er hatte zudem auch noch Mühe, ihre Hände vom Schlüssel fernzuhalten. Schlug leicht zu. Sie schrie auf.

»Eva?«, rief Sandra.

»Unangemeldet«, rief Sommer, wandte sich mit gütiger Miene an Eva. »Besuchserlaubnis erteilt.«

»Du spinnst«, antwortete die. »Und Sandra kommt mit!«

»Ich würde eine diplomatische Lösung bevorzugen«, sagte Sommer. Seine Hand ließ er immer noch nicht vom Schlüssel.

»Ich habe immer gewusst, dass diese Heirat ein Fehler war.«

»Die Situation verstehst du nicht.«

»Für mich ist sie klar: Sandra muss hier raus.«

»Frag sie doch erst mal«, sagte Sommer. »Wir sollten nicht über ihren Kopf hinweg …«

»Wir sind sozusagen schon nicht mehr da.«

»Warte doch ab, was sie …«

»Was willst du?«

Sommer schüttelte den Kopf: »Nur das Beste. Für alle.«

»Ich weiß nur, dass du in ärztliche Behandlung gehörst.«

»Wiederhole das bitte«, sagte Sommer getroffen. Das war offene Anarchie! Ostentativ wandte er ihr sein rechtes Ohr zu.

Eva versuchte ihn von der Tür wegzudrücken. Es gelang ihr aufgrund ihrer geringen Körpermasse nicht. Aber Sommer hatte sich schnell wieder gefangen. Verließ die Position der offenen Auseinandersetzung. Lächelte, rückte, für sie überraschend, freiwillig ein Stück ab, drehte den Schlüssel um. Öffnete die Tür.

Eva und Sandra zögerten. Sahen sich an. Dann umarmten sie sich.

Diesen Moment hatte Sommer erhofft. Er nutzte ihn sofort, gab den Schwestern einen Schubs und schloss schnell die Schlafzimmertür. Drehte den Schlüssel. Ignorierte die folgenden Trommelgeräusche von den Fäusten der Inhaftierten. Ging.

Noch am selben Nachmittag bürgerte er Eva offiziell ein. Ordnete dazu vorerst die derzeit unvermeidbare Sicherheitsverwahrung auch für sie an. So waren die beiden Schwestern erst mal unter seiner Kontrolle. Er brauchte Zeit, um Lösungen zu finden. Richtig gute Lösungen. Zu viel lief noch schief. Und jetzt war doch schon wieder irgendetwas! Laut hörte er die Stimmen der Arrestantinnen – und zwar von draußen. Sie mussten es gemeinsam geschafft haben ein Fenster zu öffnen, und aus diesem riefen sie um Hilfe.

›Zunageln‹, war sein nächster Gedanke. Rasch holte er die benötigten Utensilien aus der Flurkammer. Verstaute die Nägel in der Hosentasche. Ging, den Hammer drohend in Kopfhöhe haltend, in die Zelle. Schwang ihn dann hin und her und schrie Befehle.

Er registrierte zufrieden, dass Eva und Sandra diese sofort befolgten: Sie schlossen das Fenster und setzten sich aufs Bett, die Hände unter ihre Oberschenkel geschoben, verharrten sie still. Sommer trieb die Nägel durchs Fensterholz. Behielt die Gefangenen dabei ständig im Blick.

Am Ende überprüfte er, dass sich die Fenster wirklich nicht mehr öffnen ließen. Keine Chance! Dachte an die Scheiben. Das würden sie nicht wagen. Oder?

Er wandte sich an die beiden und schüttelte, eine entschuldigende Miene aufsetzend, den Kopf. »Ich muss den Ausnahmezustand verhängen.«

»Verzeihung«, sagte Eva. »Das war unbedacht.«

»Was?«

»Das mit dem Öffnen des Fensters und das Rufen.«

»Ja«, sagte Sommer ruhig. Sie schien zu verstehen.

»Kommt nicht wieder vor«, versicherte Eva.

Jochen nickte generös. Es ging doch. Er verließ das Schlafzimmer. Schloss ab. Er hatte die Gefangenen wieder im Griff. Doch für wie lange? Er würde seine Sicherheitsvorkehrungen verschärfen müssen. Die Fenster mussten schnellstmöglich absolut dicht, auch blickdicht ... Mitten in seine Überlegungen hinein rief Eva nach dem Präsidenten und Vollzugsbeamten. In Wortwahl und Ton sehr höflich, wie er fand. Er ging zur Tür und fragte, was sie genau wollte. Sie bat darum, sich auf der Toilette erleichtern zu dürfen.

»Muss das sofort sein?«, fragte Sommer.

»Sonst kann ich für nichts garantieren.«

»...«

»Ich kann doch nicht vors Bett pinkeln!«

Sommer willigte nach kurzem Nachdenken ein. Mit ihm konnte man schließlich vernünftig reden, denn er wollte für alle nur das Beste. Er schloss auf und wies ihr sogar den Weg. Folgte ihr, bis sie plötzlich stoppte. Sich zu ihm drehte. Und ihn mit einem Taschenmesser bedrohte. Mit der Hinterlist seiner Schwägerin hatte er nicht gerechnet. Sah sie wütend an. Umklammerte seinen Hammer. Da stach sie auch schon in seine Richtung, die Richtung des Präsidenten!

Zum Glück konnte das Staatsoberhaupt dem Angriff ausweichen. Aber es verlor dabei den Hammer. War nun unbewaffnet. Und Eva stach das Messer wieder in seine Richtung, aggressiv, versuchte ihn zu treffen, vielleicht sogar umzubringen. Revolution!

Mit einem kurzen Sprint rettete Sommer sich ins Regierungszimmer. Schloss die Tür. Erschöpft lehnte er sich von innen dagegen. Die Geräusche draußen verhießen nichts Gutes.

Sie würden das Land verlassen. Schnellstmöglich. Ohne Visa. Alle beide.

Er hatte die Ausrüstung der Sicherheitsorgane vernachlässigt. Er hatte nicht gleich hart genug durchgegriffen. Er hatte ein paar Fehler zu viel gemacht. Doch die Idee war groß.

Mit fatalistischer Gelassenheit hörte er die Wohnungstür ins Schloss fallen. Die vorletzte und die letzte Staatsbürgerin hatten das Land verlassen.

Leise begann er die soeben in seinem Kopf entstandene Nationalhymne zu summen und legte dazu die rechte Hand auf seine linke Brustseite. Tränen flossen über seine Wangen.

Doch dann straffte er seinen Körper: Auch allein konnte er es schaffen. Vielleicht würden die Bürgerinnen ja zurückkommen. Auf alle Fälle würde er schon einmal vorsorglich die Zuwanderungsbedingungen vereinfachen. Gleichzeitig musste er den geplanten Haushaltsetat für die Sicherheitsorgane aufstocken. Und bis zum Inkrafttreten der neuen Verordnungen würde er den Ausnahmezustand nicht aufheben. Er hatte ihn schon viel zu spät verhängt, da sollte er nicht auch noch zu früh wegfallen.

Das Blaulicht, das durchs Fenster drang, machte ihm Mut. Brachte etwa die Polizei eines Nachbarstaates ihm schon seine Staatsbürger zurück?

⦀⦀ Karsten Beuchert ⦀⦀

Das Ei

Ich fühle mich lustlos. Ich habe nichts zu tun und möchte doch so gerne etwas tun, um die Eintönigkeit zu überwinden. Lange bin ich in meinen Wachphasen im Raum hin und her gegangen. Jetzt habe ich mich entschlossen, einfach liegen zu bleiben. Das tatenlose Gehen hat mich frustriert. Also liege ich nun auf meiner harten Matratze und starre nach oben, suche ein Muster in der makellosen Decke, das ich als Mandala verwenden, irgendetwas, in das ich meinen Geist hineinversenken kann, um nicht mehr das stupide Grau des Raumes wahrnehmen zu müssen. Doch die Decke bleibt glatt und grau und unfreundlich. So liege ich und starre und warte.

Worauf warte ich eigentlich? Mir ist, als sei eine Erinnerung in meinem Geist aufgetaucht, ein Schemen an der Mauer dunklen Vergessens, eine Erinnerung an Tage, an denen ich ebenso dalag und wartete und an denen – irgendetwas – passierte. Ich versuche, mich zu konzentrieren, das Bild festzuhalten, die Vision zu klären, doch schon ist sie in den Sumpf des Unbewusstseins zurückgesunken, aus dem sie kurz aufgetaucht war. Ich rede mir ein, dass dieses Zurücksinken gar nicht so schlecht ist. Immerhin habe ich jetzt etwas, über das ich nachdenken kann. Ich liege und denke und warte.

Sie haben mir ein Ei gebracht. Und Sand. Ich bin ihnen so dankbar: Ich habe jetzt eine echte Aufgabe! Meine

Stumpfsinnigkeit ist überwunden. Sie haben mir genau gesagt, was zu tun ist: Ich muss das Ei in warmen Sand legen. In der Mitte meines Raumes ist eine Mulde, ich hatte mich schon oft gefragt, wozu sie dient. Jetzt weiß ich es: Dort kommt der Sand hinein, und in den Sand das Ei. Anschließend muss ich auf das Ei aufpassen, indem ich vor allem die Sandtemperatur überwache. Jetzt sitze ich vor der gefüllten Vertiefung und beobachte das Thermometer. Es ist alles in Ordnung. Ich bin froh, dass ich etwas zu tun habe.

Ich denke nach. Mir ist eine Frage eingefallen, auf die ich keine Antwort finde. Ich habe sie ihnen gestellt, doch sie haben nur gelächelt und gemeint, ich solle mir selbst Gedanken machen. Ich weiß nicht, ob ich ihnen dafür dankbar sein soll. Die Frage gibt mir zusätzliche Beschäftigung, während ich den ruhenden Sand betrachte. Aber ich kann einfach keine Erklärung finden. Ich bin irritiert und ein bisschen besorgt: Es ist doch nur eine einfache Mulde im Boden. Warum also bleibt der Sand ständig gleich warm?

Es ist inzwischen wirklich langweilig, immerzu vor dem Sand und dem Thermometer zu sitzen. Es ist immer das Gleiche. Ich mag auch nicht weiter über die Wärme des Sandes nachdenken. Ich brauche Gewissheit. Ich werde den Sand wieder bis zum Grund weggraben. Ich will herausfinden, ob der Boden der Vertiefung jetzt warm ist.

Er ist kalt. Ich hatte es befürchtet. Der Boden der Mulde ist genauso kalt wie der übrige Betonboden. Und der Sand ist warm. Ich verstehe das nicht.

Das Ei. Als ich den Sand in die Mulde zurückfüllen wollte, habe ich mir das Ei genau angeschaut. Ich hatte gedacht, dass es einfach weiß ist. Aber jetzt habe ich bemerkt, dass es schillert. Ich habe es unter die Leuchtröhre gehalten und gedreht. Es schillert in allen Farben, verändert seine Erscheinung je nach dem Winkel, in dem das Licht einfällt. Was ist das nur für ein Ei? Es ist so schön! Ich wundere mich: Ich hatte vergessen, dass ich Schönheit sehen kann.

Ich möchte dem Ei nicht wehtun. Sie hatten gesagt, ich soll das Ei in den Sand eingraben. Ob es dem Ei etwas schadet, wenn ich es auf den Sand lege, oder, sagen wir, wenn ich es halb eingrabe? Ich möchte es doch immer betrachten. Es lenkt mich ab. Ich traue mich nicht, sie zu fragen. Vielleicht würden sie mir sagen, dass das Ei unbedingt vergraben sein muss. Ich rede mir ein, dass es dem Ei nicht schadet, wenn ich es nur halb eingrabe. Es ist so schön.

Ich habe sie gefragt, womit ich das Ei sauber halten kann. Die Farben scheinen mir matter zu werden. Ich dachte, wenn ich das Ei säubere, glänzt es wieder wie vorher. Ich glaube, sie haben mich ausgelacht. Aber ich habe mich nicht darum gekümmert. Nimm einfach warmes Wasser vom Waschbecken, haben sie gesagt, aber lass das Ei nicht zu lange außerhalb des Sandes. Doch das würde ich sowieso nicht tun.

Ich wasche das Ei jetzt jeden Morgen. Ich habe das Gefühl, dass es nun noch schöner glänzt. Die Kontrolle des Thermometers ist mir inzwischen egal. Der Sand hatte so lange die richtige Temperatur, warum sollte das plötzlich anders sein?

Das Ei verändert sich. Es schillert jetzt nicht mehr in allen Farben, sondern glüht in einem hellen Blau, wenn ich es unter die Röhre halte. Ich bin beunruhigt, weil ich nicht weiß, was das zu bedeuten hat, aber ich sage nichts, weil das Ei nun vielleicht noch schöner ist als früher. Ich fahre mit dem Finger über die Schale. Sie ist so glatt, so angenehm glatt.

Sie haben mich gefragt, ob das Ei seine Farbe ändert. Das hat mich erschreckt, denn woher konnten sie das wissen? Ich wollte lügen, doch sie hatten mein Erschrecken schon gesehen und verstanden. Das ist gut, sagten sie lächelnd, und ich atme auf, weil es gut war. Es ist alles in Ordnung mit meinem Ei. Ich bin wieder glücklich.

Sie stehen jetzt andauernd vor meinem Raum. Ich weiß nicht, warum sie das tun, aber es beunruhigt mich. Ich habe sie gebeten zu gehen, aber sie haben gesagt, sie müssen hierbleiben. Ich kann nichts gegen ihre ständige Anwesenheit tun. In mir steigt das Gefühl auf, ich muss das Ei gegen sie beschützen. Sie sehen alle so ernst aus.

Ich höre ein leises Pochen. Ich frage, was sie wollen. Sie sehen mich erstaunt an. Ich frage, warum sie so leise klopfen. Sie schauen sich gegenseitig an, dann hören auch sie das leise Pochen. Sie murmeln etwas von hervorragender Akustik und scheinen stolz darauf zu sein. Dann zeigen sie auf das Ei, das Pochen kommt von dort. Aber sei unbesorgt, sagen sie, es ist alles in Ordnung. Ich schaffe es nicht, unbesorgt zu sein.

Sie sind nervös. Ich spüre es ganz deutlich. Auf irgendetwas warten sie. Ihre Nervosität überträgt sich auf mich, ohne dass ich den Grund sehen könnte. Ich betrachte mein Ei. Es scheint immer schöner zu werden. Ich kann meinen Blick kaum noch von dem Farbenspiel auf seiner herrlich glatten Schale abwenden, in jeder neuen Wachphase ist es auf wunderbare Art anders. Doch irgendwie beunruhigt mich das Ei plötzlich. Ich weiß nicht warum.

Ich wache auf. Sie schlafen noch, doch etwas hat mich geweckt, leise, am Rande des Bewusstseins. Ich drehe langsam den Kopf, mein Blick trifft auf die Sandmulde mit dem Ei. Ich erstarre. Ich kann, ich will nicht glauben, was ich sehe. Ich springe auf. Es ist wahr! Meine Knie geben nach. Ich schlage die Hände vors Gesicht, noch bevor mein erstes Schluchzen durch den Raum hallt. Tränen laufen über meine Wangen und erzeugen nasse Flecken auf meiner Kleidung, auf dem Boden. Auf der geborstenen Schale meines Eis.

Sie stehen neben der Sandmulde. Sie betrachten dieses nackte, Ekel erregende Etwas. Dann nehmen sie es vorsichtig auf und tragen es hinaus. Ich kann es nicht fassen: Diese abstoßende Kreatur tragen sie hinaus, als ob sie das Wertvollste auf der Welt wäre – dieses widerwärtige Geschöpf, das mein Ei kaputtgemacht hat, mein Ei, das ich so sehr geliebt habe!

Sie sind wieder da. Meine Fäuste sind wund von verzweifelten Schlägen gegen unnachgiebigen Beton. Sie umstehen mich und betrachten mich verwundert, ja fast ein wenig ehrfürchtig. Ich blicke zu ihnen hoch. Sie setzen mir einen Helm auf. Ich wehre mich nicht. Vergiss, sagen sie. Ich kann nicht!, schreie ich. Vergiss, sagen sie. Wie denn?, schluchze ich. Vergiss, sagen sie. Ja, sage ich. Vergiss, sagen sie. Was?, frage ich. Sie sagen: Gut, das ist sehr gut. Ich schlafe.

Ich fühle mich lustlos. Ich habe nichts zu tun. Am Rande meines Bewusstseins glaube ich, mich an etwas zu erinnern. Ich liege und warte.

||| Matthias Kröner |||

Die Riesenratte

Frau Konopke, seit sieben Jahren Witwe, alleinstehend, ärgerte sich jeden Abend, wenn die Jugendlichen unter ihrem Balkonfester gegen den Abfallcontainer traten. Zwei Polizeieinsätze hatten zu nichts geführt.

Seit sie sich vorstellt, dass eine Riesenratte in dem Container wütet, muss sie über die Vorfälle lachen. Sie sieht ein enormes Tier, wie es mit seinem behaarten Buckel gegen die Wände des Müllbehälters rumst. Wenn die Jugendlichen an manchen Abenden vergessen, den Abfallcontainer zu malträtieren, erscheint Frau Konopke auf dem Balkon und reizt sie.

Sobald sich die Jugendlichen wieder normal verhalten, verschwindet sie in der Wohnung. Dann lächelt Frau Konopke, seit sieben Jahren Witwe, alleinstehend, während die Ratte wütet.

ıııı Gabriele Behrend ıııı

Vulcaniella Pomposella

Vulcaniella Pomposella lag rücklings auf dem Bett, strich sich über den wogenden Leib und stierte Löcher in den Vormittagshimmel, der blau vor dem gekippten Fenster lungerte. Eine ganze Weile lang balancierte sie eine Pfauenfeder, die, nur von ihren Lippen gehalten, das Himmelsblau in weiten Bögen von links nach rechts durchmaß. Dann drehte sie den Kopf nach links und ließ die Feder auf das Kissen segeln: Sie hatte Hunger.

Das Klingeln der Messingglocke riss den im Nebenzimmer weilenden Morten aus seinem leichten Schlaf. Vulca verlangte es nach Nahrung, nach Nachschub, und zwar schnell. Hastig griff er nach den im Augenblick bevorzugten Tüten eines belgischen Waffelsortiments und eilte ins Schlafzimmer. Dort fand er den wuchtigen Körper Vulcaniellas bereitliegen, ein gewohntes Bild, und doch hatte es sich in seiner Wirkung verändert: War es ihm früher, als das Füttern ihm noch große Freude bereitet hatte, stets pure Verheißung gewesen, so hatte es nun auch etwas Deprimierendes, weil sie ihn inzwischen, kaum dass er die Tüten abgestellt hatte, aus dem Zimmer jagte und sein Fütterungsakt somit um den aufregendsten Teil gekürzt war. Er durfte nicht mehr zuschauen, wenn sie sich Essen zwischen die wulstigen Lippen schob, er durfte nicht mehr erleben, wie sich ihre Backen füllten, er durfte dem Kauen und Schlucken nicht mehr lauschen. Es war aus mit dem Spaß. Allein der flüchtige Blick, den sie ihm auf ihren schwellenden Körper erlaubte, wenn er die Nahrung in das Zimmer brachte, hielt ihn bei der Stange. Und manchmal, wenn Vulca schlief, konnte er unbemerkt in den Raum huschen, über ihre Schenkel streicheln und die Fülle ertasten, die allein sein Verdienst war.

In diesen Momenten pochte sein Schritt. Das Blut schoss ihm heiß in die Wangen. Wenn er dann Vulcas adipösem Schnarchen lauschte, wenn er somit die Tiefe ihres Schlafes abschätzte und diese ihm groß genug erschien, dann kam es mithin vor, dass er begann, seine Schwellung an ihrem Fuß zu reiben, ein köstliches Vergnügen, in aller Stille genossen. Wenn er nur daran dachte ...

Doch er durfte sich in seinen Träumen nicht verlieren: Schon streckte Vulca ihm ihre fleischige Hand entgegen, auffordernd, befehlend. Und da er nicht sofort reagierte, gurgelte sie auch gleich: »Her damit!« Dann grapschte sie bereits nach den Waffelpackungen. Morten, wieder ganz im Hier, reichte ihr das Gewünschte eilends.

Als sie die erste in Gold und Schwarz bedruckte Zellophantüte aufriss, stand er noch im Zimmer. Gerne hätte er einen Kuss erhascht, so wie früher, als er noch alles für sie war und nicht nur ihr Laufbursche. Und wenn er schon nicht mehr Zusehen durfte ... »Hau ab«, fauchte sie und warf mit dem Verschluss nach ihm. Er verfehlte Morten, aber nicht seine Wirkung. Morten trat den Rückzug an. Vulca drehte sich auf die Seite und machte sich über die Waffeln her.

Die ersten Hände voll wurden hastig und voll Gier vertilgt. Sie dienten dazu, das Loch zu stopfen, das sich in Vulcaniella aufgetan hatte. Die nächsten Hände voll wurden mit Appetit und Freude gegessen: Wie der Brei aus zerkautem Backwerk süß im Mund klumpte und die Seele streichelte! Der Rest, der drankam, wenn sich der Magen bereits verweigerte, weil zu viel in zu kurzer Zeit in ihn hineingestopft worden war, wurde aus Pflichtgefühl gegessen.

Die erste Packung war vernichtet. Einen Moment lang polkte Vulcaniella unentschlossen mit der Zungenspitze in ihren Zähnen herum, dann riss sie die zweite Tüte auf. Zwar war der Hunger an sich gestillt, dafür aber war jetzt ihr Fresstrieb geweckt. Und von diesem ließ sie sich gerne an ihre Grenzen führen und darüber hinaus. Denn hatte sie diese erst einmal überwunden, ging es nur noch um die Sensation des Genusses – und bei Waffeln hieß das, die zweite Tüte musste her, die dritte und manchmal auch die vierte.

Als sie fertig war, strich sie die Zellophantüten, eine nach der anderen, glatt. Dann trennte sie die Tüten vorsichtig auf, streckte die Arme der Decke entgegen und ließ die Zellophanblätter nacheinander niedergleiten. Das erste segelte an ihrer Körpermasse vorbei und landete auf dem Fußboden. Das andere aber legte sich über den rechten Knöchel. Vulca betrachtete es interessiert. Spürte die Wärme, die sich unter dem Plastik entwickelte. Hielt still. Kam zur Ruhe.

Nach einer Weile sah sie sich in ihrem Zimmer um. Da gab es noch mehr Knisterndes, da gab es noch mehr Folien, die inzwischen nichts Süßes mehr umhüllten. Die musste sie haben, unbedingt. Mehr Folien. Mehr Wärme. Mehr Ruhe. Sachte rollte sie sich an die Bettkante, schwang die dicken Unterschenkel darüber und suchte Halt auf dem Boden. Ihre Füße schienen viel zu klein und zart für den massigen Körper, als sie sich nun erhob. Nach Tagen bewegte sich Vulcaniella zum ersten Mal wieder durch ihren engen Raum. Es schwindelte ihr von der ungewohnten Tätigkeit, sogar so sehr, dass sie schließlich auf die Knie fiel, um ihren Kreislauf zu stabilisieren und nicht völlig zu kollabieren. Der Aufschlag erschütterte noch den Boden im Nebenzimmer. Auch Morten bekam dadurch mit, dass Ungewöhnliches vor sich ging. Schon war er auf dem Sprung. Das Messingglöckchen aber ertönte nicht, und so musste er draußen bleiben.

Als Vulcaniella ihren Schwindelanfall überstanden hatte, ließ sie sich auf alle Viere nieder und kroch sodann auf dem Boden umher. Ein Bonbonpapier nach dem nächsten sammelte sie ein, dazu Zwischenblätter aus Pralineepackungen, Schokoladeneinwickelpapiere, Kekstüten und so weiter. Alles was sie fand, warf sie auf das Bett. Dies ging so lange, bis der Boden, ehemals nur an wenigen Stellen zu sehen, besenrein war. Erschöpft lehnte sie sich an den alten Kleiderschrank, die Beine von sich gestreckt, und sah zur Decke. Dort kreiste oberhalb ihres Doppelbettes immer noch das Mobile aus Schmetterlingen. Bis auf das Bett war alles beim Alten geblieben. Ihre Mutter, Gott hab sie selig, hatte nichts verändert an Vulcas Kinderzimmer, hatte nichts verändert in der Wohnung, die Vulca damals schon nicht hatte verlassen wollen, aus der sie gleichsam hatte herausgestoßen werden müssen – in ein Leben, das sie nicht begeisterte, zu keinem Zeitpunkt. Bis sie Morten kennen lernte. Das war kurz bevor ihre Mutter Hilfe brauchte. Altersdemenz. Alleine wohnen? Unmöglich. Vulca flatterte auf riesigen Schmetterlingsflügeln nach Hause, mit

Morten und einem Doppelbett unter dem Arm, versorgte die Mutter, genoss Mortens Zuwendung, kochte, hielt die Wohnung in Schuss, wischte Scheiße weg, gönnte sich etwas Süßes hier und da, mal mehr, bald nie weniger. Bis die Mutter eines Tages stürzte und die OP im nahegelegenen Suitbertus-Hospital nicht überstand. Als der Sturz geschah, war Vulca gerade im Schmetterlingsgarten gewesen, hatte sich einen Tag frei genommen, nur einen Tag. Hatte die Mutter in Mortens Schutz gewähnt und sich keine Sorgen gemacht. Nun ja. So ein Ausflug hat mitunter Folgen.

Vulca machte mit beiden Händen eine große Fläche auf dem Bett frei, dann wuchtete sie sich wieder auf es hinauf. Ruckelte sich umständlich zurecht, bis sie schließlich bequem saß. In der Mitte des Bettes thronte sie nun, zwischen all den Papieren und Folien, aufrecht gehalten durch ihre eigene Körpermasse. Bedächtig machte sie sich daran, ihre Fundstücke glatt zu streichen. Eine Weile arbeitete sie hochkonzentriert, doch dann konnte sie nicht länger warten – sie griff sich ein gelbes Kaubonbonpapierle, von dem ein Hauch von Zitronenduft aufstieg, leckte es voller Vorfreude und auch voller Genuss ab und pappte es sich auf das rechte Knie. Es blieb dort wie angeklebt sitzen, auf dem schwammigen Grund. Vulca juchzte. Dann griff sie schnell nach der Glocke.

Ein wahrer Glockensturm fuhr Morten ins Ohr. Sofort sprang er auf und eilte zu Vulca ins Zimmer. »Du wünschst?«

Vulca sah zu ihm auf. »Ich brauche mehr hiervon!«, sagte sie und hielt ihm das Kaubonbonpapier auf ihrem Knie unter die Nase. »Und englisches Toffee. Und Schokoladenkracher. Und das alles so schnell wie möglich!«

»Darf ich dabei sein, wenn du isst?« Diese Frage barg nur noch einen Hauch von Hoffnung in sich, bejaht zu werden – trotzdem stellte Morten sie immer wieder. Manchmal verachtete er sich dafür, aber er wollte, er musste sie stellen.

Vulca überlegte kurz. Dann versprach sie: »Wenn du das alles heute noch heranbringst, dann darfst du mir fünf Minuten zusehen.« Anschließend warf sie sich auf den Rücken, griff zur Pfauenfeder und legte sie sich zum Balancieren auf die Lippen. Die Audienz war beendet.

Morten, der sein Glück kaum fassen konnte, sprang schnellstens in seine Schuhe, griff nach Tasche und Geldbeutel und eilte aus der Wohnung.

Vulcaniella Pomposella schloss die Lider. Vor ihrem inneren Auge sah sie sich blank und rosa und weiß. Und von der Form her wie das Michelinmännchen, nur zarter. Natürlicher. Sie strich mit beiden Händen über ihren Speck. Kühl fasste er sich an, fest und glatt. Sie ließ ihre Hände tiefer wandern und faltete sie schließlich sittsam über ihrem Schoß zusammen.

Ihre Beine, die blieben schon lange schön geschlossen, so wie es sich gehörte. »Das machen nur böse Mädchen«, hatte ihre Mutter immer gesagt, »die Scheune weit offen stehen lassen, so dass jeder seinen Mist dort einfahren kann, pfui Deibel!«

Vulca war 13 Jahre alt gewesen, als sie den logisch und landwirtschaftlich gesehen unsinnigen Spruch das erste Mal von ihrer Mutter gehört – und nicht ganz verstanden – hatte. Mittlerweile, 31 Jahre später, wusste sie natürlich genau, was mit ihm gemeint war. Es hatte ein paar Bauern gegeben, die es ihr gezeigt hatten. Auf diese Erfahrungen war sie nicht stolz und schnell hatte sie sich entschlossen, ihr Tor niemals wieder zu öffnen. Das brachte nichts, das war ganz und gar Zeitverschwendung.

Gedankenverloren schob Vulca sich ihren rechten Daumen zwischen die vollen Lippen: Unter dem Fingernagel saß noch eine Spur Vollmilchschokolade. Sofort begann sie zu saugen und zu schlucken. Eine wahre Pracht für den Betrachter! Wäre nur Morten da gewesen!

Aber Morten war unterwegs und es würde noch eine ganze Weile dauern, bis er wieder zurückkehrte. Vulca ergriff eine Handvoll Papierchen und strich sich damit über die Haut. Es knisterte verlockend, es duftete betörend. Sie wand sich auf der Matratze. Wenn doch nur, wenn doch nur … Ihr kam ein Gedanke, der in seiner ganzen Ungehörigkeit so seltsam war, so fremd, dass sie nach Luft schnappen musste. Aber warum nicht? Hatte sie Morten nicht losgeschickt, damit er ihr Papierle brachte? Papierle im Übermaß? Wo blieb er denn so lange? Mürrisch fügte sie sich ins Warten.

Am frühen Abend waren ihre Nerven derart angespannt, dass sie bei jedem Schritt auf der Treppe aufmerkte, doch nie war es der richtige Ton, der richtige Klang. Nie war es Morten, immer waren es nur die anderen Mieter im Haus oder deren Besucher. Ach, wie sehr ersehnte sie Mortens Schritte zu hören, das Schaben und Kratzen, wenn er den Wohnungsschlüssel ins Schloss schob, und vor allem die Geräusche, wenn er die Tür dann endlich öffnete und in den Flur kam!

Und wie sie sich diesen Moment so vorstellte, wieder und wieder, musste Vulcaniella auf einmal an die Geräusche denken, die sie damals als Kind gehört hatte, wenn von Zeit zu Zeit behutsam gesetzte Schritte am späten Abend vor ihrer Zimmertür hielten, die Klinke mit Bedacht hinuntergedrückt wurde, das Türblatt langsam über den hochflorigen Teppich schabte und die Schritte dann in ihr Zimmer hineinführten. Sie erinnerte sich an den Duft von Tannenhonig und an faltige Altmännerhände in der Nacht. Und immer, immer hatten die Schmetterlinge über sie gewacht. »Du bist eine von uns, Vulcaniella«, hatten sie gezirpt, »eine von uns.« »Du bist ein süßes Dingelchen«, hatte es neben ihrem Gesicht geächzt. Dann hatte der Großonkel, Imker seines Zeichens, ein Honigglas aufgemacht und sie von dem würzigen Sirup kosten lassen. Er hatte seinen Daumen tief ins dunkelbraune Süße gesteckt und die Masse dann auf ihre Lippen tropfen lassen. Vulca hatte nicht gewusst, dass es falsch war, was der Onkel da trieb. Sie hatte nur gewusst, dass es gut schmeckte und dass man sich hinterher nicht die Zähne putzen musste. Sie hatte also in der Dunkelheit gelegen und an des Großonkels Daumen gesaugt und gelutscht und war sanft hinübergeglitten in einen honiggeschwängerten Schlaf.

Um was es dem Großonkel bei der ganzen Sache gegangen war, davon hatte die kleine Vulca nichts geahnt. Auch nicht als eines Abends die Mutter in das Kinderzimmer geplatzt war: Die Tür ging, das Deckenlicht flammte auf, die Mutter sah zu ihnen hinüber und erstarrte. Dann kreischte sie los, packte den Großonkel am Kragen und warf ihn aus dem Zimmer. Er sollte es nie wieder betreten dürfen und die Wohnung auch nicht. Und selbst der Honig war seitdem aus Kinderzimmer und Wohnung verbannt. Letzteres sorgte, gepaart mit dem hysterischen Auftritt der sonst eher ruhigen Mutter dem Onkel gegenüber, dafür, dass Vulca für lange Zeit überzeugt davon war, dass Honig etwas sehr Schlimmes war. Inzwischen wusste sie es natürlich besser.

Gerade als sie versuchte, den Honiggeschmack aus der Kinderzeit wieder heraufzubeschwören, ging die Wohnungstür. Ein großes Geraschel erhob sich, kurz darauf erklang ein zaghaftes Klopfen an ihrer Tür.

»Rein mit dir und dem Zeug!«

Morten kam mit allerlei Tüten bepackt in das kleine Zimmer. Wagemutig ob Vulcas seltsamer Stimmung an diesem Tag, trat er rasch an das Kopfende des Bettes und beugte sich zu ihr hinab, um ihr für seinen Dienst einen Kuss zu stehlen, doch da richtete sie sich in ihrer Vorfreude bereits halb auf. Die Köpfe stießen Stirn an Stirn zusammen, Morten biss sich auf seine Zunge, Vulca verfluchte ihn wutschnaubend. Morten flüchtete sofort aus dem Raum. Er wusste, dass er mit diesem Zusammenstoß den Kuss sowie seine fünf Minuten Logenplatz verspielt hatte, da lohnte es sich nicht, auch noch die jetzt furchtbare Laune Vulcas auszuhalten.

Nachdem Morten den Raum verlassen hatte, beruhigte sich Vulcaniella Pomposella recht schnell wieder. Der Anblick der vielen Süßigkeiten und ihrer lockenden Verpackungen half ihr dabei. Kurz darauf wühlte sie sich bereits mit Begeisterung durch die Berge an Süßigkeitenbeuteln, Pralineeschachteln und Bonbontüten. ›Alles meins‹, dachte sie. ›Alles, alles meins.‹ Und schon riss sie die erste Tüte auf.

Als Morten am nächsten Morgen durch die angelehnte Tür in das Zimmer spähte, sah er seine Angebetete nur als eine dunkle Masse auf dem Bett liegen: Im Fenster ging gerade die Sonne auf. Leise trat er ein. Er hatte schon so manche Fressanfälle miterlebt, aber das Bild, das sich ihm nun bot, übertraf alles: Vulcaniella lag rücklings auf der Decke hingestreckt, das Gesicht, das Dekolletee und die Hände mit dunkler Schokolade verschmiert. Ihren Körper, den sonst ein dunkelblauer Baumwollschlafanzug bedeckte, zierte ein Sammelsurium von bunten Papieren, die allesamt nach Kakao und anderen süßen Aromen dufteten. Die nackte Haut stach ordinär dazwischen hervor. Morten streckte die Hand nach einem immer noch eingewickelten Toffee-Bonbon aus. Wie abwesend schob er es sich in den Mund, glättete das Einwickelpapier, befeuchtete es mit seinem Speichel und klebte es auf eine freie Stelle am rechten Oberschenkel. Hastig wickelte er das nächste Bonbon aus und stopfte es sich in den Mund. Wieder glättete er das Papier, wieder beleckte er es, wieder ließ er ein Stück schwammig rosiger Haut verschwinden. So arbeitete er sich kreuz und quer vor, bedeckte nach und nach alle noch freien Stellen. Schluckend, kauend, würgend, leckend. Bald taten ihm die Kiefermuskeln weh von dem Kampf mit dem Toffee, schon lief ihm der Speichel aus den Mundwinkeln, aber das war ihm egal. Ein Papierle nach dem nächsten fand seinen Weg auf Vulcaniellas Körper. Als er gerade ihren rechten Busen verpflasterte, wurde Vulca langsam wach. Und sie genoss das wohlige Gefühl, das sich in ihr ausbreitete: die Wärme, die Fürsorge – als ob er genau wusste, was sie gerade brauchte! Sie fuhr ihm abwesend durch die Haare. Bilder der gemeinsamen Vergangenheit blitzten in ihr auf, Bilder aus Zeiten, in denen er ihr dieses Gefühl häufiger gegeben hatte. Da hielt sie inne und strubbelte ihm schließlich kurz und ruppig über den Kopf. Morten sah ihr in die Augen, dann schob er ihr kommentarlos eine Minzschokoladenstange zwischen die Lippen. Sie lächelte kurz und konzentrierte sich aufs Kauen und Schlucken. Und noch während sie dabei war, hielt Morten ihr das zugehörige grüne Papierle auch schon auffordernd vor die Nase. Sie ließ ihre Zunge vorschnellen, leckte das Zellophan an. Daraufhin drehte sie Morten ihre rechte Wange hin. Mit einem Streicheln klebte er die Folie auf Vulcas Haut. Vulcaniella Pomposella verzog die Lippen zu einem breiten, zufriedenen Grinsen. Dann jedoch rieb sie ihre Oberschenkel aneinander, ein Zeichen für Morten, sich dem einen unangenehmen Vorgang an diesem wunderbaren Morgen zu widmen. Mit flinken Händen tauschte er den Urinbeutel aus, der an dem Katheterausgang angeschlossen war. Dann fragte er sie: »Frühstück?« Sie nickte. »Besondere Wünsche?« Sie blinzelte. Dann sah sie zu dem Mobile empor, dachte an den vorigen Tag und die Erinnerung an den Großonkelimker mit seinem Honig. Der Honig. Ja. »Honig«, schnurrte sie. »Bring viel Honig! Den flüssigen.«

Auf dem Weg zur Bäckerei, auf den er sich eiligst gemacht hatte, fragte Morten sich, was mit Vulca passiert war – seit dem Tod ihrer Mutter war sie stets kühl zu ihm gewesen, hatte ihn behandelt wie einen Sklaven. Hatte ihm Freuden verwehrt und Ungemach bereitet. Er hatte zwar bleiben dürfen, das ja, aber nur um sich um ihre niederen Belange zu kümmern. Alles andere, was zwischen ihnen einst gewesen war, schien vergessen gewesen zu sein.

Er fand keine Antwort. Doch er wusste: Dieses Aufwallen von Zuneigung wollte er auskosten, und er malte sich vielfältige Dinge aus, die man mit dem goldenen Blütensaft anstellen konnte. Bestens gelaunt kaufte er Honig, Schrippen und auch noch diverse Sahneteilchen und trat den Heimweg an.

Zuhause angekommen fand er Vulcaniella in fieberhaftem Eifer gefangen. Sie entkleidete hurtig Bonbons und Pralinen und stopfte sich die nackten Süßwaren in den Rachen oder warf sie vor sich auf die Bettdecke, egal ob das ein oder andere Naschwerk auf den Boden fiel. Die Verpackungen wurden geglättet, gestriegelt, platt gemacht, kurzum: dafür vorbereitet, auf ihre Haut geklebt werden zu können. Der Rücken war schließlich noch ganz und gar bloß. Auch er sollte Wärme und Ruhe erfahren.

»Ich habe dir etwas mitgebracht!«, erklärte Morten, in der Tür stehend, fröhlich-lüstern, die Tüte mit den Sahneteilen in der Luft schwingend.

Vulca streckte ihre Hand nach ihr aus, bekam sie schließlich zu fassen. Griff hinein, rupfte die Trennfolien heraus und warf Morten danach die Tüte samt Inhalt an den Kopf. »Was soll ich denn damit?«, fauchte sie ihn an und hielt ihm die durchsichtigen, ganz und gar schmucklosen Folien unter die Nase. Morten wusste nichts darauf zu erwidern. Schon zog er seinen Kopf schildkrötengleich zwischen die Schultern. Da erinnerte er sich an den Honig, griff in den Einkaufsbeutel und zog eine Quetschflasche ›Sommertracht‹ hervor. »Ist das mehr nach deinem Geschmack?« Gnädig gestimmt nahm sie die Flasche entgegen. Ein Danke indes kam ihr nicht über die Lippen.

Morten angelte sich eines der verschmähten Sahneteilchen, biss hinein und sah Vulca zu, wie sie die Papierle von sich abstreifte, die nach der Nacht, dem eifrigen Süßigkeiten-Auswickeln und den aufgeregten Bewegungen von gerade eben noch an ihr hafteten. Dann wurde Papier für Papier, Folie für Folie, abgefallen jetzt oder zuvor, aufgeklaubt, geglättet und auf einem extra Stapel gesammelt. Als Vulca damit fertig war, legte sie sich in ihrer fleischesrosigen Pracht präsentierend vor Morten und griff sich die Flasche ›Sommertracht‹, ließ den Verschluss aufklacken und drehte sie um. Mit beiden Händen hob sie sie in die Höhe, dann drückte sie mehrmals kräftig zu. Der Honig klatschte in dicken Tropfen auf ihren Bauch. Jetzt holte Vulcaniella Morten dazu. Nur ein kleines Zwinkern, ein winziger Ruck mit dem Kopf, schon lag er auf Knien neben ihrem Bett und verrieb mit beiden Händen den Honig auf ihrem Oberbauch. Er rieb sich in einen Rausch. »Mehr«, bettelte er, »viel mehr!« Und sie gab ihm mehr, spritzte den Rest der Flasche auf Brust und Dekolletee, auf Schultern und Arme. Als die erste Flasche leer war, warf Vulca sie achtlos weg. Auffordernd blickte sie Morten an. Der griff sich die nächste Flasche, öffnete den Verschluss und drückte sie Vulca in die Hände. Vulca ließ die nächste Flasche Honig Ladung für Ladung auf ihren Leib klatschen, und Morten rieb, schmierte und massierte. Als auch dieser Honig auf der schwammigen Haut verrieben war, sackte er erschöpft zusammen. Er verschnaufte für einen Moment.

»Geh und wasch dir die Hände!«, kommandierte sie da herrisch. »Danach darfst du mir noch einmal helfen.« »Wobei?«, fragte er verwirrt. »Bei dem Rücken natürlich. Aber vorher brauchen wir noch mehr Pralinen, mehr Bonbons, mehr Honig, von allem mehr!«

Morten sah die – inzwischen natürlich reichlich verrutschten – Folien- und Papierstapel auf dem Bett an, ebenso die bislang noch verschmähten Süßwaren, die auf dem Bett und um es herum lagen, und konnte Vulcas Wunsch nicht nachvollziehen. Dazu hatte er eigentlich auch gerade so gar keine Lust, sich zu säubern und dann wieder einkaufen zu gehen, weit weg von diesem Ort der Glückseligkeit. Er wollte in diesem Moment nur speckiges Fleisch marinieren! Doch da dämmerte es ihm, dass es ja nichts mehr gab, mit dem man weitermachen könnte, beide Flaschen waren leer … Das mit den Süßigkeiten mochte Blödsinn sein, aber Honig, den brauchten sie wirklich! Ein Ruck ging durch ihn hindurch. Er machte sich auf den Weg ins Badezimmer. Auf diesem sah er noch, wie Vulca ein Blättchen nach dem anderen von den Stapel-Häufchen nahm und auf ihren honigverschmierten Busen klebte. Morten verstand – glaubte er zumindest. So hielten sie gewiss viel, viel besser!

Vulca fühlte sich mit jedem Papierle und jeder Folie am Körper schöner und vor allem sicherer. Es waren Schuppen aus einer anderen Welt, die sie vor dieser schützten. Und wie herrlich sie dufteten! Vulca ließ sich von einem ungekannten Hochgefühl mitreißen. Wärme kam auf, nein, nicht mehr nur von außen, durch die Folien, sie flutete ihren Körper, strudelte tief in ihrem Inneren, heißer wurde es ihr, drängender. Ihre Hände fanden auf den Weg zurück zu ihrem Scheunentor, doch diesmal waren sie nicht kleinmädchenhaft gefaltet. Sie näherten sich dem Tor in klarer Absicht. Und während ihre Finger über ihr Fleisch krabbelten, öffneten sich ihre Schenkel, das Scheunentor klappte langsam auf. Neugierig strich sie an ihrer Pforte entlang und spürte dabei ein Entzücken, das ihr bislang fremd gewesen war. Sie wollte mehr davon! So wurden ihre Finger mutiger, klopften und kneteten, bis sie auf eine Spur Feuchtigkeit trafen. Vulca hielt inne. Dann führte sie ihre rechte Hand vom Schoß zurück, schnüffelte daran und stöhnte leise auf. Dieser Duft! Er berauschte ihre Sinne. Das Drängende in ihr wuchs ins Unermessliche, und so schob sie ihre Finger entschieden in die jetzt wahrlich nektargeschwängerte Blüte hinein, die sich hinter dem Tor verbarg – und stieß auf den Katheterschlauch. Sie zog die Hände sofort zurück vor der Wirklichkeit. Mit einem Ruck klappte das Tor wieder zu. Scham vernebelte ihren Geist. Dieser grässliche Schlauch! Aber sie kam nicht ohne ihn oder die Bettpfanne aus. Sie wünschte sich in diesem Moment, dass es anders wäre. Doch sie hatte schon lange ihr Badezimmer nicht mehr von innen gesehen, nicht zuletzt weil sie nicht mehr durch die Tür passte. Aber wie gut, dass es Morten gab: Jeden Abend wusch er sie, einmal die Woche säuberte er ihre Haare mit Trockenshampoo und immer, wenn es nötig war, schnitt er ihr die Nägel an Fingern und Zehen. Morten, Morten. Ihr ganzes Leben wurde von Morten getragen. Richtig, ihr ganzes Leben! Vulcaniella erschrak bei diesem Gedanken. Dann dachte sie an ihren Plan, an die Möglichkeit, die er bereithielt, sie dachte daran, dass ihre Mutter sie als Baby einen Engerling genannt hatte, sie dachte an das Schmetterlingsmobile über ihrem Bett und ganz zum Schluss dachte sie an ihren Namen und an seine Bedeutung. Eilends nahm sie ihre Klebearbeit wieder auf. Das Werk musste beendet werden!

Als Morten mit Honig und neuen bunten Verpackungen heimkehrte, freute sie sich tatsächlich nicht nur über die Süßigkeiten, sondern auch über ihn, vielmehr: über seine Hände. Denn mit ihrer Hilfe würde sie viel schneller völlig plakatiert sein, eingehüllt in die beruhigende Wärme schokoladiger und zuckriger Süße.

Doch damit dies gelingen konnte, mussten mehr Papierle frei zur Verfügung stehen. Also riss Vulca die Tüte mit den Fruchtkaubonbons auf – hier fand sie die Papierle besonders schön – und wickelte einen nach dem anderen aus. Aus Gewohnheit fand hier und da mal ein Himbeer- oder ein Zitronenbonbon den Weg in ihren Mund, aber das Kauen, Schmecken und Schlucken war tatsächlich eigentlich schon längst egal. Die meisten enthüllten Bonbons warf sie daher gleichgültig auf den Boden. Die Papierle hingegen breitete sie voller Hingabe auf ihrem Bett aus, genoss ihre Pracht.

Als sie mit der Tüte durch war, strahlte sie Morten an, der ihr Treiben die ganze Zeit erwartungsfroh verfolgt hatte, und nickte ihm leicht zu. Dann klebten und pappten sie beide so lange, bis kein Zentimeter mehr frei war, Blättchen auf Vulcaniellas Vorderseite. Danach rollten sie sie auf die Seite, so dass Morten ihren Rücken bearbeiten konnte. Erst wurde der Honig dick auf der Haut verrieben, danach reichte sie ihm Papierle um Papierle, und Morten erschuf damit eine bunte Collage auf ihrem Rücken. Als er fertig war, rollte er sie zurück auf den Rücken. Schwer atmend sahen sich die beiden an. Dann schloss Vulca die Augen. Und Morten blieb noch einen stillen Moment an ihrer Seite sitzen, bevor er das Zimmer verließ.

Am nächsten Morgen verlangte es Vulca nach Frischhaltefolie. Auf ihr Frühstück verzichtete sie dafür überraschenderweise. Sie bestand lediglich auf ihre Orangenlimonade, die sie dann mit unbändigem Durst und in viel größerer Menge als sonst durch einen Strohhalm – direkt aus dem Glas zu trinken wie sonst, hatte sie entschieden abgelehnt – in sich hineinrüsselte. Morten war unterdessen damit beschäftigt, ihre Beine nach ihrer Anweisung zusammenzuwickeln. Seine wiederholten Fragen nach dem Warum dieser Aktion ließ sie an sich abprallen. Dafür wies sie ihn an, sie Schicht um Schicht ganz einzupacken. Morten tat, wie ihm befohlen. Die Papierle schimmerten durch die Folie und gaben dem Gesamtkunstwerk Vulcaniella Pomposella einen fast schon transzendenten Anstrich. Morten ließ sich für einen Moment von dem Anblick gefangen nehmen und verharrte in seiner Arbeit. Dann umwickelte er Vulca weiter mit hauchdünnen Lagen, Fragen stellte er keine mehr. Als die Folie zur Neige ging, schickte Vulca ihn noch einmal in die Stadt, mehr Folie und mehr Limonade holen. In der Morten-Pause lag sie auf dem wie immer fetten und verschwitzten, aber eben auch bunt verkleideten Rücken und starrte zum Schmetterlingsmobile empor, das im sachten Sommerwind tanzte. Ihre Gedanken passten sich dem Tanz an, wurden zwanglos, ziellos.

Dann war Morten wieder da, hockte sich über sie, um sie besser fassen zu können, und das Hin- und Herwinden begann von vorne. Es ging so lange, bis schließlich all ihre Bonbonpapierpracht praktisch für die Ewigkeit fixiert war. Nur die Augen, die Nase und der Mund schauten noch unverhüllt aus dem viellagigen Folienkokon.

Da tauchte plötzlich Mortens Gesicht dicht über ihrem auf, denn die eine große Frage hatte sie ihm noch nicht beantwortet. »Kannst du mir jetzt vielleicht erklären, was das alles soll?« Vulca nuschelte etwas Unverständliches in die Folie.

»Wie meinen?« Morten schob sein Gesicht noch näher über das ihre, so dass sein Atem ihre verbliebene bloße Haut streifte. Vulca konnte ihn so nah an sich nicht ertragen, sein Geruch kam ihr faulig vor. Ihr wurde es übel. Das Würgen stieg irgendwo ganz tief in ihrem Körper auf, pflanzte sich in Wellen fort und ließ den gesamten Folienkokon so heftig erbeben, dass Morten von seinem knisternden Hochsitz geworfen wurde. Er fiel in die Öffnung zwischen Bett und Kleiderschrank, mit dem Kopf voran. Das Knacken seines Genickes ging unter in dem Ächzen der Sprungfedern von Vulcaniellas Bett, in dem sich die Verpuppende noch immer in konvulsiven Zuckungen wand. Irgendwann klangen die Wellen der Übelkeit wieder ab, verliefen sie sich in der Weite des Körpers. Vulca blieb erschöpft zurück, die Augen auf das Mobile gerichtet. Die Lider wurden ihr dabei immer schwerer und fielen schließlich ganz zu. Morten war vergessen.

Vulcaniella Pomposella schlief sehr tief und sehr gut. Der Hunger, den sie stets gespürt hatte, war verschwunden. An seine Stelle war eine wohlige, weiche Sattheit getreten. Sie konnte ihren Mund endlich wieder zu etwas anderem benutzen als zum Essen oder dazu, Nahrung herbeizubefehligen. Also öffnete sie ihn und sang. Sang in ihrem Schlaf, ganz leise, ganz sacht. Sang von Sommerwiesen, rotem Klatschmohn, Löwenzahn, Hornklee. Taumelte von Blüte zu Blüte, getragen von ihrer zarten Stimme und zwei wunderschönen rotschwarz gemusterten Flügeln. Der Schlaf wollte nicht enden, und die ganze Zeit über sang Vulcaniella ihr Lied von Sommertracht und Tannenhain, von Freiheit und der Leichtigkeit des Seins.

Als der Vermieter die Wohnung drei Monate später wegen nicht gezahlter Mieten sowie Nichterreichbarkeit der Bewohner aufbrechen ließ, fand er sie nach dem ersten Augenschein so vor, wie eben eine Wohnung ist, wenn sie von heute auf morgen verlassen wurde: Alles sieht nach alltäglichem Leben aus, ist nur eben von einer – hier noch zarten – Staubschicht bedeckt. Entsprechend zügig inspizierte der Vermieter Küche, Bad und Wohnzimmer. Als er aber weiter in die Wohnung vordrang, verlangsamte er seine Schritte: Ein fürchterlicher Geruch kam aus dem hintersten Zimmer gekrochen. Kurz blieb der Vermieter ganz stehen, dann ging er zögerlich weiter, legte schließlich die Hand auf die Klinke, öffnete langsam die Tür und trat ein. Sein Blick irrte zwischen dem aufgebrochenen Foliengebirge auf dem Bett und einer dunklen, fliegenumschwärmten Masse zwischen Kleiderschrank und Schlafstatt hin und her. Schließlich sah der Vermieter zum Fenster hinüber und stockte dort mit seinem Blick.

Ein riesiger Schmetterling hockte auf der Fensterbank vor der gekippten Scheibe, ein rotschwarzer Prachtfalter. Langsam bewegte er die Flügel, die so groß waren, dass sie dabei an den Rahmen des Fensters stießen und stets etwas von dem Puder verloren, welches den zarten Schuppen der Flügeloberflächen anhaftete. Als dem Prachtfalter durch einen leichten Luftzug gewahr wurde, dass die Tür der Kammer offen stand, drehte er sich herum, kletterte, die fliegenumschwärmte Masse gar nicht beachtend, über die Überreste seines aufgebrochenen Kokons und drängte sich an dem Vermieter vorbei in den Wohnungsflur. Von dort gelangte er in den Hausflur, wo er schließlich ein großes offenes Fenster entdeckte. In dessen Rahmen hockte er sich und ließ kurz die Flügel spielen, bevor er sich in die Freiheit hinauswarf. Vom diesem Fenster des fünften Stocks aus trat er seinen Jungfernflug an – und staunend sah der Vermieter, der dem Falter nachgehastet war, dem Schwarz-Rot der Flügel hinterher, die den Prachtfalter hinfort trugen – in einem taumelnden Tanz voller Leichtigkeit.

Vulcaniella Pomposella war frei.

|||| Mimi Awono ||||

Unsicherheit

Er öffnet seinen Kopf, indem er die Schädeldecke zur Seite klappt, und greift hinein. Er packt die Unsicherheit, die sich wehrt und windet, keift und kreischt, kratzt und beißt, heftig, wild.

Er zieht sie heraus, hat sie am Kragen zwischen Zeigefinger und Daumen. Strampelnd, zappelnd hängt sie in der Luft, versucht ihm zu entkommen. Chancenlos. Ein Lächeln kriecht über sein Gesicht.

Zuversicht macht sich breit.

Er wendet seinen Kopf, schaut die Unsicherheit an, öffnet den Griff von Zeigefinger und Daumen und sieht, wie sie fällt – durch die Luft, von der Schwerkraft erfasst. Sie zerschellt am Boden, zerspringt in tausend Stücke.

Lächelnd reibt er sich die Hände, hebt seinen Kopf.

Er klappt die Schädeldecke wieder zu – und geht erhobenen Hauptes hinaus.

‖ ‖ Margarete Karetta ‖ ‖ ‖

Irritationen

Ich fahre den Computer runter. Anschließend begebe ich mich ins Wohnzimmer und schalte den Fernseher aus. Das habe ich noch nie gemacht. Denn Internet und Fernsehen sind mein Leben, denke ich mir, während ich hinüber zum Fenster gehe, um die schweren, dunklen Vorhänge zurückzuziehen. Es muss lange her sein, dass ich sie das letzte Mal aufgezogen habe. Es staubt, und zwar so stark, dass ich diese Tätigkeit des Aufziehens unterbreche, denn ich muss husten. Ich kann gar nicht mehr aufhören mit meiner Husterei, da diese klitzekleinen Staubkörner ohne Umschweife den Weg in meine Lunge finden, bis hinein in die letzten Lungenbläschen, ärgere ich mich. Hustend und spuckend zerre ich weiter an den Vorhängen, bis sie endlich auf der Seite sind, und möchte nun das Fenster aufmachen, was aber schwieriger ist als gedacht, denn die Flügel sind schon so lange verschlossen, dass die Klinke zugerostet ist. Ich benötige ein Spray, schießt es mir durch den Kopf, ja, ein Spray zum Entrosten, das ist die Lösung. Ich gehe zurück ins Vorzimmer. Dort steht ein Schrank, in dem sich eine solche Dose befinden müsste, bin ich mir sicher. Und tatsächlich, auf dem zweiten Regalbrett entdecke ich sie. Hastig nehme ich sie in meine Hand, laufe zurück ins Wohnzimmer, falle dabei fast über den kleinen Teppich, der vor dem Fernsehsessel liegt, aber kann mich zu meinem großen Glück gerade noch auf den Beinen halten. Und renne, ohne zu stürzen, weiter zum Fenster, um etwas von der Flüssigkeit in sämtliche Fugen und Ritzen zu sprühen. Anscheinend bringe ich den Entroster überall hin, wo er gebraucht wird, denn kurze Zeit später kann ich das Fenster mühelos öffnen. Doch habe ich ganz die Jalousie vergessen, die noch hochgezogen werden muss. So rüttle ich und ziehe mit aller mir zur Verfügung stehenden Kraft, um nach erstaunlich kurzer Zeit hinunter auf die Straße zu sehen, was aber nicht ganz stimmt, das mit dem Hinuntersehen, da ich sie sofort wieder schließen muss, meine Augen. Denn dieses Licht! Ich habe ganz vergessen, wie grell ein Tageslicht sein kann. Auf dem Bildschirm habe ich sie gesehen, die Sonne, natürlich, aber nicht in Wirklichkeit, ärgere ich mich, weshalb es kein Wunder ist, dass sie mich blendet, denke ich mir. So stehe ich mit zugekniffenen Augen an meinem Fenster. Nach wenigen Minuten versuche ich es erneut. Ich blinzle und öffne sie, um endlich hinunterzublicken, auf eine Straße, die mir unbekannt ist. Ich lebe schon seit Ewigkeiten in dieser Wohnung, aber mir kommt es so vor, als schaute ich heute das erste Mal auf die gegenüberliegende Häuserreihe – und auf die Berge, die dahinter in den wolkenlosen Himmel ragen. Ich wusste gar nicht, dass ich am Fuße einer Bergkette wohne, denke ich plötzlich und lache auf, immer lauter lache ich, obwohl mich irgendetwas stört, verdammt nochmal! Ich überlege, zermartere mir das Hirn. Und auf einmal weiß ich, was mich irritiert: Ich sehe niemanden! Verflucht, wo sind sie? Die Straßen müssten doch gefüllt sein mit bunten und fröhlichen Menschen. Aber alles scheint wie ausgestorben. Was mich verstört, natürlich, und ich merke plötzlich, dass die Fenster der anderen Häuser verschlossen sind. Es ist ein wunderschöner, sonniger Tag, aber sie sind zu und die Vorhänge vorgezogen oder die Jalousien heruntergelassen. Was mich auf das Äußerste erregt, denn was sehe ich, um Himmels Willen, im Internet und was schaue ich mir tagtäglich im Fernsehen an, wenn diejenigen, über die mir berichtet wird, selbst vor den Bildschirmen sitzen? Mir wird schwindelig bei dem Gedanken, dass unsere Wirklichkeit anscheinend gar keine mehr ist, sondern vorgegaukelt, was nichts anderes heißt als Fiktion. Unsere Wirklichkeit ist Fiktion, hämmert es in meinem Hirn, während ich fürchte, verrückt zu werden, denn in meinem Kopf ist nichts anderes mehr als Fiktion, immer nur diese verdammte Fiktion, was ich nicht mehr aushalte, diese Vorstellung. Ich muss sie vergessen. So schnell wie möglich vergessen, weshalb ich schleunigst die Jalousie herunterlasse, das Fenster verschließe und anschließend die dicken, schweren Vorhänge zuziehe, um nicht völlig den Verstand zu verlieren. Hastig schalte ich den Fernseher ein, bevor ich hinüber in mein Arbeitszimmer gehe, um auch den Computer wieder anzustellen. Aber ich bin nicht verrückt, sage ich mir, während ich mich hinsetze, nein, ich bin es nicht, nicht verrückt, nicht ich …

ⅲⅲ Arnd Moritz ⅲⅲ

Rahmensprung

Die Welt spricht zu Conte Narciso Nigro

»In uns sind wir alles. Du aber bist Mensch! Und in dir nur nichts und für uns der Teil, der uns wissen lassen will: Die Macht der Möglichkeit ermöglicht dir, Unmögliches zu machen. Doch bist du nichts als unser Spiel mit Teilen, die sich die Möglichkeit zu eigen machen, uns für dich berechenbar zu modellieren. Wir spiegeln uns in allen Teilen aller unserer Teile. Du aber teilst des Spiegels Bild zu einem Mosaik aus Spiegeln, das ohne dich uns bilden soll, um dir zu zeigen, woher und was wir sind.

Die Spur führt über uns hinaus! Dorthin gelangt kein Teil von uns, und auch wir selbst sind nicht ein Teil von dort und auch durch dich uns selbst nicht gut genug! Nicht einmal wir genügen dir. Wir fiebern, denn du willst uns überragen. Was, du Mensch, nur Teil von uns, erdreistest du dich uns zu zeigen?«

Die perfekte Welt des Conte Narciso Nigro

Aus seiner Récamière heraus erstreckt ein Arm sich bodenwärts, im Halbschlaf selbst die Hand graziös gedehnt gehalten. Conte Narciso Nigro ruht und billigt ihr, der Welt, die Ruhe zu, in die sie ihre Existenz ermalt. So entwickelt sich das Universum weiter, durch ihn, der erkoren ist, vor jedem Anfang, die Welt zu dulden, die sein Rahmen ist für sein Belieben. Wenn er erwacht, erwacht er somit nicht nur so, vielmehr gewährt er dieser Welt die Teilhabe an der Erfahrung seiner Gnade.

Im Jetzt geruht der Conte, seinen Geist erwachen zu lassen. Denn er ist berufen, die Welt zu gestalten, als Vollstrecker einer unverstandenen Tabula Smaragdina. Er ist der Geist, der zeitlos sich vermählt mit einem Heute, das ein Damals zu vergessen trachtet.

So atmet der Künstler seine Raumvollendung von Wohnung, Atelier, Museum. Er zelebriert sein Sein, erhebt sich in den Tag, sein nackter, makelloser Körper mit jenem Teil des Vorhanges umhüllt, der ihm die Nacht hindurch Schutz vor Dämonen verkaufen durfte. Ja, verkaufen, denn Conte Narciso Nigro lässt sich nichts schenken, da ohnehin alles, was war und ist, seinem Wir und seinem Uns entspringt. Er durchmisst die sonnenlichtgeschützte Schlafstatt mit prüfenden Augen. So als ob er all die Dinge nicht kennte, die sein Gefühl für Welt und Sein bekunden.

Conte Narciso Nigro wendet sich von der Existenz des Existentiellen ab und seinem Ebenbild im deckenhohen Spiegelglase zu.

Conte Narciso Nigro kniet in dominanter Demut vor dem wirklichkeitserhöhten Conte Narciso Nigro nieder. Zu dessen Kopf! Denn Conte Narciso Nigros Welt ist perfekt. Sie ist der Ausgleich aller Fehler dieser Welt.

Sein Spiegel ist kein Spiegel. Sein Spiegel spiegelt absolut! Die Unvollkommenheit der Welt ist Aufgabe für ihn, die Irrungen der Schöpfung auszugleichen seine Berufung. Spiegel spiegeln einfach: Aus Rechts wird Links und umgekehrt. Was aber, Vollstrecker der Tabula Smaragdina, unterscheidet schon Links von Oben und Rechts von Unten? Die Spiegel dieser Welt, sie unterscheiden mit Verstand. Sie tauschen zwar die Seiten, doch an das Oben und das

Unten wagt sich keines Spiegels Kraft. Ihm aber ist es nicht gemäß, zu knien zu seinen Füßen, denn sein Haupt ist gespiegelt zu Füßen dessen, der jetzt kniet. So fällt der Demut Herrschaft zu, ganz so wie es geschrieben steht. Glücksnahe Trauer darf Tränen perlen lassen, wenn Conte Narciso Nigro sich erhebt.

Besiegt die Symmetrie des Raumes, und verschlagen in ein Irgendwo erfühlt er jene Kraft der Zeit, die für jeglichen Zerfall im Universum alleinverantwortlich beauftragt ist. Traurig, ja gebrochenen Auges nahezu durchschaut Conte Narciso Nigro jene schräge Dichte langgesponnener Lichtparallelen, in der Herden von Staubes Fäden ziellos ihre Zeitlichkeit abtanzen.

Fragend, nach innen gerichtet, wandelt Conte Narciso Nigro im Zwischenreich von Trance und Tag durch seine Reiche antiker Möbel, Stoffe, Farben und Figuren. Der Dienstbarkeit verpflichtet sind ihm ohnehin die Wesen jenseits aller Türen, Wände, Fenster, die seine Dominien seiner Welt bevölkern.

Conte Narciso Nigro teilt sich mit

»Hinter unseren Jalousien und Vorhängen schweigt deine Stille, Welt. Denn nur durch uns bist du, wie du aus deiner Herkunft kamst. Alleine wir, Conte Narciso Nigro, sind doch dein Maß für all dein Sein und Lärmen jenseits von uns. Wir fühlen uns zwar wohl in unserem Denken. Doch es steht uns schlichtweg zu, zu fühlen, was anderen undenkbar ist. Du, Welt, springst, dank uns, aus deinem Zeitlosrahmen in jenes Bild hinein, das anfängt zu zerfallen, noch ehe wir's gemalt. Warum verfolgt uns der Zerfall des Seins in jedem seiner Augenblicke? Wir, Conte Narciso Nigro, sind selbst dann, wenn wir nicht sind. Dein Kind, die Welt da draußen, giert nach unseren Werken, durch die wir sind, was Welt, Natur und Sein als ihren Wesensteil verstehen. Was seid ihr alle drei denn ohne uns? Unser Bild ist mehr als Spiegel des Unendlichen! Es ist das Wort, von dem so oft die Rede ist. Verdreht, belegt und nie verstanden! Wir sind nicht Interpret des Seins und dessen Spiegel! Wir, Conte Narciso Nigro, sind, auf dass das Ganze in jedem seiner Teile zu dem erst wird, als das es existieren darf! Die Nacht, der Tag sind uns nicht zwei verschiedene Seiten. In weiser Vorsicht uns gebar die Sprache vormals schon des ganzen Tages Gleichheit mit seinem Gegenpart, der Nacht. So gehen wir denn jetzt im Nichtnachtlicht zum Orte unserer Kraft!«

Der Maler und sein Modell

Für Conte Narciso Nigro ist das Wesentliche der Welt Conte Narciso Nigro. Der Rest ist Zitat. Conte Narciso Nigro hat sein Modell geladen: Denise, des Meisters Göttin und Sklavin zugleich! Wenn er ruft, hat sie dort und so zu sein, wie er befindet. Wenn er erhaben dann und irgendwann sein Atelier betritt, ist der Moment gekommen, von dem an er alles Tun und Sprechen speichert. Durch eine Kamera, die seine Bühne filmt. Es ist die erste Handlung, die er hier vollzieht: der Tastendruck, der seine stumme Zeugin zur Wahrerin des Schaffens macht. Hernach und grußlos, ohne Beachtung seines Modells, wendet er sich seiner Staffelei zu und hält inne. Eine Stunde allgemeiner Zeit. Das Werkzeug des Schöpfers ist gleich ihm selbst. Allein sein Werk und sein

Malen sind das, was er zu existieren anerkennt. Er ist bei sich, damit beschäftigt, die Kraft der Farbe zur Farbe jener Kraft werden zu lassen, mit der er die sterbliche Denise unsterblich machen will.

Der Conte erlaubt dem Rest der Welt, sich für ihn zu ordnen, solange er in Trance bleibt. Denise legt sich dann, wie ihr geheißen, um zu warten bis des Meisters williger Geist geruht, seinen Blick auf ihr ruhen zu lassen. Irgendwann wendet sich Conte Narciso Nigro langsam, sehr langsam Denise zu. Seine Drehung: in ihrer Zweckhaftigkeit vollständig Selbstzweck. Ausschließlich zufällig erreicht seine Blickrichtung jenen Winkel, der die Grazie umfasst.

Sie gleicht der, als die sie diesen Tag entlassen darf, der Gottkönigin Ägyptens.

Conte Narciso Nigro steht vor der Liegenden. Bewegungslos. Ihre Nacktheit saugend. Dann, abrupt und schnell, wendet er sich seiner Staffelei zu. Feinste Pinsel verlängern seine Finger und lassen seine Sinne tönen. Es ist das Wirkliche über dem Erkennbaren, das ihn treibt die Welt zu schaffen, die höher ist als alle Welt. Er lebt und atmet das Aufgehobene im Urgegensatz von Leben und Tod. Von allen Göttinnen, die einst erglaubt, sind die ihm noch am nächsten, die ihren Status zwar gekannt, doch wussten, dass auch sie nur dienten einer Kraft, die vor allem Anfang steht.

Conte Narciso Nigro reicht Denise einen Becher

»So wirst du, Denise, durch Conte Narciso Nigro die, die ich dir hier und jetzt erlaube reinkarniert zu sein: Cleopatra!

Ihr beide, Cleopatra und du, Denise, lebt durch uns, Conte Narciso Nigro, durch alle Zeiten bis in die Endlosigkeit. Wir, nicht Caesar, Denise, sind Cleopatras Erfüllung! Durch sie lassen wir dich, Denise, zur Vollendung gelangen!

Du wirst die Cleopatra nie sehen werden, die ich durch dich, aus dir heraus, wiedererstehen lasse. Nach all der Zeit darf sie als Göttin durch uns ihren Frieden finden, den du, Denise, durch uns in Zweiheit mit der Gottheit jetzt finden wirst.

Was sie alleine finden musste, wird dir durch Conte Narciso Nigro jetzt zuteil. Doch vorher trink aus diesem Becher. Er öffnet dir die Ewigkeit und wird dich, Denise, Cleopatra im Ruhme gleich zur Seite führen!«

Denise füttert die Schlange

Lange schon muss der Conte, das ist ihr klar, dem grenzenlosen Wahn verfallen sein. Sorgen macht sie sich nie um ihren Maler. Denise belässt ihn stets in seiner Welt. Und sie genügt in ihrer sich; dies zeigt sie jedenfalls dem Meister. Denn sie genießt ihr Spiel mit ihm. Beide Mächte in ihr, Göttin und Sklavin, lenken Conte Narciso Nigro. Als Göttin ist sie seine Sklavin, als Sklavin seine Göttin. Durch die Welt erfährt Conte Narciso Nigro die Bestätigung seiner Kunst, durch Denise wird sein Wahn Wirklichkeit. Auch für Denise. Denn jetzt bricht sie als seine Sklavin auf, Göttin allein zu werden. Verspielt devot vollzieht sie ihre Unterwerfung. Sie löst sich von der Ottomane, um sich jedoch sogleich in ihrer Nacktheit vor seine Füße zu werfen. Der Conte schweigt, genießt die Devotion, aus der heraus er sie den Becher zu ergreifen heißt.

Denise wagt jetzt um das zu bitten, was er ihr sonst wohl kaum gewährte: »So lass, oh großer Meister, die kleine Unsterbliche vor ihrem Gang in die Unsterblichkeit ins ... Boudoir.«

Conte Narciso Nigro wendet sein Gesicht von seiner Geste der Erlaubnis ab. Denise springt auf, glückvoll, ihn, den Unduldsamen, im Augenblick der Duldsamkeit erreicht zu haben. Sie eilt durch den hohen, langen Gang durch die Jahrhunderte: entlang den Büsten, Büchern und Aquarien, den Gemälden, Brunnen und Terrarien.

Jäh bleibt sie vor dem Fenster eines Raumes stehen, dessen Inneres mitisgrünes Licht durchstrahlt. Ein Zimmer als Großterrarium. Ein Schild informiert über den Bewohner: Oxyranus microlepidotus, Taipan. Angstergriffen starrt Denise für Sekunden auf den Dreimeterleib des braunen Reptils. Dann hört sie in sich die Herrschaftsstimme der erwachenden Göttin. Ihr Blick fixiert die Augen der Schlange. Der Koloss reagiert und weicht dem Blick der Göttin aus. »Du bist noch nicht entlassen! Noch bin ich mit dir nicht fertig! Du kannst die Sklavin in mir haben. Nimm und friss sie, Kreatur«, flüstert Denise bestimmend durch das Panzerglas. »Jetzt bin ich Göttin! Conte Narciso Nigro, deine Denise, die war einmal.« Sie wendet sich ab und geht zum Boudoir. Im Spiegel dort prüft sie ihr Make-up, betrachtet sich in Eitelkeit, und lautlos langsam bewegt sie sich hernach zurück ins Atelier.

Den Conte sieht sie stehen vor der Staffelei. Sie spürt die Ferne seines Geistes, der abgetaucht in jene Welt, die, als Bild in diese Welt geholt, in dieser sich verleugnet. Sie fühlt, dass seine Reise weiter gehen mag, als sie erahnen kann: in eine Dimension des Unbekannten.

Sie weiß sich sicher, denn des Contes Reisen dauern. Sie kennt den Zustand der Entrücktheit ihres Meisters, der ihr die Kunst des Wartens abverlangt. Und bis zu seiner Ankunft hier, in seinem Atelier, hat sie, die Göttingewordene, die Wirklichkeit des Künstlers neu gemischt.

Die Becher stehen wohl getrennt. Der ihr vom Meister angebotene ist diwannah und achtlos auf dem Boden abgestellt. Hingegen der des Conte steht auf dem Vertiko in Fensternähe. Denise muss sich nicht mühen. Stolz, einer Göttin gleich, schreitet sie zur Ottomane. Denise neigt sich zum Becher, um ihn aufzuheben und zielbewusst zum Vertiko zu gehen. Sie tauscht den Becher gegen den des Conte aus! Raumbeherrschend geht sie an dem sich gottgleich Wähnenden vorbei zum Diwan, und setzt genauestens dort den Becher ab, wo jener stand, der ihr, Denise, gegeben war. Sodann legt sie sich auf die Ottomane, so wie der Conte es befahl.

Ein Modell für eine andere Wirklichkeit

Conte Narciso Nigro, das sei ihm eingestanden, bemüht sich redlich um den Moment. Sein Kampf ist hart. Das Waltende in der Welt lässt keinen Stillstand walten. Conte Narciso Nigro will mehr. Es reicht ihm nicht, Momente festzuhalten. Er will die Ewigkeit erfahren, ihr höchster Diener sein. Im Tiegel des Seins will er, der sich als aller Weltkunst Meister wähnt, rühren, dort, wo Raum und Zeit geboren sind.

Denise, von ihm verschmolzen mit Cleopatra, wird Zeugin einer Ewigkeit, wenn sie die Gottkönigin bezeugt. Tief, ganz tief in seinem Innern spürt der Ruhende die Macht des Zweifels in sich, die zu ihm spricht, als wolle sie ihn vollenden. Er, Conte Narciso Nigro, aber hatte beschlossen, dass sein Werk vollendet sei.

Jedoch, folgt er der Stimme, ist er ihr Diener, missachtet er den Ruf, sieht er auf andere Weise seine Größe schwinden. Conte Narciso Nigro hegt niemals Zweifel an Conte Narciso Nigro. Er schlägt den Knoten durch und akzeptiert den Ruf der Stimme herrschaftlich: kraft seines Willens verlangt sie, was Conte Narciso Nigro will.

Der Meister erwacht aus seiner Trance, erhebt sich, geht zu dem Taipan. »Dir und Denise, euch schenke ich Unsterblichkeit, heute noch, ja, jetzt gleich«, spricht der Conte dort zu dem Reptil, wo eben noch Denise ihr Seelenopfer brachte. Der Meister brennt das Bild der Schlange in sein Gedächtnis ein. Und auf dem Weg zum Atelier entsteht es neu, wie er es malen wird, wie es soll sein. Er malt Denise, so wie sie liegt, bereit für seine Ewigkeit, die er gewährt. Er malt die Schlange, als Symbol für Herrschaft, Tod und Ewigkeit. Und er malt den Augenblick, seinen Moment der Ewigkeit: Den Korb hat sie, die Zornesschlange, erst halb verlassen. Erhoben züngelt sie ihr Opfer an.

Denise liegt da, und doch, er spürt, sie ist nicht Göttin seiner Gnade. Die Wirklichkeit ist nicht mehr die, die er befahl. Sie ist wie er sie nie geschaut. Am Ende fehlt ihm das letzte Detail. Denise verfolgt gebannt den Kampf des Conte um seine Wirklichkeit aus Leinen und aus Öl. Das Bild ist für die Ewigkeit gedacht und zeitlos soll die Göttin werden. Der Maler vertieft sich in sein Bild. Denises Leib lebt in der Sterblichkeit. Doch gleich, wenn sie die Seele ausgehaucht, soll die durch ihn, den Meister, Conte

Narciso Nigro, auferstanden Einzug halten in seine neue Welt. Die Becher werden zeigen, was dieses Bild der Zeit entnimmt.

Eine Wirklichkeit und ihr Maler

Er dreht sich zu Denise. Langsam, ganz langsam. Es ist ihr letztes Rendezvous. Sie hat gedient. Denkt Conte Narciso Nigro. Und hebt den Becher.

»Dieser, Denise, ist dein Moment. Wir wollen auf ihn trinken. Er wird dich neu entstehen lassen, durch mich, Conte Narciso Nigro. Du wirst sehen, unser Kleines, doch verstehen wirst du – nichts. Jetzt trink mit mir, die Zeit ist da, die Tore sind geöffnet. Erfahre deinen Einzug in unser Rom, Cleopatra!«

Conte Narciso Nigro leert den Becher in einem Zug. Abrupt und hastig wirft er ihn durch den Raum. Eindringlich beobachtet er, wie Denise hingegen langsam den Becher zum Munde führt, den ersten Schluck probiert. Sie führt den Becher fort von ihren Lippen und schwenkt ihn spielerisch, dieweil ihr Blick den Blick des Meisters trifft. Jetzt messen sich nicht nur die Kräfte, des Meisters Atelier wird fühlbar zur Gedankenbühne, auf der Denise den Trinkgenuss zelebriert. Sie lässt den Meister warten jetzt, bis sie den Becher, ohne ihren festen Blick von den Augen des Conte zu nehmen, auf dem Boden absetzt und für die letzte filigrane Farbstruktur zur Vollendung des Gemäldes ihre Haltung findet. Der Meister sieht, dass Denise jetzt ruht, wie er gebot. Und doch ist es nicht so, wie er gewünscht. Denise, sich der Wirkung ihres Handelns sehr bewusst, verfolgt gebannt den letzten Farbenzug des Conte. Als der getan, verharrt der Meister

Minuten vor seinem vollendeten Bild. Dann wendet er sich um und schaut Denise an. Es ist ein Kräftemessen, denkt der Künstler, in dem ich unterliege. Jäh durchzieht des Meisters Körper ein schneidend tiefer Stich zum Herzen hin. Jetzt weiß der Conte, was ihn ereilt, und er sucht den letzten Halt an seiner Staffelei, die er beschwört, den Zugang ihm zu jener Welt zu geben, deren Bild er auf die Leinwand trug. »So werde ich in dieser Welt vergehen, die ich niemals gewollt, und gehe jetzt in jene, die mich schon immer zog«, flüstert der Meister, im Tode selbst den Tod in seine Schranken weisend. Conte Narciso Nigro sinkt zu Boden, sein Haupt kommt unter seinem Gemälde zu liegen.

Dialog

Denise verharrt als Wissende und spürt die Wirklichkeit, die sie beschworen und die jetzt ihr die Macht entzieht. Einzig bleibt Denise der Anblick des Conte im Augenblick. Und den will sie vollends genießen. Sie beobachtet, wie Conte Narciso Nigro mehr und mehr herniedersinkt und schließlich auf dem Boden vor der Staffelei, unter seinem letzten Gemälde zu liegen kommt. Conte Narciso Nigro richtet seine todesnahen Augen auf sie, die das Sterben des sich unsterblich gewähnt Habenden als Menschwerdung eines selbsternannten Gottes lustvoll erlebt. Und so erhebt sie sich, seine Nebensächlichkeit ihm zeigend, indem sie jenen Meister persifliert, dem sie allein als Sklavin ihr Sein zumuten durfte. Jetzt geht Denise zu ihm und kniet sich neben sein Haupt. »Willst du, Conte Narciso Nigro, deiner Cleopatra nicht den Gruß erweisen, der einer Göttin gebührt?«, fragt sie bestimmend scharf.

Mit der letzten Kraft seiner vormaligen Wesenheit hält Conte Narciso Nigro Denises Blicken stand und spricht zu ihr: »Ich ahnte es, es war in mir. Du wusstest nichts, es war in dir. Ich tat entgegen meinem Zweifel. Du tatst, was dein Zweifel dir befahl. Geh jetzt, ich will dich weiter nicht. Ich befehle dir das Ende deines Seins!«

Denise betrachtet erst anteilnahmelos ihr Opfer, dann mit kalt-interessiertem Forscherauge das braune Leinwand-Reptil. Sie erhebt sich, versucht in der einstmals typischen Haltung des Conte dessen Worte zu finden. »Dieser ist Euer Moment. Trinken wir auf ihn, Conte Narciso Nigro!«

Des Meisters Worte aus dem Munde der von ihm Geschaffenen sind fern von dem Liebreiz, den der Meister seiner Sprache zum Geschenk für seine Ohren zugewiesen. Conte Narciso Nigro ringt nach Luft und zieht sich zu der Ottomane. An ihr versucht er Halt zu finden, um seinen Oberkörper aufzurichten. »Legt Euch, großer Nigro. Legt Euch dort, wo ich gelegen habe!« Denise zieht den Sterbenden auf die Ottomane. »Hol Hilfe, schnell, Denise. Ich sterbe!«

»Ich will Euch sterben sehen, so wie Ihr mich wolltet enden sehen! Nehmt das Kissen, bettet Euer Haupt, auf dass Ihr gut aussehet, es ist für Eure Ewigkeit!«

Denise schiebt ein Kissen unter das Haupt des Liegenden.

Abschied

»Ihr werdet sterben, wie ich es sollte, Conte Narciso Nigro!« Conte Narciso Nigro spürt, dass sein Gefühl sich seines Körpers zu entledigen trachtet. Willenlos lebt sein Leib seinem Ende entgegen. Sein Atem haucht leise die gleichen Worte. Immer wieder. Immer kraftloser. »Denise, hol Hilfe!«

Er weiß, es wird aus sein. Bald. Er kennt die Wartezeit. »Denise, hol Hilfe!«

Lähmende Müdigkeit übermannt ihn. Ein letzter Blick auf Denise begleitet das Hauchen seiner letzten Meisterworte: »Ich wollte dich unsterblich wissen, unsere Denise! Leb' wohl!«

Spiegel der Wirklichkeit

Als ob nicht fassbar sei, dass sie das Unfassbare hat bewirkt, den Tod des Conte, der Unfassbares hatte selbst gelebt, kniet Denise neben dem Meister. Die Wirklichkeit hat ihr die Macht entzogen, mit der sie diese erst geschaffen. Und Denise spürt diese Macht der Wirklichkeit, der sie nichts entgegenstellen und sich nicht entziehen kann. Denise erhebt sich, schaut auf den Verstorbenen hinab und spricht zu ihm gerade so, als ob der sie zu hören noch vermag.

»Ihr seid jetzt tot, mein großer Meister, und Denise wird Euch und Euer Werk festhalten, für alle und für immer, so wolltet Ihr es doch, nicht wahr? Und dann bekommt der Taipan Futter: Euch, Conte Narciso Nigro! Bis dahin wartet Ihr, so wie ich warten, warten, warten, immer und immer warten musste, Conte Narciso Nigro!«

Alle Anspannung weicht von ihr. Ihr Blick richtet sich nach innen. Sie scheint glückliche Tage ihrer Kindheit zu durchleben. Entrückt schlendert sie zur Staffelei, macht und findet dort für Augenblicke Halt. Langsam und verspielt streicht sie mit ihren Fingern über das Gesicht der

Denise aus Öl. Lächeln überzieht ihr Antlitz. Und spielerisch, fast zufällig berührt sie mit einer Fingerspitze den Taipan. Denise zuckt zusammen. Ihr Lächeln stirbt. Ihre Gefühle befreien sich von ihrer Wahrnehmung und ihre Wahrnehmung befreit sich von der Wirklichkeit. Ihr Gesicht erstarrt. Sie ist allein. Und noch nackt. Sie zieht sich an und schaut sich um. Die Suite des toten Conte verändert sich, denkt sie und prüft des toten Meisters Kamera. Jetzt ist sie da, die Zeit der Trennung, die der Conte prophezeite, und er wird im Taipan sein Ende finden, denkt Denise. Ihr Plan steht fest. Sie wird die Tür der Schlangenkammer öffnen. Im letzten Raum des langen Ganges wird sie hernach am Schirm das Bild genießen, wie der Taipan den toten Conte schlingt. Denise beschaut das Atelier ein letztes Mal, dann geht sie in den Gang. Die Bestie hinter Glas ist wach und wartet auf die Fütterung, denkt eine Bestie vor dem Glas, verschiebt den Riegel leise und bildet sich des Meisters Stimme überwirklich ein: Mach's nicht, Denise!

Erinnerung

Der Conte schläft und spürt, die Zeit erlischt, die gut war zu erwachen. Es ist nicht mehr an ihm, zu billigen und zu gewähren. Die Welt erklärt sich unabhängig gegenüber seinem Geist. Sie ist es, die jetzt duldet, dass er sich zu erinnern weiß. Er sieht das Atelier, die Staffelei, des Meisters Bild. Und dann auch sich. Conte Narciso Nigro fühlt sich klar, doch ist sein Sehen anders!

Er sieht den Raum. Vermisst die Zeit! Er wünscht sich einen Punkt und ist in ihm. Er springt zurück, dorthin, wo er die Fäden zog. Er sieht sich deutlicher denn je. Es ist das Wirkliche über dem Erkennbaren, das ihn treibt die Welt zu schaffen, die höher ist als alle Welt. Er lebt und atmet das Aufgehobene des Urgegensatzes von Leben und Tod.

Er sieht Denise und das, was ihm entglitten, deutlich wie niemals je zuvor. Er sieht in Einheit mit dem Geschehen und ahnt, dass er im Nahtod alles Geschehen umfassend wiederholt durchlebt. Er ist befreit und kann jetzt leben, so wie er es immer wollte. Gesetze scheinen aufgehoben. Er sieht sich liegen unter sich. Im reinsten Weiß seiner Paletten. Er sieht des Meisters letzten Blick auf Denise und hört sich sagen: »Ich wollte dich unsterblich wissen, unsere Denise! Leb' wohl!« Er sieht Denise sich kleiden. Er sieht Denise im langen Flur. Er sieht sie an der Tür der Schlange und ruft ihr aus dem Zeitlosschlafe zu: »Mach's nicht, Denise!«

Er sieht Denise zucken, so als ob die Stimme sie erreicht, doch sieht trotzdem den Riegel sie dann ziehen. Die Zeit für ihn in jener Welt, es ist endgültig: sie ist um. Doch seinem Geist wird diese Welt, in der er so oft weilte, die er zu Bildern werden ließ, auch weiter Heimat bleiben.

Rahmensprung

»Das Räderwerk ist so gestellt, dass, Taipan, du zum Ausgleich das vollziehst, was meinem letzten Werk entgangen ist. Nimm meinen Körper, den ich niemals werde rebeseelen. Dann schau' dich um und sieh Denise, die dich entfesselte! Verschlossen bleibt ihr jede Tür, denn zu komplex ist unser Türschloss-Zahlencode gewählt, als dass des Menschen Zeit genügte, die Myriadenmacht der Möglichkeiten zu umfassen und Denise, die Todgeweihte, in ihre Welt von einst von hier aus zu entlassen!« So spricht der Maler, der in seinem Werke weiterlebt. »Ich bin befreit und kann jetzt sein, wie ich herbei es immer sehnte. Alte Gesetze sind ihrer Kraft entledigt. Das erste Mal betrachte ich von hier, was sich vollzieht in meiner alten Welt!«

Dort auf der Ottomane ruht Cleopatra, die er, der Conte, neu erschuf. Von ihr kriecht jetzt der Giftkoloss und züngelt schon sein nächstes Opfer an! Und wie Cleopatra schaut totenbleich der Meister.

Denn langsam, unwirklich langsam von der Göttin Brust windet sich die Zornesschlange auf ihn zu!

Jan-Eike Hornauer

Sechs aus Neunundvierzig

Deutschland nach Kriegsende. Samstagabend. Millionen Deutsche vor ihren Fernsehgeräten. Das Reichspropagandaministerium kündigt die Ziehung der Lottozahlen an. Schnitt. Eine lange Reihe von Guillotinen erscheint auf dem Bildschirm. Neunundvierzig baugleiche Modelle. Neunundvierzig Männer werden hereingeführt, vorschriftsmäßig positioniert. Im Hintergrund: Der Popcornverkäufer geht ein letztes Mal durchs Studiopublikum. Der letzte Becher für den kleinen Jungen vorne rechts. Schnitt. Kamerafahrt über die neunundvierzig vorgebeugten Juden. Über die ins kurzgeschorene Haar rasierten Nummern auf ihren Schädeln. Langsam vom Titel überblendet: ›Sechs aus Neunundvierzig – Wohlstand durch tote Juden‹. Millionenfach jetzt in deutschen Wohnzimmern: Spielquittung und Kugelschreiber. Der Slogan verschwindet. Schnitt. Ein Mann. Ein Zivilist. Ein separater Raum. Neunundvierzig Seile. Straff gespannt. Ohne Nummerierung. Uniform. An der Wand ein Beil. Schnitt. Die Juden und der Zivilist. Zugleich auf dem Bildschirm. Im Studio getrennt. Sechs Seile werden gekappt. Sechs Köpfe fallen. Schnitt. Kamerafahrt entlang der Guillotinen. Über einrasierte Nummern und manchmal Metall. Schnitt. Nacheinander die sechs Köpfe in Großaufnahme. Sortiert und kameragerecht hingelegt. Tränen des Leids. Tränen der Freude. Und alle Reaktionen dazwischen. In den Wohnzimmern und im Studio.

Später frage ich den Mann, der die Seile gekappt hat, ob er noch ruhig werde schlafen können – mit sechs Menschen auf dem Gewissen. Er sieht mich verdutzt an und sagt: »Ich? – Ich habe keine Schuld auf mich geladen.«

Niemals hätten wir den Krieg gewinnen dürfen. Wir haben das Schlimmste im Menschen zum Vorschein gebracht. Klarer noch, als es je der Fall war. Auf vielerlei Ebenen.

|ıı|ı Werner Vogel ıı|ıı

Taubstummengasse
(eine schrecklich prosaische Szene aus dem Wiener Untergrund)

Aus den dunklen Tiefen des U-Bahn-Schachtes, von dort, wo die Schienen darauf warten ihres Amtes zu walten, ertönt am 21. Dezember 2012 um genau 15 Uhr 23 eine männliche Stimme, die in ruhigem, bescheidenem Tonfall folgende Bitte vorbringt: »Verzeihung, könnte vielleicht jemand der anwesenden Damen und Herren mir behilflich sein?«

Eine kleine Gruppe Wartender versammelt sich daraufhin zögernd am hinteren Rand der gelben Sicherheitslinie. Einige murmeln einiges, einige nichts. Blickkontakte untereinander werden tunlichst vermieden. Ein über und über korrekt gekleideter Herr ergreift die Initiative und mit der rechten Hand seinen Hut, damit dieser beim folgenden gewagten Manöver nicht den Kontakt zur Glatze verliert. Der Herr stützt seine linke Hand in die leicht bespeckte Hüfte, beugt seinen Oberkörper nach vorne und starrt sekundenlang angestrengt in die Finsternis hinab. Dann richtet er sich kopf- und somit auch hutschüttelnd wieder kerzengerade auf, diagnostiziert: »Nichts zu erkennen da unten!« – und es klingt unwiderruflich. Erleichterung macht sich explosionsartig breit. Gerade als sich die Gruppe rasch wieder in ihre Einzelteile auflösen will, erhebt sich jedoch erneut die Stimme aus dem Schacht: »Sie müssen wissen, ich bin gestolpert und hinabgestürzt, sehr ungeschickt, war wohl bewusstlos. Ich habe mir den Fuß gebrochen, glaube ich. Die Schmerzen sind nicht schlimm, aber ich kann ohne Hilfe nicht mehr hochklettern. Wenn also, wie gesagt, vielleicht jemand die Güte hätte …?«

Ein junger Mann reagiert nach dieser überraschenden Mitteilung am schnellsten. Seinen iPod, den er zu Beginn der Unruhe vorsichtshalber von den Ohren abgekoppelt hat, in der Luft schwenkend, jubelt er spontan empört: »Na voll geschmeidig! Was geht denn hier ab? Da ist so ein Opfer nach unten gekippt und keiner tut was! Niemand kriegt die Sache geknickt! Ich pack's ja kaum, original endkrass …« Und noch während er spricht, läuft er schon in Richtung Ausgang. »Wohin?«, ruft der Korrekte ihm verstört nach. Aus der Ferne ist nur noch undeutlich seine Antwort zu vernehmen: »Hey, Mann, einer muss ja wohl die Presse holen und das Gemetzel hier auf Facebook posten! Geschnallt?« Und weg ist er.

Eine magere, grau gekleidete Dame, die sich ebenso unaufgefordert wie unüberhörbar als Historikerin vorstellt, vertritt hierauf vehement die Ansicht, dass der junge Mann ganz Recht habe, die Öffentlichkeit müsse über einen derartigen Vorfall schnellstens informiert werden, damit in Zukunft keine weiteren derartigen menschlichen Tragödien zu beklagen seien. Die anwesende Öffentlichkeit murmelt zustimmend. Dadurch bestärkt setzt die Historikerin ihre Äußerung fort, erinnert mit erhobenem Zeigefinger an die fatale Jahreszahl 1767, mit der niemand der Zuhörer etwas in Verbindung bringen kann. Alle nicken also. Drohend ruft die Gelehrte hierauf die Worte: »Edwin Chippendale der Jüngere und sein tragisches Oxford-Dilemma!« Auch sie prallen auf allgemeine Verständnislosigkeit und erzeugen folgerichtig ein neuerliches kollektives Nicken.

Die Stimme aus dem Schacht räumt ein: »Völlig richtig, Frau Doktor, die Parallelen zu 1767 sind verblüffend. Was mich betrifft, so möchte ich auch keinesfalls drängen oder gar Ihre Ausführungen stören, aber ich fürchte, es wird in absehbarer Zeit ein Zug in diese Station einfahren.« »Diese Behauptung entspricht durchaus den Tatsachen«, bestätigt der Hut des Korrekten, unter dem zweifellos gerade ein ausdrucksloses Gesicht eine ebensolche Armbanduhr am nah herangehobenen Handgelenk eindringlich mustert. »Und zwar laut Fahrplan in genau 13 Minuten und 32 Sekunden!« Daraufhin tritt ein anderer Herr, der stolz eine dicke Brille auf seiner hoch erhobenen Nase balanciert, etwas vor und fragt unter sich rhythmisch wiederholenden Zuckungen der rechten Schultergegend: »Nun, haben wir etwa Angst?« »Ich für meinen Teil schon!«, erwidert die Stimme etwas lauter. Der Herr zuckt weiter und wiegt dazu als Kontrapunkt beruhigend den Kopf: »Als Psychologe rate ich Ihnen: Machen Sie sich Ihre Ängste bewusst, gestehen Sie sie restlos ein!« Die Stimme wird nun noch lauter: »Aber ich gestehe sie ja ein, hier und jetzt, restlos, ohne Vorbehalte, voll und ganz!« Der Psychologe atmet und zuckt zufrieden auf: »Gut, das ist immerhin ein erster Schritt! Ein zweiter wird es sein, die eigentlichen Gründe der Angst aufzudecken. Meiner Diagnose nach ist es doch so: Wir sind gar nicht zufällig gestolpert, nein, wir *wollten* stolpern! Wir fürchten daher im Grunde nicht den tatsächlichen Zug, sondern nur den Zug als Symbol einer negativ besetzten, extrem dominanten Bezugsperson! Sehen Sie, verstehen Sie: Be-*zugs*-person! Das ist kein Zugs ... äh ... Zufall, sondern quasi ein ... Zuphallus!« Die Stimme antwortet offenkundig verzweifelt: »Das führt doch im Moment vielleicht etwas zu weit, Herr Doktor! Wir können die Therapie ja später fortsetzen. Ich verspreche sogar, das zu tun! Ad hoc möchte ich Sie jedoch bitten, mir vorerst kurzfristig durch einfache Handreichung aus der Klemme zu helfen!« Der Psychologe lächelt mitleidig: »Wie ich Ihnen *aus der Klemme helfe*, wie Sie das laienhaft und hyperlibidinös formulieren, müssen Sie wohl mir überlassen. Kurzfristige, quasi sofortige Hilfe brächte zweifellos vor allem der Abbau Angst fördernder Aggressionen, etwa durch lautes Schreien. Schreien Sie doch einmal laut, zum Beispiel ... um Hilfe!« Die Stimme tut dies. Der behandelnde Psychologe putzt währenddessen seine Brille. Dann fragt er interessiert: »Und, fühlen wir uns besser?« »Nicht unbedingt!«, gibt die Stimme jetzt recht weinerlich zurück. Der Psychologe wendet sich ab. Seine Schulter zuckt nicht mehr, sie verharrt in hochgezogener Position. Auch sein Kopfwiegen hat er eingestellt. Er putzt erneut seine Augengläser, dann schüttelt er den Kopf. Er fühlt sich unverstanden, ist beleidigt. »Das ist wieder einmal archetypisch. Wenn Sie sich nicht helfen lassen wollen ... auch gut! Wir lassen uns keine Schuldkomplexe anzüchten, wir nicht. Wir haben schließlich niemanden hinabgestoßen ...«, könnte man in seiner Nähe verstehen, wenn man sich darum bemühte. Doch das tut keiner. Im Gegenteil, alle Umstehenden sind intensiv damit beschäftigt, nichts mehr zu verstehen.

Ein offensichtlich Betrunkener in schäbiger Kleidung torkelt nun von seinem Sitzplatz, auf dem er bis vor kurzem geschlafen hat, vor zur gelben Sicherheitslinie, kniet auf ihr nieder und lallt in die Finsternis: »Oida, host an Tschik fia mi?« »Freilich, lieber Mann, reichen Sie mir nur Ihre Hand, ziehen Sie mich hoch – und Sie bekommen eine ganze Stange Zigaretten von mir!«, ruft die Stimme von neuer Hoffnung beseelt. »Ha!« Der nach wie vor gekränkte Psychologe springt ungelenk hinzu und wirft ein: »So nicht, Sie da unten, so nicht! Unschuldige instabile Charaktere mit kleinen Suchtgift-Geschenken ködern, über das Risiko hinwegtäuschen, das doch immerhin nie ganz auszuschließen ist, und jene naiven Handlanger dann zu guter Letzt womöglich auch noch zum Rauchen in öffentlichen Bereichen verleiten, wo dieses doch zu Recht verboten ist, um nicht unser aller Gesundheit zu gefährden! Infam, selbstsüchtig, egozentrisch, unsozial, impertinent! Nein, das werden wir nicht zulassen, davon werden wir die Behörden unterrichten müssen!« Der vor ihm kniende Sandler lenkt verdattert ein: »Scho guad, Masta! Rauchn is schädlich, i was jo eh ... oba debil, impotent und a Karaktäre bin i deshoib no long ned. Waßt jo eh, Dokta, mia brauchn kane Behöadna ned, nua ka Panig! Mia regln des ois unta sich, Hea Intscheniöa, logo! I wü eam«, er zeigt nach unten, »eh ned zwinga zum Rauchn oda zum Aufikumma. Und scho goa ned hinwegtauschnen wü i eam, weu sowos moch i ned! Wauns eam daukt do untn im Farn, soi a ruig bleim. Mia san a freies Lond, mia is des Blunzn!« Er kriecht, erschöpft von seiner Ansprache, zu seinem Sitzplatz zurück. Eine alte, etwas verwirrte Dame beobachtet ihn dabei kopfschüttelnd und meint: »Betrunken war er also, am helllichten Tag betrunken! Immer dieses verdammte Trinken! Wir kümmern uns ja auch viel zu wenig umeinander.« Sie trippelt auf den Sandler zu, der inzwischen seine ursprüngliche Position wieder eingenommen hat, aber immer noch schwer schnauft. Dabei kramt sie in ihrer karierten Einkaufstasche. Bei dem Sandler angekommen, fragt sie: »Woll'n Sie vielleicht ein Apferl, guter Mann?« Mit letzter Kraft entgegnet der Verwahrloste: »Drah di, Omsch ... oda host a Tschik?«

Die Schulter des Psychologen hat mittlerweile ihre Tätigkeit triumphierend wieder aufgenommen. Sein Haupt wiegt fröhlich die leicht beschlagene Brille. Erneut erklingt die Stimme aus dem Schacht, nun aber nicht mehr von Hoffnung, sondern von Furcht untermalt: »Ich bitte Sie inständig, lieber Herr Professor, mir meine Ungeduld vorhin zu verzeihen. Die Umstände ... Sie verstehen? Ich spüre durch Ihre ausgezeichnete Therapie auch tatsächlich bereits eine gewisse Besserung, ja, quasi Ansätze einer vollständigen Rettung, aber sollte und müsste man jetzt nicht zunächst einmal Taten ... äh ... physischer Natur folgen lassen?« Darauf sagt die alte Dame: »Ogottogott, schon wieder einer unten! Ich versteh' das nicht, dieses ewige Getrinke! Woll'n Sie da unten vielleicht mein Apferl?« Und der Psychologe fragt bohrend: »Glauben Sie, wir hätten ohne Ihre Aufforderung keine Taten gesetzt? Halten Sie uns denn für derart schwach, derart inkonsequent? Leiden Sie manchmal unter Schweißausbrüchen, Inkontinenz und starkem Schwindelgefühl?«

Nun überschreitet ein sehr großer dicker Herr, der das goldene herzförmige Parteiabzeichen der Wiener Fortschrittspartei, der WIFOPA, gut sichtbar an seinem Hemdkragen befestigt hat, fast ohne zu zögern die gelbe Linie. Dabei verlautbart er: »Lieber Freund und Mitbürger, der Sie in Not geraten sind, nehmen Sie meine, oder besser gesagt: unsere« – er deutet stolz auf sein Abzeichen – »helfende Hand für … für Ihre bessere Zukunft!« Als er sich ächzend bückt, drängt sich ein zweiter, kleinerer Mann in den Vordergrund. Er ist durch eine violette Orchidee an seiner Mantelgürtelschnalle als Mitglied der Wiener Ultrafortschrittspartei, kurz WUFP, zu erkennen, und er schreit erbost: »Halt, dies ist wohl kaum der richtige Moment für derartige Kundgebungen! Hier wird nicht auf Kosten fleißiger Bürger politisches Kleingeld gemacht! Sie da unten, nehmen Sie meine Hand und vergessen Sie gefälligst die Phrasen und Hände dieser Volksverdummer!« Er wirft sich hilfreich auf den Bauch, der Dicke stürzt sich mit dem Kampfesruf »Skandal!« auf ihn. Da der Kleine dies wider Erwarten überlebt, entsteht eine handfeste Prügelei.

Die Historikerin ist bestürzt wegen der Entwicklung der Ereignisse. Sie erinnert einerseits mahnend an die durchaus vergleichbaren Vorkommnisse des Jahres 1163 vor Christus in Babylon und andererseits nachdenklich an den unheilvollen Streit zwischen dem glücklosen Gegenpapst Calixtus dem IV. und dem untreuen Mönch Ezechiel anno 1479 in Riga. Alle Übrigen sind schlichtweg begeistert. Der Psychologe findet es aus der Sicht des erfahrenen Gruppendynamikers interessant, wie der Dicke den Kleinen im Schwitzkasten würgt. Der Korrekte findet es nur fair, dass der Kleine daraufhin den doch zweifellos kräftigeren Dicken durch einen Tritt in den Unterleib schädigt. Der Sandler findet die Szene als solche einfach »ualeiwond«. Die alte Dame kichert und meint erfreut: »Jessasmariaundjosef, die jungen Leute halt!«

Der Fight entwickelt sich weiterhin prächtig. Schließlich wird ein kleines Mädchen vom strauchelnden Dicken gegen eine übergewichtige Dame mit rot gefärbten Haaren und Leder-Minirock gestoßen, die bis dahin angeregt in ihrer Nase gebohrt hat. Es wird dafür von ihr mit einer Ohrfeige und den Worten »Host ka Kindastubn ghobt, du klans Flitschal?« bedacht. Ein hagerer Student, der bislang völlig unbeteiligt und unbeachtet auf einer Bank sitzend den Roman *1984* gelesen hat, schlägt nun sein Buch zu und räuspert sich vernehmlich. Die Rothaarige fährt ihn an: »Wüst iagendwos einwendn, Biaschal, bledes?« Der Student erbleicht bis unter die Haarwurzeln, klappt sein Buch nervös an irgendeiner Stelle wieder auf und gibt vor zu lesen. Eine Stimme, die diesmal jedoch von oben kommt und von allen Seiten, nur nicht von unten, schmettert automatisch und dabei dennoch Ehrfurcht einflößend ihr: »Bleiben Sie hinter der gelben Sicherheitslinie zurück und überlassen Sie älteren und gebrechlichen Personen die Sitzplätze!«

Der Kampf der Parteifunktionäre endet, von der grimmigen Durchsage gestört, plötzlich und remis. Der Dicke krümmt sich und stöhnt. Der Kleine blutet aus der Nase. Die übergewichtige Dame wird initiativ, sie stützt den sich sträubenden Ultrafortschrittlichen und zwingt ihn zu der Bank, auf der der Student immer angestrengter liest. »Wüst ned vaschwindn, du Früchtal? Sickst ned, dass dea Hea do gebrechlich wuadn is?«, fragt sie ihn kopfschüttelnd. Der Student flüchtet aus der Station. Sein Buch lässt er liegen. Die Dame stößt den vor sich hin blutenden Ultrafortschrittlichen achtlos auf die Bank, reißt das Buch an sich und hält es unter lautem Hohngelächter in die Höhe:

»Schauts eich den Deppn o, lest dea ned goa an oidn Kalenda!« »Aber nein, gnädige Frau«, wendet zaghaft die Historikerin ein, »*1984* ist doch ein bedeutender Roman des berühmten Schriftstellers George Orwell ...« »Des glaub i, dass des a Oasch is!«, ruft die Beleibte beharrlich und offenbar keinen Widerspruch duldend. Sie beendet damit vorerst jede weitere Diskussion und versenkt zum Zeichen ihres absoluten Sieges das Buch in einem Abfallkübel. Die durch die Tonbandautorität zur Räson gebrachten Politiker erheben sich ächzend.

Es entsteht eine Pause, die zäh ist und durch das leise Schluchzen des geschlagenen Mädchens und das lautere Stöhnen des getretenen Normalfortschrittlichen nur unzureichend gefüllt wird. Dann tritt endlich die Historikerin vor, räuspert sich und spricht in den Schacht: »Sie sehen, was ein unbedeutender Zwischenfall wie dieser hier in Zeiten wie den unseren für verheerende Folgen nach sich ziehen kann. Auch das wird Ihnen sicher eine Lehre sein. Catull – oder war es etwa der jüngere Livius? – sagt, ich zitiere sinngemäß, treffend: *Non utinam vivendissimae, sed etiam adferendum negresse possumus, olim ventilitabilitas extructum et*«, sie hebt Zeigefinger, Stimme und Stirnhaut, »*sondare sumandi sunt!* Und bedenken Sie, die damaligen Verhältnisse glichen den heutigen doch aufs Haar. Erinnert sei auch an die dekadenlangen Konflikte zwischen dem Infanten von Equador und Heinrich dem Einseitigen: In ihrer ganzen Struktur gehen diese ja deshalb mit unserem Problemaufbau konform, weil sie sich gleichfalls nolens volens aus dem cyrillischen Erbfolgeeklat des 17. Jahrhunderts herauskristallisieren mussten. Der Aufstand der steirischen Standschützen anlässlich der missglückten Einbalsamierung Graf Eumels von Koblenz war schließlich nur das logische, keineswegs – wie Philwood, Mantini und Fereau behaupten – zufällige Resultat dieser unheilvollen Entwicklung!« Sie atmet erleichtert auf, denn sie hat ihrer Ansicht nach ihren Volksbildungsauftrag hic et nunc vorbildlich erfüllt.

»Völlig klar!«, pflichtet ernst der Psychologe bei. »Logo!«, grölt lauthals der Sandler. »Zweifellos«, stimmt die Stimme weinerlich zu, »aber ein Einwand muss doch gestattet sein, Frau Professor: Aus meiner Sicht ist der Zwischenfall keineswegs unbedeutend!« Die Historikerin lächelt weise und sagt: »Schauen Sie, lieber Mann, ich will mich hier nicht in allseits bekannten Gemeinplätzen ergehen, aber: Es ist doch alles relativ! Nehmen wir bloß das Beispiel Lawrence Stanfields, der von seinem geadelten Großonkel mütterlicherseits Schloss Wimpshire erbte, sich aber dennoch aufmachte mit dem großen Ziel, als erster Brite den Äquator in drei Monaten und fünf Tagen zu umschiffen, ohne dabei auch nur ein Wort mit seiner Schiffsbesatzung zu sprechen. Oder, noch einfacher und hier zu Lande näherliegend: Denken wir doch an die Jahre 1938 bis 1945!«

An dieser Stelle unterbricht der Korrekte, dem plötzlich Schweiß unter der Hutkante hervorrinnt, brüsk: »Moment, wie meinen Sie das? Wollen Sie uns etwa alle in einen Topf werfen?« Der Psychologe schüttelt stirnrunzelnd den Kopf, zuckt plötzlich etwas unregelmäßig und murmelt: »Vorsicht, Kollegin, ich muss doch bitten! Wir wollen hier doch keinesfalls und wirklich und wahrhaftig nicht … oder?« Der Sandler erhebt sich, soweit ihm das eben möglich ist, drohend und schimpft: »Heats endlich amoi auf damit, es Bagasch, es Bruat ...« Dann sinkt er zurück. »Bitte, meine Herren, dass ja kein falscher Eindruck entsteht: Ich will natürlich absolut nichts gesagt haben!«, versucht die Historikerin rasch die Gemüter zu beschwichtigen. »Na hoffentlich!«, sagt der dicke Funktionär, der sich von den brachialen Übergriffen seines politischen Kontrahenten bereits einigermaßen erholt hat.

Erneut breitet sich Schweigen aus. Um es zu durchbrechen, fährt am anderen Gleis hilfreich dröhnend ein Zug ein. Ein Mann in makellos weißem Mantel und ebensolcher Hose steigt wippend aus. Die übergewichtige Dame dringt forsch in einen Waggon ein und besetzt gnadenlos die letzten drei freien Sitzplätze, die sich zufällig in einer Reihe befinden. Auch die alte Dame und das kleine Mädchen verschwinden im Inneren des Zuges. Die Alte winkt, als dieser abfährt, den Zurückbleibenden. Der Sandler schläft bereits wieder, auf seinem Platz zusammengekauert. Der Weißgekleidete fragt beim Anblick des Grüppchens freundlich lächelnd, was denn hier vorgefallen sei. Er wird vom Korrekten schnell eingeweiht, springt elastisch bis ganz zur Bahnsteigkante vor und sagt dort: »Wirklich eine geradezu nie dagewesene, ungeheure Tragik, Ihr Fall! Harren Sie aus, mein Freund, verlieren Sie den Kopf nicht, denn wo Leben ist, ist Hoffnung, und Hilfe kommt oft in Augenblicken, wo jede Hoffnung bereits vergeblich scheint.« Die Stimme klingt nun wieder deutlich zuversichtlich: »Könnten Sie nicht helfen, sich einfach hinlegen, mir die Hand reichen und mich herausziehen? Sie sehen kräftig genug aus ...« Wehmütig lächelt der dynamische Neuling und tritt zurück. »Ja, ja«, seufzt er, dann fährt er fort: »Ich sehe wahrlich kräftig aus, bin es jedoch leider, dem Himmel sei's geklagt, keineswegs. Die Bandscheiben, Sie verstehen? Gerade gestern erst hat mein Arzt mir strengstens und unwiderruflich verboten ... äh ...« Er wird merklich unsicher. »... fremden Menschen aus U-Bahn-Schächten zu helfen, beispielsweise. Guten Tag also!« Schnell, sehr schnell geht er ab.

Der Psychologe äußert sich beunruhigt über den durchschnittlich schlechten körperlichen Zustand der Wiener Bevölkerung. Man pflichtet ihm spontan bei. Die allgemeine Übereinstimmung bezüglich dieses Themas bewirkt erneut eine kurze, jedoch erholsame Sprachlosigkeit. In sie schreit die Stimme verzweifelt und ungehalten: »Ich ersuche Sie dringend, nein, ich fordere Sie alle auf, mir Ihre Hände zu reichen! Die Zeit vergeht, sehr bald kann und wird auf diesem Gleis ein Zug in die Station einfahren!«

Der Korrekte bestätigt diese letzte Aussage und präzisiert sie durch die Mitteilung, dass nun noch genau drei Minuten und 18 Sekunden bis zum Eintreffen des Zuges verblieben. Der Psychologe ergreift wieder das Wort und zwingt es, folgendes auszudrücken: »Ohne mich loben zu wollen, möchte ich hier eines betonen: Ich bin ein Mann der Tat, aber auch einer, der die gemeinsam vollbrachte Tat, das Teamwork, über alles stellt. Zunächst sollten sich in diesem Sinne, trotz aller Eile und Hektik, doch erst unsere lieben Parteifunktionäre die Hände reichen, zum Zeichen der politischen Aussöhnung! Gemeinsam könnten wir dann sachlich und frei von irgendwelchen persönlichen Antipathien das Rettungsmanöver in Angriff nehmen!« Der kleine Politiker reckt nach diesen Worten sofort anklagend seine zerquetschte Orchidee und sein vollgeblutetes Taschentuch u-bahn-tunnel-plafondwärts und besteht auf völliger Schuldlosigkeit seiner Partei und seiner Person an dem unerhörten Zwischenfall. Der dicke Politiker zeigt Bereitschaft, unter gewissen Bedingungen Abbitte zu leisten, betont aber unmissverständlich, in begreiflicher Erregung gehandelt zu haben, da doch die Ehre der Bewegung an sich auf dem Spiel gestanden sei. Der Kleine gesteht jetzt, in manchen Äußerungen vielleicht, wenn auch nur im Interesse der Sache als solcher, eine Spur zu weit gegangen zu sein. Er nimmt diese mit dem Ausdruck des Bedauerns offiziell zurück. Der Dicke zieht mit, nimmt also offiziell seine Faustschläge zurück, worauf das Nasenbluten des Kleinen sofort endgültig aufhört und die noch junge Koalition durch ehrlichen Handschlag besiegelt werden kann. Die Umstehenden applaudieren. Der Kleine hält eine kleine Ansprache, worin er hervorhebt, dass trotz und gerade in Anbetracht der gefährlichen Lage hier, aber auch draußen, überall in der weiten Welt, eine so schnelle und vorbehaltlose Einigung zwischen Fortschrittlichen und Ultrafortschrittlichen äußerst bemerkenswert, vorbildhaft und nicht zuletzt zutiefst menschlich, ja, er betone es noch einmal, wirklich zutiefst menschlich sei. Der Dicke lobt die kleine Rede und ergänzt sie durch eine eigene, die wiederum der Korrekte durch die Bemerkung ergänzt, der ganze diplomatische Vorgang habe lediglich eine lächerliche Minute und 48 lächerliche Sekunden gedauert. Alle drei ernten bewundernden Applaus. Die Politiker verbeugen sich leicht, der Korrekte ist beinahe zu Tränen gerührt.

»Sehen Sie, gemeinsam und vereint sowie seelisch stabilisiert können wir jetzt loslegen! Die Gelegenheit, Gutes zu tun, beim Schopfe packen ... bildlich gesprochen!« Mit diesen Worten erinnert der Psychologe dezent an seine Rolle als Vermittler. Und tatsächlich kommt nun mehr Schwung in die Sache: Es beginnt fieberhaftes Grübeln. Dann endlich schlägt die Historikerin temperamentvoll gestikulierend vor, nach dem Muster der ersten Interimsregierung Grönlands nach dem Sturz des einäugigen Regenten Einar Aare Gudwolfsson des III. zwei Unterausschüsse zu bilden, die gegenseitig eine Kontrollfunktion auszuüben hätten und die einzig dem Präsidenten oder – wie sie besonders betont anfügt – der Präsidentin der übergeordneten Hilfestellungskommission verantwortlich wären. Der Korrekte erwähnt, sprühend vor Tatendrang, rasch noch einmal den Zeitfaktor und wird daraufhin einstimmig zum Zeitnehmer und Vize-Koordinator der unmittelbar bevorstehenden Benefizaktion gewählt. Seine erste Amtshandlung besteht in der Verlautbarung der erfreulichen Nachricht, dass der Zug offensichtlich Verspätung habe, da er bereits vor acht Sekunden in die Station hätte einfahren sollen. Alle sind deutlich erleichtert. Der Sandler ist erwacht und kramt in einem Abfallkübel nach Zigarettenstummeln. Eine Automatenstimme befiehlt von oben und von allen Seiten außer unten: »Hinter die gelbe Sicherheitslinie zurücktreten! Vorsicht, Gleis eins, Zug fährt ein!« Die Stimme von unten brüllt: »Hilfe!« Der Psychologe murmelt: »Sehr gut, verschaffen wir uns ruhig mentale Entspannung ...« Dann dreht er sich um und schlendert zur anderen Bahnsteigkante. Seine Schulter zuckt nicht.

Auch die Historikerin wendet sich ab, allerdings in eine andere Richtung. Sie geht mit gebeugtem Kopf, aus dessen Mundöffnung leise die Jahreszahlen »315 nach« und »722 vor« sowie die Stichwörter »Padua-Debakel von Ignaz dem Zahnlosen« und »Autoritätsverlust Wenzels des Erfrischenden« zu Boden fallen. Der Betrunkene rollt sich wieder auf seinem Teil der Sitzbank zusammen. Ein warmer, modrig riechender Luftzug strömt durch die Station. In der Ferne werden in der Schwärze des Tunnels die Lichter des Zuges sichtbar. Sein Dröhnen übertönt bereits das wie ein zartes Pflänzchen aufkeimende Geplaudere der beiden Politiker, die dennoch weiterhin angeregt palavernd zusammen ziel- und zwecklos am Perron umherwandeln. Und rasch wird es hier in der unterirdischen Haltestelle Taubstummengasse so laut, dass man selbst eventuelle Hilfeschreie unmöglich noch hören könnte. Der Korrekte hat seinen Hut abgenommen, erfüllt aber selbstverständlich weiterhin gewissenhaft seine Aufgabe als offizieller Zeitnehmer. Er stoppt nun die genaue Verspätung. Von seinen Lippen und seiner in Sekundenabständen auftippenden Schuhspitze lässt sich ablesen: »Dreiundfünfzig, vierundfünfzig, fünfund ...« Das Dröhnen geht in das gewohnte Quietschen über, nicht früher und nicht später als sonst. Der Zug hält. Die Türen öffnen sich. »Bitte lassen Sie die Fahrgäste zuerst ungehindert aussteigen!« Ungehindert steigen etliche Fahrgäste aus. Der Psychologe, der wieder gewendet hat und vorsichtig in Richtung Gleis eins zurückgestelzt ist, mustert diese Leute eindringlich. Dann steigen er und die Historikerin ein, in verschiedene Waggons zwar, aber beide ohne sich noch einmal umzusehen. Der Korrekte bemerkt jetzt, da seine Beifall heischenden Blicke nicht durch anerkennendes Kopfnicken oder Zuzwinkern erwidert werden, dass auch die Politiker seine Pflichterfüllung nicht zu schätzen wissen. Verärgert drückt er seinen Hut zurück auf die Glatze, wo er ja eigentlich auch hingehört, und springt gerade noch rechtzeitig in den Zug. »Vorsicht, Zug fährt ab!«, schallt es durch die Station. Und dann fährt er auch tatsächlich ab.

Als das Dröhnen endlich verklungen ist, treten die beiden Parteifunktionäre an die Bahnsteigkante vor. Kurz starren sie nach unten. »So finster, man sieht und hört absolut nichts!«, sagt der Dicke. »Genau, man kann weder Augen noch Ohren trauen in dieser absoluten Finsternis!«, sagt der Kleine. Falls da Betroffenheit gewesen ist, hat sie sich bereits wieder entfernt. Weil in dieser Finsternis ja auch nichts zu machen gewesen wäre, selbst wenn da jemand oder etwas war, oder besser gewesen wäre. Was mehr als unwahrscheinlich ist. Das ist die Wahrheit. Darin sind sie sich einig. Und auch darin, dass man bei einem Gläschen gepflegten weißen Weines alles nochmals überdenken sollte: All die Möglichkeiten für die Zukunft, die sich aus den in der Not gefundenen Gemeinsamkeiten ergeben könnten! Sie klopfen sich gegenseitig auf die Schultern und gehen ab.

Der Sandler bleibt allein zurück. Er rappelt sich auf, blickt sich nach allen Seiten um, wankt dann zur Bahnsteigkante vor und flüstert an irgendeiner Stelle nach unten: »Wos is jetza mit dera Stongen Tschik?« Aufgrund einer durch seine Trunkenheit verursachten Gleichgewichtsstörung gerät er in extreme Vorlage und kippt vornüber in den Schacht. Unten angelangt schreit er: »Auweh!«

Gerade da kommt der junge iPod-Träger wieder. In Begleitung eines ungefähr Gleichaltrigen, der einen Presseausweis an seinen giftgrünen Anorak geheftet hat, hetzt er die Stiegen zum verwaisten Bahnsteig hinunter. Dort angekommen stöhnt er auf: »Shit, alle diese Freaks sind weg, der Zug ist schon durchgerauscht! Hochprozentige Kacke, wir haben die ganze holy Rettungsaction versäumt ...« Beide stehen keuchend und starren in die Finsternis des Schachtes. »He, hallo, is do ana?«, grunzt von unten ungeduldig der Sandler. Der Musikliebhaber ist begeistert: »Geil, das fährt! Das Opfer chillt noch immer im passiven Abseits! Diese Story muss ja wohl fett abgrooven! Megacool, megacool oder einfach nur megacool, was meinst du?« Der Reporter nickt begeistert, entgegnet grinsend: »Letzteres!«, zückt einen Notizblock und stößt seine erste Frage über die Kante hinab: »Was haben Sie gefühlt, als Zug in Station einfuhr?« »Mia woa schlecht, Oida!«, schallt es zurück. »Vor Todesangst?« »Na, voa Saufn!« »Wie haben Sie in furchtbarer Lage überlebt?« »De meiste Zeit hob i gschnoacht, vastehst, Masta?« »Hat denn niemand geholfen?« »Oja, kloa, a so a oide Omsch woit ma an Opflbrond ohdrahn. Oba waßt, i misch ned gean ...« Des Reporters Augen sind nass vor Aufregung. Er packt seinen Freund am Arm und schreit begeistert: »Pepi, Story des Jahrhunderts! Pulitzerpreis für mich! Skandal, Tragik, rücksichtslose Menge, Oma mischt mit, Überleben wie durch Wunder! Komm, machen eine Artikelserie draus. Kannst helfen beim Recherchieren. Bring dich in mein Redaktionsnetzwerk und Story in Abendausgabe! Los!« »Wau, Alter, korrekt, ich check's kaum! Wie stark ist das denn? Respekt pur!« Die beiden, der Reporter und sein Rechercheur, stürmen davon, großen Karrieren entgegen.

Als sie weg sind, betritt durch einen anderen Eingang vorsichtig der Student die Station. Ängstlich späht er umher an dem Ort seiner Niederlage, dann beginnt er, hastig in den Abfallkübeln zu kramen. Es raschelt und klirrt. »He, hallo, Kollega, host an Tschik fia mi?«, ertönt des Sandlers raue Stimme aus dem Schacht. Der Student erstarrt zunächst, fährt dann herum, erstarrt erneut und läuft schließlich mit anfänglich kurzen, schleifenden, dann aber immer länger und kraftvoller werdenden Schritten dem Ausgang entgegen, von dem er kurz darauf verschluckt wird. Der Bahnsteig bleibt verlassen zurück. Von unten gähnt der Gestürzte: »No daun ... guade Nocht! Waun kana wos dagegn hod, hau i mi hoit glei doda wieda aufs Oawaschl! Hob eh nix mea vua heit ...«

Minuten verstreichen, ohne dabei gemessen, eingeteilt oder gar besprochen zu werden. Bahnsteig und Zeit sind leer, doch auch das vergeht. Langsam füllt sich der Perron wieder mit schweigenden Menschen. Züge fahren ein, Züge fahren aus, Durchsagen verhallen, ohne Beachtung zu finden. Die Minuten altern schnell und werden zu ebenso flüchtigen Stunden.

Nach etlichen solchen Stunden passiert endlich wieder etwas Erwähnenswertes. Ein Zeitungsverkäufer durchquert schreiend die Station: »Extra-Abendausgabe, *Die ganze Wahrheit*, Extra-Abendausgabe! Eklat in U-Bahn! Mordversuch mit gepanschtem Apfelwein? Ganz Wien jagt teuflische Oma! Opfer überlebt wie durch Wunder! Riesen-Gewinnspiel der *Ganzen Wahrheit*: Fangen Sie Alko-Oma und gewinnen Sie zwei Eintrittskarten zur Prozess-Show plus Gratisreise zur Hinrichtung inklusive Teilnahme an

Henkersmahlzeit! *Die ganze Wahrheit*, Extra-Abendausgabe!«
Einige Käufe werden getätigt, einige Köpfe angesichts der erschütternden Berichte geschüttelt. Einige ältere Damen werden ganz offen mit argwöhnischen Blicken gemustert.

Ein kleiner Bub läuft spielend bis zur Bahnsteigkante vor und guckt vorsichtig hinab. Er sagt: »Mama, da unten schlafen ja zwei.« Seine Mutter rennt ihm nervös hinterher und herrscht ihn an: »Komm sofort zu mir, Karli, hinter die gelbe Sicherheitslinie!« Der Knabe bockt: »So schau doch, Mama, da!« Unwillig schaut die Mutter kurz nach unten, dann zerrt sie ihren Sohn mit den Worten »Unsinn, da unten ist es so finster, dass man nichts sehen kann!« zurück. Anschließend blickt sie gereizt auf ihre Uhr und murmelt: »Geh'n wir, Karli! Wir werden heute mit dem Bus zur Oma fahren. Der Zug kommt ja doch nicht daher ... und außerdem siehst du dann etwas von der schönen Gegend.«

»Aber es ist doch schon lange ganz dunkel draußen, Mutti, und da kommt auch unser Zug!«, widerspricht der Knabe. »Ich sage dir: Wir fahren mit dem Bus, und damit Schluss der Debatte!«

Kein Vorhang fällt.

Nachwort

Vorliegender Band ist das Destillat eines freien Literatur-Wettbewerbs. 323 Autoren haben sich mit über 500 Geschichten an diesem Wettbewerb beteiligt. 22 Geschichten von 19 Autoren ist letztlich der Sprung in die gemeinsame Buchform gelungen.

Die Fülle der Einsendungen war für den Verlag und mich als Herausgeber überraschend, schließlich ist das Thema ›Grotesken‹ ungewöhnlich und mit großem literarischen Anspruch verbunden. Zu erwarten stand eine verhältnismäßig geringe, keinesfalls aber eine – aus Herausgeber- und aus Verlagssicht – Rekordbeteiligung seitens der Autoren. Umso erfreuter waren wir, als so viele Beiträge eintrafen. Ganz offenbar hatten wir mit der Suche nach Geschichten aus diesem in der Literatur ebenso bedeutenden wie verhältnismäßig wenig verbreiteten Genre einen Nerv getroffen, standen also mit der Begeisterung für unser Vorhaben keineswegs alleine da. Dazu konnten wir nun unsere ursprünglich schon hoch angesetzten Qualitätserwartungen noch weiter nach oben schrauben – und zugleich ein für eine offene Ausschreibung wirklich stattliches Buch herausbringen.

Das zentrale Kriterium der Geschichtenauswahl war stets: Es sollten die Einsendungen mit den besten Ideen herausgesucht werden, mit Ideen, die neu sind, die überraschen und über den Text selbst hinausweisen – und die dabei so solide, so haltbar sind, dass sie auch mehrmaliges Lesen unbeschadet überstehen. Daneben wurde natürlich auch auf weitere literarisch bedeutsame Aspekte geachtet, wie Umgang mit Sprache, Szenengestaltung und Figurenzeichnung.

Gleichsam von selbst erfüllte sich so neben dem der Qualität auch ein zweites Ziel: das der großen Bandbreite. Dieses Buch sollte zeigen, was Groteske – ein literaturwissenschaftlich übrigens nicht eben scharf definierter Begriff – alles sein kann. Es sollte das groteskentypisch Überhöhte mit Realitätsverwurzelung in seinen unterschiedlichsten Ausprägungen enthalten, die Weltenrisse und -zusammenbrüche aus verschiedensten Blickwinkeln untersuchen.

So umfasst es nun auch Geschichten, die eine große Nähe zur Satire haben, wie Werner Vogels »Taubstummengasse«, Verwandlungsgeschichten, wie Gabriele Behrends »Vulcaniella Pomposella«, philosophisch-parabelhafte Stücke im abgeschotteten Raum, wie »Seinsgrau« von Arnd Moritz, völlig Absurdes, wie »Ein Hundeleben« von Harald Dahrer, Sinnesübersteigerungsgeschichten, wie »Jenseits der Mauern« von Julia Werner, und Personifikationserzählungen, wie »Night-Flight to the Stars« von Dirk Röse.

Überaus Komisches steht damit neben sehr Ernstem und klar in der Realität zu Verortendes neben solchem in künstlicher Umgebung, mal sorgt die Welt für das Ungeheure, das Groteske, mal ist es in dem Protagonisten zu suchen.

Grundansätze und Stimmungslagen gibt es hier also in großer Vielfalt. Dazu gesellen sich noch weitere Diversifikationselemente, die freilich oft in engem Zusammenhang mit den erstgenannten stehen. So decken die Sprachstile die ganze Bandbreite von »sehr artifiziell« bis zu »von großer Einfachheit« ab. Mal ist der Aufbau wirklich komplex, mal außerordentlich geradlinig. Mit manchen Protagonisten sympathisiert man sofort, zu anderen wird immer eine gewisse emotionale Distanz bleiben. Dazu kommt noch die erfreulich große Spannweite der Geschichtenlängen, sie reicht von wenigen hundert bis zu fast vierzigtausend Zeichen. Insgesamt ergibt sich so der gewollte Überblickscharakter.

Mit jeder dieser hier vorliegenden Geschichten habe ich mich als Herausgeber und Lektor sehr ausführlich beschäftigt – und mit der Zeit sind sie mir, was nicht gerade selbstverständlich ist, alle immer noch interessanter und näher erschienen. Ich bin mir darum sicher, dass auch für Sie, lieber Leser, diese Anthologie ganz besondere Lesemomente bereitgehalten hat – und wünsche Ihnen bei etwaiger nochmaliger Lektüre abermals viel Vergnügen und Befriedigung!

Mein Dank ergeht in erster Linie an die Autoren, an alle, die sich an der Ausschreibung beteiligt haben, ganz besonders aber an jene, die nun hier in diesem Buch vertreten sind – und auch in den aufreibendsten Lektoratsphasen niemals gemeutert haben. Allgemein muss ich an dieser Stelle einmal öffentlich festhalten: Autoren sind weitaus umgänglicher und belastbarer, als so manches Klischee von ihnen behauptet. Tatsächlich haben sie sehr wenig Mimosenhaftes an sich, gekennzeichnet werden sie vielmehr durch großes Durchhaltevermögen und beeindruckende Offenheit.

Des Weiteren bedanke ich mich ganz herzlich bei unserem Verleger Christoph Bizer-Neff: Er hat sich ohne zu zögern auf dieses Anthologie-Vorhaben eingelassen, wenngleich es aus ökonomischer Perspektive (die Verleger zwangsläufig nicht völlig vernachlässigen können) ja nicht unbedingt sinnvoll ist, sich anspruchsvollen Nischen-Themen zu widmen. Zudem hat er mir alle erdenklichen Freiheiten gegeben, war aber zugleich immer ansprechbar und stets voller Begeisterung für unsere Ausschreibung.

Und abschließend danke ich Ihnen, lieber Leser. Dafür dass Sie sich mit diesem Buch beschäftigt haben, dass Sie es den unzähligen anderen Lektüremöglichkeiten vorgezogen und Ihren Geist geöffnet haben für unsere Ideen, die Ideen der Autoren dieser Anthologie.

Jan-Eike Hornauer
München, September 2011

Der Herausgeber

Jan-Eike Hornauer
1979 in Lübeck geboren, in Hausen bei Aschaffenburg aufgewachsen, Studium der Germanistik und Soziologie in Würzburg, wohnt jetzt in München. Leidenschaftlicher Textzüchter (freier Lektor, Texter, Autor und Herausgeber). Erster Band nur mit eigenen Texten: »Schallende Verse. Vorwiegend komische Gedichte« (Lerato 2009). Herausgeber und Mitautor mehrerer Prosa-Anthologien, zuletzt »Mortus in Colonia. Tod in Köln« (Wellhöfer 2009) und »Winter. Das perfekte Lesebuch für kalte Tage« (Lerato 2008), sowie der Lyrik-Sammlung »Wortbeben. Komische Gedichte« (Lerato 2007). Dazu Veröffentlichungen in Anthologien und Literaturzeitschriften sowie im Radio. Gehört zu den größten Literaten Deutschlands (exakt zwei Meter Körperlänge). *www.textzuechterei.de*

Die Autoren

Mimi Awono
1967 in Dortmund geboren und aufgewachsen. Studium der Wirtschaftswissenschaften in Wilhelmshaven. Wohnhaft in Hannover. Tätigkeit als freie Trainerin, Beraterin und Coach. Schon seit der Kindheit besonderes Interesse an Literatur und den Beweggründen menschlichen Handelns. Liebt es, sich in andere – oft skurrile – Welten zu versetzen.

Seit 2003 Teilnahme an Kursen in kreativem Schreiben. 2011 erste Veröffentlichungen eigener Texte in Anthologien.

Gabriele Behrend
1974 in Regensburg geboren, in Dassendorf bei Hamburg aufgewachsen, Studienjahre in Lüneburg, wohnt jetzt mit Mann und Katze in Düsseldorf. Verlängert im wahren Leben Mobilfunkverträge mit Herzblut. Ansonsten Phantastin in Wort und Bild (Autorin und Illustratorin). Erste graphische Veröffentlichungen in »Nova. Das deutsche Magazin für Science Fiction und Spekulation« (Jahrgang 2003), erste literarische Gehversuche im »Storycenter 2005«. Zweitplatzierte des Marburg Award 2011. Inzwischen Veröffentlichungen in diversen Anthologien. *http://augenfisch.blogspot.com*

Karsten Beuchert
1965 in Bad Schwalbach geboren, in Werther bei Bielefeld aufgewachsen, humanistisches Gymnasium in Wiesbaden, Studium der (Teilchen-)Physik in Mainz und Bochum (Promotion), wohnt aktuell in München. Deutliche Vorliebe für Fantastik (Science-Fiction, Fantasy, Surrealismus). In den 90ern aktiv bei der Gruppe »Schreibhaus« in Bochum, seit 2008 beim Münchner »Realtraum«. Veröffentlichungen von Kurzgeschichten in Anthologien, zuletzt in »Vernascht! Erotische Geschichten« und »Spukhaus zu verkaufen« (beide WortKuss 2010). Bisher einzige Veröffentlichung in Roman-Länge: »Untersuchungen zur pp-Annihilation im Fluge am Crystal-Barrel-Detektor«. Beschäftigt sich aktuell mit spiraldynamischer Bewusstseinsevolution und verwandten Themen.

Peter R. Bolech
1952 in Wien geboren, in Eisenstadt (Burgenland) aufgewachsen, Studium der Betriebswirtschaft in Wien, wohnt nach einem mehrjährigen berufsbedingten Aufenthalt im Ausland jetzt wieder in Wien. Nach einer langen Karriere im Management von Luftverkehrsunternehmen jetzt eine noch kurze als Autor. Ein Opernlibretto (»Mozart 2056«) im Auftrag des maltesischen Nationalkomponisten Charles Camilleri und ein Theaterstück (»Franz Liszts Liebestraum«, erschienen bei Lauke; Autor und Verleger freuen sich auf einen Produzenten).

Harald Darher
Geburt 1975 in Mürzzuschlag (Steiermark / Österreich). Nach Schule, Elektrotechnik-Lehre, Bundesheer und diversen einschlägigen Weiterbildungen beginnt 1996 die Migration. Seit 1997 wohnhaft in Wien. Seit 2005 Veröffentlichung von Texten in Literaturzeitschriften und Anthologien, zuletzt in der »Kolik«. 2009 bis 2010 Akademie für Literatur in Leonding. *www.der-darer.net*

Raphaela Edelbauer
Geboren 1990 in Wien, wo sie immer noch lebt. Schrieb bereits während ihrer Schulzeit experimentelle Prosa. Nach dem Abitur 2008 zwei Semester Germanistik an der Uni Wien, danach Wechsel auf das neugegründete Institut für Sprachkunst an der Universität für angewandte Kunst in Wien. Nebenbei freie Mitarbeit bei den Niederösterreichischen Nachrichten. Veröffentlichungen von Kurzgeschichten in dem 2011 neugegründeten Literaturmagazin »Lautschrift«, Lesungen seit 2008.

Beja Christine Garduhn
1947 in Elsfleth an der Weser geboren, Schulzeit in Essen, in Freiburg Ausbildung zur Krankengymnastin, später zur Meditationslehrerin in Oldenburg, wo sie heute immer noch so gerne auf dem platten Land lebt. Verwoben mit Sprache und Schriftstellerei seit Studium der ersten Lesefibel. Fünf literarische Preise, Veröffentlichungen in Zeitungen und Anthologien, zuletzt in »Sprung« (hervorgegangen aus einem Kurzgeschichten-Wettbewerb des Literaturhotels Franzosenhohl, Mönnig 2010), sowie lebendige Lesungen. Seit ca. 1995 Ghostwriting (Pressetexte, Personen-Portraits, Reden und Gesänge für Jubiläen), ab 2008 zudem freie Trauerrednerin.

Ulf Großmann
1968 in Freiberg (Sachsen) geboren, lebt als Autor und Herausgeber in Dresden. Veröffentlichungen von Lyrik, Belletristik und Rezensionen in Zeitschriften und Anthologien, Preisträger beim Harder Literaturwettbewerb 2005/2006, 2. Preis beim Kempener Literaturpreis 2009 (Sparte Lyrik), 3. Preis beim Literaturwettbewerb zu den Berner Bücherwochen 2009, Hauptpreisträger beim Kammweg Literaturwettbewerb des Kulturraumes Erzgebirge 2011. 2009 zusammen mit Axel Helbig Herausgabe von »Skeptische Zärtlichkeit. Junge deutschsprachige Lyrik« im Leipziger Literaturverlag.

Karin Jacob
1980 in München geboren, wo sie Germanistik studierte und heute noch lebt. Schreibt vorwiegend Lyrik und fan-

tastische Kurzgeschichten. 50 Gedichte veröffentlicht in ihrem Lyrikband »Gerupfte Engel« (WortKuss 2010), fotografisch illustriert von Simone Edelberg. Außerdem etliche Kurzgeschichten in Anthologien, u. a. in »Dark Vampire« des Geisterspiegels sowie in »Spukhaus zu verkaufen« (Edition Geschichtenweber). Mitherausgeberin und Mitautorin der in Kürze erscheinenden Sammlung »Die Welt im Wasserglas« (WortKuss). *www.lyramada.de*

Margarete Karetta
Geboren 1953 in Graz, Studium der Medizin in Graz und Wien, wissenschaftliche Mitarbeiterin an der Uni Wien, lebt im Mittelburgenland, Veröffentlichungen in Literaturzeitschriften (z. B. in »etcetera« Nr. 44, Juni 2011) und Anthologien (z. B. in »Cruor. Geschichten von Blut und Mord«, Candela 2011), diverse Preise (z. B. Debütpreis Poetenladen Jänner 2006), 2011 erscheint mit »Der Anruf, der die Stille zerriss« (Michason & May) ihr erster Kriminalroman.

Stefanie Kißling
1983 in Nürtingen geboren, in Wendlingen bei Esslingen aufgewachsen, Studium der Neueren deutschen Literaturwissenschaft und Neueren und Neuesten Geschichte in Tübingen, wohnt jetzt in einem kleinen Vorort von Nürtingen. Veröffentlichungen in diversen Literaturzeitschriften (u. a. »Asphaltspuren«, »Golem«, »DUM«) und Anthologien (bspw. »Kurare fatal. Frauenbilder Lebensspiegel«).

Michael Kramer
Geboren 1968 in Schwäbisch Gmünd, wohnt derzeit in Göppingen. Nach missglückten Schuljahren Zivildienst im Altenheim. Ausbildung zum Heilerzieher. Tätigkeit in der Behindertenhilfe, danach Pfleger in einer Klinik für Psychiatrie. Weiterbildung zum Sozialwirt und Casemanager. Arbeitet heute im Betreuten Wohnen für Senioren. Verheiratet, drei Kinder (11, 14 und 17 Jahre). Preisträger der Literaturwettbewerbe der literarischen Internetpräsenz Schreibfeder.de 2009, 2010 und 2011. Gewinner des Literaturwettbewerbs der Literaturzeitschrift »Veilchen« 2009. Nominiert für den Joseph Heinrich Colbin-Preis 2010. Verschiedene Veröffentlichungen in Anthologien. Bei Candela bisher erschienen: »Saubere Verhältnisse« in der Anthologie »Cruor. Geschichten von Blut und Mord«. *www.autor-michael-kramer.de*

Matthias Kröner
1977 in Nürnberg geboren, lebt und arbeitet seit 2007 als Autor, Journalist, Redakteur, Kolumnist und Lektor in Lübeck. Diverse Veröffentlichungen, u. a. bei mare, Eulenspiegel, steinbach sprechende bücher, Rowohlt, Geo Saison, Stiftung Ökotest, Bayerischer Rundfunk und spiegel online. Lesungen u. a. beim Erlanger Poetenfest und auf der Berliner Volksbühne. 7 Literaturpreise, zuletzt 1. Preis bei Antho?Logisch! 2010. Sein subjektiv verfasster Reiseführer »Lübeck MM-City« (Michael Müller Verlag) hat sich seit Februar 2011 schon über 5.000-mal verkauft. *www.fair-gefischt.de*

Steve Kußin
1984 in Görlitz geboren, bald Studium diverser Sozialwissenschaften in Jena aufgenommen und bis heute weitergeführt. Großer Theaterfreund, mehrfach Regie-, Autoren- und Schauspieltätigkeiten bei studentischen Jenaer Theatergruppen, heute Vorstandsmitglied im Freie Bühne Jena e. V. und gelegentliche Auftritte mit Improvisationstheatergruppe »Rababakomplott«. Initiator der Jenaer Lesegruppe »Lichtkegel«, außerdem Mittätigkeit bei Jenaer Lesebühne »Lautschrift«, gelegentlich Poetry-Slam-Annäherungsversuche. Veröffentlichungen in Literaturzeitschriften und Anthologien, Preise für Kurzfilm »Der Chronist« (Drehbuch und Regie) und Hörspiel »Nachbarschaftspflege« (Drehbuch und Regie). *www.lichtkegel.net/steve-kussin.html*

Arnd Moritz
1950 in Iserlohn geboren, aufgewachsen in Düsseldorf, Studium der Mathematik und Physik in Köln und Dortmund. Softwareentwickler, freier Journalist und ambitionierter Glyphenweber, lebt und arbeitet in Berlin. Studium der Philosophie an der Fernuniversität Hagen, literarisches Debüt mit den hier vorliegenden Kurzgeschichten »Seinsgrau« und »Rahmensprung«. *www.arndmoritz.de*

Dirk Röse
1966 in Witten (Ruhr) geboren, an verschiedenen Orten aufgewachsen, Studium der Religionspädagogik in Freiburg, lebt heute in Haren (Ems). Leitet die Marketing-

Kommunikation eines mittelständischen Unternehmens. Veröffentlichungen im Bereich Popmusik und Kirche, außerdem Kurzgeschichten in verschiedenen Genres. Sein erster Roman (»Metathesis«) erscheint im Herbst 2011 bei Candela.

Julia Werner
1971 in Aalen geboren, in Göppingen aufgewachsen, Studium der Soziologie, Spanischen Literaturwissenschaft und Psychologie in Hamburg und Berlin, danach Zeitungsvolontariat. Lebt und arbeitet als freie Autorin und Journalistin in Berlin. Veröffentlichungen von Kurzgeschichten in Anthologien; schreibt Liebesromane (unter Pseudonym) für den Cora-Verlag. Seit 2008 Mitglied bei der Gesellschaft für Neue Literatur (GNL) Berlin.

Werner Vogel
Geboren am 25. Februar 1964 im Sternbild der Fische in Wien, ebenda aufgewachsen und fast schon alt geworden. Studium der Germanistik und Geschichte, seit über 20 Jahren Lehrer dieser Fächer an Wiener Gymnasien. Literarisch tätig seit 1980. 1990 Empfänger eines Literaturstipendiums des Österreichischen Bundesministeriums für Kunst und Kultur und von da an Sender lyrischer und prosaischer Botschaften. Texte des Autors wurden mehrfach ausgezeichnet und in zahlreichen Zeitschriften, in Anthologien und im Hörfunk veröffentlicht. Bisher fünf eigene Bücher mit Gedichten, satirischer Kurzprosa und Interviews. Zuletzt aus seiner Tastatur erschienen: der Lyrikband »Wo die Stirnreihe endet« (Edition Innsalz 2005).